KB146830

보물 창고
도서관에서 찾은
어린이책
활용 수업

보물 창고
도서관에서 찾은

어린이책
활용 수업

정기진 지음

푸른칠판

차례

Chapter 2

주제별 어린이책 활용 수업

어리바리하던 초보 교사가 30년 경력의 왕언니가 되는 건 금방이었다. 눈 몇 번 감았다 뜬 것 같은데, 어느덧 명퇴하는 선배님들을 보면서 '나는 언제쯤……?' 하며 시간을 꼽아 보는 경력 교사가 되었다. 무언가를 30년 했으면 이제 눈 감고도 할 수 있는 달인의 경지에 오르는 것이 당연할 것이다. 하지만 해가 갈수록 출근 시간은 더 빨라지고 아무도 없는 복도를 걸어가는 발걸음은 더 떨린다.

초등 교사는 온갖 것을 다룬다. 그런 면에서 초등 교직은 참 미묘한 직업이다. 나름 성실하게 일해 왔고 연구나 연수도 부지런히 해 온 것 같은데 30년이 되어도 부족한 것만 같으니 말이다. 새까만 후배 선생님들의 빠른 족적과 눈부신 성과물들을 보면 자랑스럽고도 부끄럽다. 언젠가 한 그림책 모임에서 '인생 그림책'을 가져오라고 했을 때 나는 『슈퍼 거북』을 가지고 갔다. 토끼를 이긴 거북이 아니고 모든 걸 내려놓고 침대에 파묻힌 거북. 그게 바로 초등 교사 30년 차인 나의 캐릭터다.

단, 그 거북이 교사가 끈기 있게 해 온 일이 하나 있다면 어린이책을 읽는 것이었다. 정적인 성향을 타고난 나는 휴일이나 방학 때 산으로 들로 다니는 대신 집이나 카페에서 어린이책을 읽었고, 읽은 내용을 잊어버리지 않기 위해서 서평을 썼다. 학교도서관 업무를 주로 맡았고 도서관의 책들을 꼼꼼하게 살피며 수서에 신경을 많이 썼다. 그러면서 나는 천천히 눈을 떴다. 그 오랜 세월이 가져온 발전은 딱 한 가지. 어린이책과 학교도서관을 보는 눈이 달라졌다는 것이다.

학교도서관은 수업 자료의 보물 창고이자 교수학습지원센터이며, 어린이책은 언제든 수업에 활용할 수 있는 살아 있는 교재이다. 그래서 내가 방학이나 주말에 어린이책을 끼고 (슈퍼 거북과 같은 포즈로) 방에서 뒹구는 행위는 엄연한 '교재 연구'라 주장한다. 물론 이때 누워서도 부지런히 움직여야 할 촉수가 있다. '교육과정과의 연결점을 찾아내는 촉수' 말이다.

외국의 교육과 국내 교육을 비교하기는 조심스럽고 유럽 등의 선진국 교육이 반드시 우리나라보다 훌륭하다고 할 수는 없지만, 도서관 시설이나 그 활용만큼은 우리를 앞서가는 것 같다. 마을마다 학교마다 잘 갖춰진 도서관 시설, 그리고 학생들을 실제로 도와줄 수 있는 인력 배치 등은 참 부러운 점이다. 교사들은 학생들이 책을 읽어야 하는 과제를 부여하고, 학생들은 그 과제를 해결하러 도서관으로 향하며, 도서관에서는 사서가 아이들이 책 고르는 것을 돕는 풍경. 이런 풍경들이 참 부럽게 느껴진다. 하지만 이제 우리의 환경도 옛날에 비해서 많이 좋아졌다. 대단하고 거창한 것은 아니더라도 도서관을 활용하는 수업은 소박하게라도 가능하다.

나는 이 소박한 경험을 비교적 많이 갖고 있는 교사다. 어쩌면 이 경험들은 체계적이지도 않고 검증되지 못한 단순한 사례들에 불과할지도 모른다. 그런데도 어떤 분들은 그 사례를 궁금해 하셨고, 처음 시도해 보려는 교사에게는 중요한 실마리와 길잡이가 될 수 있다고 격려해 주셨다. 이 많은 분들의 말에 용기를 내어 이렇게 더듬더듬 기록을 남기게 되었다. 책을 쓰기 위해 한 활동들이 아니었기에 기록을 남겨 놓지 못하고 놓쳐 버린 결과물들이 많지만, 최대한 기억을 떠올려 그 과정을 남겨 보고자 했다.

내가 도서관 활용 수업을 하며 가장 중요한 원칙으로 고수했던 것은 우리 어린이들이 평생학습자로 살아가는 데 '독서'가 가장 큰 기반이 된다는 생각이다. 학습 방법 또한 첨단의 모든 매체들에 우선하여 책을 통해 학습하는 경험을 제공해 주는 것이 공교육의 역할이라고 생각한다. 이 생각만큼은 자신 있게 내놓을 수 있다. 나 또한 서툰 시도들이 많았지만 모든 과정 속에서 이 생각이 옳다는 것은 언제나 확신할 수 있었다. 학생들이 뭔가 지식적인 논쟁을 하다가 교사에게 와서 묻는다. 학생들의 질문에 교사가 "선생님도 모르는 게 많아. 잘 모르겠네. 어쩌지?" 라고 대답할 때 "책을 찾아보자!" 하고 학급문고로 다가가는 학생들을 본다면 교사는 어떤 기분일까? 어떤 주제에 대한 수업을 한 후 다음 도서관 수업 시간에 검색대에서 학생들이 그 키워드로 검색을 하여 책들을 대출하고 있는 걸 본다면 어떤 기분일까? 도서관 활용 수업은 바로 이런 아이들을 길러 내는 수업이다.

나의 교실에 관심을 가지고 출간을 제안해 주신 푸른칠판 송진아 대표님께 가장 먼저 감사드린다. 그리고 함께 즐겁게 일했던, 언제나 도서관의 문을 활짝 열고 나를 환대해 주셨던 사랑하는 사서 선생님들에게도 고마운 마음을 전한다. 코로나 여름방학, 카페에도 못 가는 나에게 쾌적한 작업실을 제공해 주시고 원고의 첫 독자가 되어 주신 손혜숙 선생님, 오래된 친구샘들(인디스쿨 공부 모임과 독서 모임 '책이랑'), 그리고 함께 적용, 실행하고 소감을 나누어 주셨던 그동안의 동학년 선생님들, 책으로 생각을 나누며 함께 성장했던 학생들에게도 고마움을 전한다. 이 책이 단 몇 분의 선생님들께라도 도움이 된다면 정말 기쁠 것 같다.

2023년 정기진

교과 연계 책 바구니 활용 수업

교사가 학생들에게 교육과정과 관련된 적정한 수준과 주제의 과제를 제시한다. 학생들은 그 주제를 기억하며 도서관으로 향한다. 그리고 사서 선생님에게 주제를 이야기하며 도움을 요청한다. 사서 선생님은 "네가 말한 과제에 이 책이 도움이 될 것 같구나." 라고 말하며 몇 권의 책을 권해 준다.

이런 상황은 외국의 동화나 그래픽노블에서 가끔 보는 장면이다. 하지만 경험상 아직까지 학교에서 이 정도의 도서관 활용 수업을 본 적은 없었다. 시설 문제, 인력 문제 등의 이유가 있지만 이런 수업이 어려운 가장 큰 이유는 '인식'과 '문화'의 문제인 것 같다. 학생들이 방과 후에 자료 조사나 과제를 위해서 도서관에 가는 상황은 일반적이지 않다. 우리나라 학생들은 대부분 학교 수업이 끝나도 줄줄이 일정이 있고, 그러한 부분을 감안하지 않았을 때 닥쳐오는 민원도 무시할 수가 없기 때문에 교사들은 수업 시간 안에 모든 걸 끝내야 한다는 강박을 가지고 있다. 그렇다면 도대체 어떻게 도서관을 활용하는 수업을 할 수 있을까? 이것을 가능하게 해 주는 중요한 도구가 하나 있다.

바로 '바구니!'

학교의 규모나 상황에 따라 조금씩 다르겠지만, 소규모 학교가 아니라면 도서관에서 수업을 할 기회가 많지 않다. 그러나 도서관에 직접 가지 않아도 '도서관 책을 활용한 수업'이라면 '도서관 활용 수업'이라고 할 수 있다. 이때 활용되는 아주 중요한 도구가 바로 '바구니'다. 여기에 필요한 책들을 학급 대출로 담아 오는 것이다. 이렇게 대출해 온 책들을 활용한 수업을 나는 '책 바구니 수업'이라고 부른다.

수업 주제가 무한하기 때문에, 책 바구니 수업도 교사에 따라 무한정 다양하게 펼쳐질 수 있다. 개인적으로는 주로 조사가 필요한 수업, 자료 수집이 필요한 수업에서 책 바구니를 많이 활용했다. 교과서는 교과서대로 배우고, 독서는 독서대로 하고, 자료 조사는 또 따로 하고 (주로 인터넷 검색으로) 이런 따로따로 수업에서 벗어나 보고 싶었다.

'교육과정과 독서의 통합!'

이것은 언제부터인가 가장 중요하게 생각하고 고민하는 주제가 되었다. 학습 따로 독서 따로가 아닌, 도서관의 책들을 자료로 끌어들여 독서가 곧 평생학습의 토대임을 알게 하는 수업, 그런 수업을 꿈꾸었다. 그 일은 생각보다 그렇게 어렵지는 않았다. 뭐든 어렵게 생각하면 한걸음을 뗄 수 없으니 처음부터 욕심을 부리지 않는 게 좋다. 일단 책 바구니를 활용할 주제를 정하고, 책을 바구니에 담아 대출해 오고, 그 책을 교실에 두고 수시로 읽으며 수업에 잘 활용하면 성공이라고 스스로에게 후하게 점수를 주며 여유 있게 생각해도 된다.

물론 아무리 쉽다고 해도 사전작업은 좀 필요하다.

첫째, 주제에 해당하는 책이 도서관에 충분히 있는지 확인해야 한다. 적어도 학급당 인원수보다는 많은 책이 있어야 책 바구니 수업이 가능하다. 책의 수량이 2배수 정도 된다면 더더욱 좋다. 교사 맘대로 책을 나눠 주는 것보다는 학생들이 골라 가게 하는 것이 좋은데, 그럴 때 책 권수가 여유 있을수록 골라 가는 재미가 있다. 마지막으로 고르는 학생이 마지막 한 권을 가져간다면 그건 고르는 게 아니니까 말이다. 그래서 책이 넉넉해야 한다.

둘째, 위의 조건이 충족되지 않는다면 보충해 놓아야 한다. 이것은 수서에 해당하는 이야기다. 학교마다 상황이 다르겠지만 수서는 절차가 필요해서 그리 간단한 것은 아니다. 수시 구입이 가능한 학교보다는 학기당 한두 번 정도의 정기 구입만 가능한 학교를 더 많이 보았다. 정기 구입 때 책을 구입하려면 적어도 한 학기 전에 미리 파악하고 사서나 담당 교사에게 목록을 주어야 하니 꽤 멀리 내다봐야 하는 셈이다. 수시 구입이 가능하다 해도 적어도 단원 시작 전에는 준비를 서두르는 것이 좋다.

셋째, 사서 선생님과의 협의하에 이런 대출이 가능한 도서관 시스템을 만들어야 한다. 이 부분은 이제 거의 걱정할 일이 없다고 본다. 예전에는 다소 꺼리는 분위기도 있었지만, 학교마다 사서의 역할이 늘어나고 역량도 커지다 보니 이제 이런 정도는 당연한 역할로 여기고 적극적으로 협력해 주시는 분들이 많다. 여러 학급, 여러 학년에서 이런 요청이 있으면 처리나 정리가 힘들겠지만, 요청 자체를 매우 반기고 관심을 가지며 함께 책을 골라 주시는 사서 선생님들이 많다. 이제 이런 시스템은 어느 학교 도서관이나 가능하다고 보아도 될 것 같다. 간혹 다량의 책이 도서관 밖으로 나가는 것을 꺼리는 분들도 있다. 한꺼번에 교실로 가져가면 도서관에서 그 책들을 찾는 학생들이 볼 수 없다는 이유 때문이다. 간혹 그런 경우도 생길 수 있지만 그보다는 도서관 서가에 박혀 평생 빛도 못 보고 먼지만 쌓일 운명이던 책들의 표지가 비로소 열리고 구원을 얻는 경우가 훨씬 많다. 사서 선생님들도 그런 이유로 가장 기뻐하신다.

"이 책 한 번도 대출 안 되었던 책이에요. 이렇게 좋은 책인데 아무도 안 봐요."

넷째, 이런 시스템이 체계적으로 지속되려면 주제별 목록을 만들어 두는 게 좋다. 그때그때 뒤져 가며 담는 것보다는 목록이 있으면 사서 선생님이 바로 담아 주시기 편하고, 분량 확인이나 추가도 훨씬 편하다. 물론 이런 작업이 결코 쉬운 일은 아니다. 방학 내내 도서관에 틀어박혀 작업해 둔 목록을 가지고 새 학교로 옮겼을 때 거의 쓸모가 없는 경우도 있었다. 학교마다 보유하고 있는 책들이 많이 다르기 때문이다. 게다가 해마다 좋은 책들은 계속 나오고, 있던 책들은 절판되기도 하므로 도서 목록을 수시로 갱신해야 한다. 학교 단위로 누군가가 초기 작업을 해 놓는다면 조금씩 갱신하는 것은 그리 어렵지 않겠지만, 아무것도 없는 상태에서 처음으로 목록 작업을 하거나 다른 학교 목록을 사용하는 일은 어렵다. 그러니 목록 작업은 필수 조건이라고 하기는 어렵고, 그때그때 책을 찾아서 골라 구성해도 된다. 대신 수서는 꼭 신경 써서 해야 한다. 목록이 있으면 훨씬 좋겠지만 그보다 더 중요한 것은 충분한 책의 확보와 그걸 가능케 하는 수서이다.

책 바구니 구성은 학년에서 한 명만 수고하면 그 선생님 반에서 바구니를 관리하고 동학년에서 함께 활용하면 된다. 학년 톡방이나 교내 메신저를 활용해서 "내일 1교시에 3반이 가져갈게요." 하는 식으로 시간을 조율할 수 있다.

이렇게 책 바구니를 활용했던 수업들을 소개해 보고자 한다.

1

국어

¦ 시

가장 쉽게 시도할 수 있는 주제가 바로 '시' 수업이다. 시 수업은 미리 수서를 신경 쓰지 않아도 된다. 한 학급 인원 정도의 시집이 없는 도서관은 거의 없기 때문이다. 물론 수서 때마다 좀 더 신경 써서 새로 나오는 동시집들을 갖추어 놓는다면 더 좋다. 최근에는 시도 좋고 책 디자인도 좋아서 소장하고 싶은 마음이 드는 시집들이 정말 많이 나온다. 시 수업을 중요하게 생각하는 선생님들은 한 학급 인원의 시집을 본인 취향대로 소장하고 학생들에게 읽히면서 다양하게 시 수업을 하는 경우가 많다. 이런 방법도 좋지만, 이렇게까지 하는 게 어렵다면 도서관을 이용하면 된다.

시 수업은 한 학기에 한 번 이상은 꼭 나온다. 교과서에 나오는 시만 감상할 게 아니라면 '어떤 시를 소개해 줄까?' 고민만 하지 말고 좋은 시집을 골라 책 바구니를 구성해서 교실에 일정 기간 동안 두고 읽도록 하면 된다. 이렇게 하면 교과서에 제시된 거의 모든 활동들을 할 수 있다. 예를 들면 이런 것들이다.

① 좋아하는 시를 찾아서 친구들에게 소개하기

　　(마음에 드는 시와 그 이유 발표하기)

② 시에서 재미있는 표현(흉내 내는 말 등) 찾기

③ 시에서 감각적인 표현 찾기

④ 시에서 인물의 마음 짐작하기

⑤ 겪은 일을 나타낸 시 찾고 공감하기

⑥ 시에서 감동을 주는 표현 찾고 나의 느낌 말하기

⑦ 좋은 시 골라서 암송하기, 시 암송회 열기

⑧ 시화로 표현하고 전시하기

⑨ 공감되는 시 고르고 감상문 쓰기

단, 시 책 바구니를 구성할 때 유의할 점이 한 가지 있다. 활동에 따라서 중점을 두어야 하는 부분이 다르기 때문에 그에 맞추어 시집을 고르는 게 좋다. 그래야 학생들이 활동에 좀 더 쉽게 도달한다. 그 중점은 두 가지다. 하나는 '말놀이 중심인가?'이고, 다른 하나는 '공감 중심인가?'이다. 이 두 가지만 구분해서 시집을 구성하면 거의 실패는 없다.

모든 게 서툴던 교사 초년 시절, 모든 수업이 어려웠지만 국어 수업에서는 특히 시 수업이 어려웠던 기억이 있다. 뭔가 어색하고 말발이 서지 않는 느낌이랄까? 그 이유는 바로 교과서에 소개된 시만 가르쳐야 되는 줄 알았기 때문이다. 교과서의 시가 밋밋하다 느껴도, 맘에 들지 않아도, 어쨌든 그 시를 가지고 필요한 활동을 다 하려고 하니 뭔가 장황하게 설명하게 되고, 감상으로 이끌어야 하는 부담이 있었다. 그런데 책 바구니 수업을 하고 나서는 시 수업이 가장 부담 없는 수업이 되었다. 교사가 정해 주지 않아도 되고, 교사가 감상으로 끌고 가지 않아도 된다. 대신 학생들 스스로 읽고 싶은 시를 골라 읽고 감상에 다가가도록 한다. 교사는 그저 자료를 주며 격려하고, 학생들의 활동을 보고 감탄하고, 학생들에게 되돌려 공유하고, 서로 보면서 공감하고 도전도 받게 하는 역할을 맡으면 된다. 교과서의 시를 모두가 함께 읽을 때보다 불특정 다수의 시를 자유롭게 골라서 읽을 때 결과물도 더욱 풍요롭고 시에 대한 공감도, 서로에 대한 공감도 더 잘 일어나는 것을 여러 번 확인했다.

드물지만 시집에 거부감을 보이는 학생도 있다. 어느 해 국어 1단원이 시 단원이라 3월 첫 주에 바로 책 바구니를 가져왔는데 아침 독서 시간에 골라 가라고 하니 "시집을 왜 읽어, 재미없게!"라며 툴툴거리는 학생의 모습을 본 적이 있다. 하지만 그런 태도를 끝까지 유지하는 학생은 없었다. 하루도 지나지 않아 쉬는 시간에 자신이 고른 시집의 시와 친구가 고른 시집의 시를 서로 바꿔 보며 뭐가 재밌는지 깔깔 웃는 아이들. "읽어 봐." 이 한마디만 하고 기다리면 되는 아이들의 이런 단순함이 고맙고도 찡하다.

시 수업의 활동지를 만들기는 그리 어렵지 않다. 비슷한 양식에 그 수업에서 찾아야 할 포인트만 알려 주면 된다. 학생들은 시집을 읽어 나가면서 해당되는 시를 찾고 필사하며 스스로 먼저 감상하고, 2차로는 공유를 통해 친구가 찾은 시를 감상하면서 감상의 경험을 넓혀 나간다. 비슷비슷하지만 몇 가지 활동지 양식을 소개하면 다음과 같다.

보물 창고 도서관에서 찾은 어린이책 활용 수업

시 수업 활동 중 가장 놀라웠던 기억을 꼽으라면 '시 감상문'을 썼을 때였다. 독서 감상문은 익숙하니까 거부감이 없어도 시 감상문은 막막해 하며 학생들이 어려움을 호소하지 않을까 걱정했다. 그런데 결과는 예상과 정반대였다. 독서 감상문보다 훨씬 쉽게 접근했고 금방 몰입했으며, 긴 글도 썩 잘 써냈다. 조용하게 몰입하며 연필이 사각대던 교실의 그 느낌이 아직도 생생하다. 그때 학생들이 썼던 시 감상문을 몇 편만 소개해 본다.

흰머리

내가 엄마 무릎베개 하고 눕자
아빠도 어리광 부리며
할머니 무릎베개하고 눕습니다.
엄마는 내 머리 쓰다듬고
검은 머리보다 흰머리가 많은 할머니는
아빠의 머리를 쓰다듬습니다.
아빠는 어느새 곯아떨어지고
할머니는 곁에 둔 돋보기를 끼고는
아빠의 흰머리를 뽑습니다.
……

(중략)

* 출처 : 『딱 하루만 더 아프고 싶다』(정연철, 문학동네)

'흰머리'라는 시를 읽고 난 왠지 마음이 좋지 않았다. 이 시는 우리 아빠의 이야기와 비슷해서 왠지 공감이 많이 가는 시인 것 같다. 이 시의 내용은 '나'가 엄마한테 어리광을 부리자 아빠도 할머니한테 어리광을 부리고, 할머니가 아빠의 흰머리를 뽑는 내용이다. 이 시를 읽으면서 우리 아빠가 떠올랐다.

아빠는 휴일에 나한테 흰머리를 뽑아 달라고 한다. 나는 그러면 대충 후다닥 뽑아 주었는데, 그때를 다시 생각해 보니 뭔가 쓸쓸하다. 흰머리를 뽑아 줄 때면 마음 한구석이 허전해질 것 같다. 또한 우리 아버지의 고생이 있는 그대로 느껴졌던 것 같다. 또 '우리 아빠가 벌써 늙었네.' 이런 생각이 들 것 같다.

난 지금껏 가족이라는 울타리 안에서 안전하게 지내 왔다. 난 그 울타리 안에서 소중함을 몰랐다. 그냥 나도 모르게 울타리를 당연하게 생각한 것이다. 근데 그게 아니다. 당연한 게 아니라 아빠의 노력, 고생 덕분에 내가 편안히 살 수 있었던 것이다. 하지만 울타리도 언젠간 녹슬거나 부러지겠지. 그때 난 내가 울타리가 되어 드릴 것이다. 아빠에게 너무 고맙다. 앞으로는 아빠에게 더 잘해 드려야 한다고 몇 번이나 생각을 했다.

이 시는 아빠의 고생, 아빠의 소중함 등을 표현한 것 같다. 물론 아빠라는 단어 안에 말할 수 없는 여러 가지의 의미가 공존하고 있지만.

- 5학년 여학생

소풍 가는 길에서

너 왜 자꾸 거기로 가는데?
거기가 길이야?
멀쩡한 길 놔두고 왜
하필이면 그 길로 가니?
......

(중략)

* 출처 : 『맨날맨날 착하기는 힘들어』(안진영, 문학동네)

한 애벌레는 다른 길로 간다.
모든 아이들이 같은 길로 가는데, 혼자 다른 길로 가는 애벌레. 다를 게 있을까? 하는 애벌레의 마음이 느껴지고 한 번 새로운 도전을 해 보고 싶을 것 같다. 아무리 힘들어도 역경을 한 번은 가야 된다.
이 시를 보니 나는 새로운 도전을 잘 하지 않는다. 이러면 힘들 거라는 생각에…
그래도 이 시에 나오는 애벌레, 그 조그만 애벌레도 도전을 하는 걸 보니 나도 새로운 도전을 해 봐야겠다는 생각이 든다.

– 5학년 남학생

설날 오후

설날인데
앞집 할아버지 화났다

아들이 주고 간 용돈
그새 어디 둔 지 몰라 찾고 있는
할머니한테도 화나고

또 까먹고 간
손자 장난감에도 화나고
......

(중략)

* 출처 : 『벌에 쏘였다』(남호섭, 창비)

내가 읽은 '설날 오후'라는 시는 앞집 할아버지가 설날 오후가 되자 화가 나게 되셨다는 시이다. 화가 난 이유는 아들이 주고 간 용돈이 어디 있는지 모르고, 손자가 장난감도 놓고 가고, 고속도로도 꽉 막혔다는 것이다. 내가 이 시를 읽고 공감되는 내용이 있다. 설날 아침에는 여러 친척들이 모여서 같이 이야기를 하는데, 설날 오후가 되면 친척들이 하나둘씩 집에 가고 나중에는 할아버지나 할머니밖에 남지 않기 때문이다. 할아버지는 아들이 주고 간 용돈을 잃어버려서, 손주가 장난감을 또 놓고 가서, TV 뉴스 속 고속도로가 꽉 막혀서가 아니라 설날 오후가 되자 이야기를 나눌 사람들이 모두 자신의 집으로 가서 할아버지는 화가 난 것 같다.

설날이 되면 고속도로가 꽉 막혀서 새벽 일찍부터 집을 떠나지만, 할아버지 할머니 댁에는 몇 시간 있지도 못한다. 또 집에 갈 때도 길이 막히니 일찍 떠나게 된다. 그럴 때 집에 있는 할아버지나 할머니는 외롭고 화가 나실 것 같다.

명절 때는 잠깐 할아버지 할머니 댁에 많은 사람이 모이지만 명절 때뿐이고 다른 날에는 거의 만날 수 없기 때문에 할아버지 할머니는 많이 외로울 것 같다. 외롭지 않으시게 그때라도 잘해 드려야 할 것 같다.

– 5학년 여학생

보물 창고 도서관에서 찾은 어린이책 활용 수업

⁍ 전기문

국어의 전기문 단원에서도 책 바구니를 활용할 수 있다. 이때 저학년용 위인전을 잘 활용하면 유용하다. 단위 수업 시간 내에 읽고 활동할 수 있기 때문이다. 위인전은 아이들이 흔히 좋아하는 장르가 아니라서 분량이 많고 내용이 어려운 것을 선택하면 오히려 읽다가 진을 다 뺄 수 있다. 최근에는 내용도 알차고 깊이도 있는 위인전이 많이 나와 있다. 이 책들을 못 읽히는 게 좀 아쉽긴 하지만, 시간이나 활용도를 생각할 때 포기할 것은 포기해야 한다. 개인적으로 수업 시간 내에 활용해 본 짧은 위인전으로는 〈새싹 인물전〉 시리즈(비룡소)와 〈디어 피플〉 시리즈(웅진주니어)가 있다. 〈새싹 인물전〉 시리즈는 권수가 넉넉해서 아이들이 골라 읽을 수 있어서 좋다.(요즘도 계속 발간되고 있어 60권이 넘는다.) 〈디어 피플〉 시리즈는 구성이 참신하고 새로운 인물을 조명해 준다는 점이 좋다. 인물 그림책 시리즈도 있다. 그림책이라서 책 읽기에 부담을 느끼는 학생들에게도 접근성이 좋고, 내용이 짧아도 인물을 이해하기에 부족한 정도는 아니라서 활용이 가능하다.

　위인전을 읽으면서는 다음과 같은 활동들이 가능하다.

　① 닮고 싶은 인물 전시회 (3학년)

　② 본받고 싶은 인물 소개하기, 전기문의 특성 이해하며 읽기 (4학년)

　③ 인물의 삶에 근거하여 인물의 가치관 판단하기 (5, 6학년)

어떤 활동을 하든 책을 자유롭게 가져다 읽으며 자신이 표현하고 싶은 인물을 고르는 시간은 필요하다. 아침 독서 시간을 활용해도 되고 국어 시간에 두세 번 정도 시간을 남겨서 독서 시간으로 제공해 주어도 좋다. 고르는 단계에서의 읽기는 정독도 좋지만 훑어 읽기도 좋은 방법이라고 알려 준다. 단 학생들 스스로 인물을 고른 후에는 꼭 정독을 하도록 한다.

중학년 단계에서의 표현활동은 소개 자료를 만들어 전시하는 활동이 적절하다. 3학년과 활동할 때는 특별히 내용을 정해 주지 않고 자유롭게 소개 자료를 작성하도록 했다. 어린아이들일수록 그림을 많이 활용하는 특성이 있다. 4학년과는 학습지로 내용 조직을 먼저 해 본 후에 작성했다. 4학년 전기문 단원에서는 전기문의 특성에 대해서 학습하는데, 그 주요 내용은 다음과 같다.

① 인물이 한 일을 사실적으로 서술한다.
② 인물이 살았던 시대 상황이 나타난다.
③ 인물의 가치관을 엿볼 수 있다.

'가치관'이란 말은 이렇게 4학년 때 나오기 시작해서 고학년에서는 꽤 깊이 있게 다룬다. 학습지 내용 구성은 교과서를 통해 학습한 전기문의 특성을 기준으로 인물의 업적, 시대 상황, 가치관, 본받고 싶은 점 등을 정리하도록 한다. 이렇게 정리하다 보면 좀 더 정독하게 되는 효과도 있다. 정리한 내용을 바탕으로 도화지나 색지에 인물 표현을 하고 교실이나 복도에 전시하여 전체가 함께 감상한다.

이 활동을 하기 전에 활동 내용을 알림장에 안내하고, "필요한 사진이나 그림 자료를 출력해 오고 싶은 사람은 준비해도 좋다."고 안내한다. 성의 있는 학생들은 출력을 해 오는데, 그러면 자료의 완성도는 더 높아진다. 물론 이 과정은 생략해도 괜찮다.

개인적으로는 이런 활동을 고학년에 적용해도 좋다고 생각한다. 고학년이 되면 중학년보다 표현 의지가 다소 떨어지는 경향이 있지만 내용의 깊이는 더해지는 편이다. 같은 활동이라도 학년에 따라 다른 수준으로 표현이 가능하므로, 한 장짜리 소개 자료가 살짝 아쉽다면 보고서나 책 만들기 등의 방법으로 응용하여 활용해도 괜찮다. 그 외에 고학년에서는 '가치관'에 좀 더 중점을 두어 글쓰기로 연결해 가는 방법도 좋다. 초등 고학년 정도면 건전한 가치관을 세우는 데 매우 중요한 시기이다. 간혹 자포자기나 물신주의 가치관을 자랑처럼 내세우는 학생들의 모습을 보면 안타깝다. 그건 아마도 아이들이 사회를 보고 배운 탓

일 것이다. 아무리 교사라고 해도 엄연히 타인인 학생의 가치관을 만들어 줄 자격이 과연 있을까 싶지만, 그래도 학생들에게 좋은 사례들을 많이 접하게 해 주는 것이 교사의 역할 아닐까 생각한다. 인물들의 삶을 통해 그들의 가치관을 분석해 보고 자기 자신과 비교해 본 후 글을 써 보는 것은 자신을 성찰하고 자신의 모습을 만들어 가는 중요한 활동이라고 생각한다. 이때 매우 중요한 것이 바로 '공유'다. 학생의 글을 교사만 읽고 코멘트해 주고 넘기기보다는 다른 친구들의 글을 서로 읽어 볼 수 있게 하고 생각을 나누는 수업으로 심화시키면 좋다. 이런 수업을 하는 가운데 아이들의 '가치관'이 좀 더 다듬어지길 바라는 마음이다. 좋은 가치관이라는 것을 재는 척도는 없겠지만, 자신을 성장시키고 공동체 안에서 행복할 수 있는 가치관과 그 반대의 가치관은 있을 것이다. 초등 교과서에 나오는 '가치관'이라는 말이 좀 이르게 느껴질 수도 있지만 이왕 나온 김에 아이들이 자신의 삶에 대해 생각해 볼 수 있는 기회로 삼으면 더 좋을 것이다.

전기문을 활용하기에 좋은 주제 중 또 하나가 '차별'이라고 생각한다. 4학년 사회 2학기 3단원 '사회 변화와 문화의 다양성'에서는 편견과 차별의 문제를 다룬다. 다양한 수업이 가능하지만 관련된 전기문을 골라서 읽는 것도 괜찮다고 생각한다. 이때 모든 전기문이 가능하지는 않고 '편견과 차별을 극복한' 인물들로 목록을 구성할 필요가 있다. 사회와 국어의 통합 수업으로 진행해도 된다. 책 바구니 구성에 참고가 될 만한 도서 목록과 직접 읽어 보고 작성한 서평을 소개한다.

─ 전기문 참고 도서

일반 주제

	제목	저자	출판사
1	<새싹 인물전> 시리즈	남찬숙 외	비룡소
2	<디어 피플> 시리즈	이사벨 토머스 외	웅진주니어
3	<함께자람 인물 그림책> 시리즈	젠 브라이언트 외	함께자람
4	<우주나무 인물 그림책> 시리즈	정하섭 외	우주나무
5	<리틀 피플 빅 드림즈> 시리즈	마리아 이사벨 산체스 베가라 외	달리
6	<미래 리더를 위한 위인전 힙하게 읽기> 시리즈	버튼북스	스푼북

'편견, 차별' 주제

	제목	저자	출판사
1	<평범한 사람이 세상을 바꾼다> 시리즈	브래드 멜처	보물창고
2	언니들의 세계사 - 역사를 만들고 미래를 이끈 50명의 여성 인물 이야기	캐서린 핼리건	책읽는곰
3	나에게는 꿈이 있습니다 - UN 세계 기념일로 보는 열두 달 인권 달력	김주희	길벗스쿨
4	사라져라 불평등 - 차별 없는 세상을 꿈꾼 사람들	김용옥	함께자람
5	조선의 불평등을 뛰어넘다	김용옥	함께자람
6	세상을 바꾼 놀라운 십 대들	에일린 웨인트로브	휴먼어린이
7	불평등과 싸우는 여성 대법관 루스 베이더 긴즈버그	조너 윈터	두레아이들
8	여자는 곤충을 좋아하면 안 되나요? - 곤충이라면 어디든 달려간 곤충학자 에벌린	크리스틴 에반스	키다리
9	엎드려 관찰하고 자세히 그렸어요 - 곤충을 사랑한 화가, 마리아 메리안	김주경	씨드북 '
10	캐서린은 어떻게 아폴로13호를 구했을까? - 우주 수학자 캐서린 존슨의 도전	헬레인 베커	키다리
11	나는 나 나혜석	정하섭	우주나무

031

Chapter 1 · 교과 연계 책 바구니 활용 수업

프리다 칼로(디어 피플 시리즈 6) 이사벨 토머스/웅진주니어

인물 이야기를 아이들에게 읽히는 게 쉽지 않다. 옛날 우리 어릴 때는 책이라면 부모님이 큰맘 먹고 사 주신 계몽사 위인 전집 정도밖에 없었던 때라 어쩔 수 없이 그것만 읽었지만, 지금은 학교도서관에만 가도 온갖 탐스러운 책들이 넘치니 인물 이야기는 우선순위에서 한참 밀린다. 하지만 독서의 편식을 방지하는 의미에서라도 난 가끔 인물 시리즈를 수업에 활용한다. 국어에서 전기문 단원이 나올 때, 인물의 말과 행동에서 그의 생각을 유추하거나 인물의 삶을 통해 그의 가치관을 판단하는 수업을 할 때 인물 이야기 전집을 도서관에서 학급 대출해서 활용한다. 이럴 때 두꺼운 책들은 시간의 제약 때문에 활용하기 힘들고, 나는 주로 비룡소에서 나온 <새싹 인물전> 시리즈를 활용했다. 이 시리즈는 저학년용이라 보통 단위 수업 시간 내에 읽을 수 있고 국내외 인물 골고루 60권 넘게 나와 있어 권수도 넉넉하여 활용하기 아주 좋았다. 그러다 <디어 피플> 시리즈가 나온 걸 보고 '오? 요것도 좋겠는걸?' 하고 1학기 도서관 수서 때 구입했다. 사 놓기만 하고 못 읽어 보다가 오늘 그중 두 권을 대표로 가져와 읽어 봤는데 참 괜찮다.

첫째, 글보다 그림이 많은 구성이라 일단 접근성이 좋다. 표지도 각 권마다 다른 색으로 컬러풀하다. 내용 이전에 비주얼을 따지는 아이들에게도 먹히겠다. 본문의 그림이 올 컬러는 아니지만 그림체도 각각 개성 있고 그림책처럼 그림에도 많은 이야기나 정보들이 들어 있다. 글자체도 일반적인 서체보다는 개성 있는 서체들이 사용되어 새로웠다.

둘째, 새로운 인물들을 조명해서 좋다. 완전 최초는 아니지만 그래도 기존 위인전들에선 흔히 다루지 않던 인물들, 프리다 칼로나 안네 프랑크 등이 포함되어 있다.

셋째, 이건 무조건 장점이라 할 순 없지만 분량과 구성상 부담 없이 빠르게 읽을 수 있어 다양한 독서력이 섞여 있는 교실에서 함께 읽고 이야기 나누기 좋다. 단 분량이 적다고 해서 내용이 단선적인 건 아니다. 업적과 교훈을 강조한 일반적인 위인전과는 느낌이 다르다. 일생의 애환을 조명했다고 할까. 전권을 다 읽지는 못해서 단언할 수는 없지만 그렇게 느껴졌다. 인터넷 서점의 분류로는 1, 2학년용으로 되어 있는데 내가 볼 때는 저학년도 읽는 데는 무리가 없겠으나 내용을 다루려면 중학년 이상이 되어야 할 것 같다. 예를 들면 『넬슨 만델라』를 읽었는데 그는 비폭력투쟁을 추구한 사람이 아니었다. 이런 부분은 배경을 충분히 이해하지 않으면 상식적인 덕목에는 위배되므로 아이들이 어려워할 수도 있겠다. 모든 일에는 상황적 맥락이 있으므로 그가 살아간 시대와 그의 생애를 통해 이해하는 일이 필요하다. 그게 아이들이 배워야 할 감수성일 테고, 그래서 인물 책 독서도 꼭 필요한 것 같다.

이렇게 활용 가능한 책들이 늘어나면 그게 내 책꽂이에 꽂힌 게 아니라 해도 든든해진다. 이 시리즈가 적어도 30권까지는 나왔으면 좋겠다. (그래야 같이 읽고 골라 읽기 좋다.)

개인적 감상으로 『프리다 칼로』를 읽고 나니 그녀의 작품세계에 대한 궁금증이 생겼다. 네~ 바로 그거예요. 그럼 이제 도서관의 600번 코너로 가는 거죠. 아이들도 이처럼 독서를 통해 지식 세계를 확장해 나가면 좋겠다.

언니들의 세계사 캐서린 핼리건/책읽는곰

원제는 'HerStory'로, 50명의 여성 인물에 대한 이야기라고 해서 두꺼운 책인가 싶었는데 100쪽이 조금 넘는다. 대신에 판형이 매우 크다. 일반 동화책의 2배 이상 되는 것 같다. 이렇게 큰 지면의 펼친 페이지 두 쪽에 한 인물씩 소개하고 있다. 사람의 일생을 다루자면 두꺼운 책 한 권으로도 부족할 텐데 2쪽이라니 내용이 충분할까 싶었지만 큰 판형 안에 요모조모 꽤 읽을 내용이 담겨 있다. 옮긴이는 "이 책에서는 한 인물의 기나긴 삶을 고작 두 페이지에 담아내야 하기에, 삶의 모든 부분들을 깊이 다루지는 못했답니다." 라고 전제했다. 인물에 대한 평가가 시대나 관점에 따라 달라질 수 있다는 점도 짚어 주었다. 하지만 이 50인 중에 모르는 인물도 꽤 많았던 내게는 인물을 간단히 소개하는 이 책만으로도 꽤 많은 걸 알게 되었다.

지금도 여성들은 많은 부분에서 차별받는다고 느끼고 있지만, 실제로 여성이 자유롭게 교육을 받고 원하는 일을 하고 참정권을 가진 역사가 그리 오래되지 않았다. 그런 시대를 살아오며 자신의 뜻을 펼치고 세상에 뚜렷한 자취를 남긴 여성들의 삶은 그 자체만으로도 참 대단하게 느껴진다. 그런 이들이 오늘날 여성들이 딛고 설 땅을 단단히 다져 준 것이리라.

여러 분야의 인물들 중 더 관심이 간 이들은 예술가들이었다. 프리다 칼로처럼 육신의 고통을 예술로 승화시킨 인생은 존경스러웠고, 피터 래빗의 비어트릭스 포터나 발레리나 안나 파블로바 등 자신의 예술적 재능을 평생 발휘하며 살았던 인물들은 부럽기도 했다. 영화 「히든 피겨스」를 보고 "와, 수학도 아름답다는 걸 처음 알았다."고 한 적이 있는데 그 실제 주인공인 캐서린 존슨도 여기 나왔다. 그 외 큰 족적을 남긴 중요한 여성 학자들이 많다는 걸 알게 됐다.

자신의 재능을 유감없이 펼칠 수 있었던 여성들은 비록 맞서야 할 어려움이 있었어도 행복한 삶이었다고 볼 수 있다. 반면 그러한 시도 자체가 생명의 위협이 되는 상황에 처한 이들도 있다. 탈레반 치하의 여성들. 이 책에서 가장 인상적인 여성은 아주 어린 여성이었는데 출생 연도를 보니 우리 아들 나이다. '말랄라 유사프자이'라는 여성은 여성의 교육을 금지하는 탈레반 정권에 맞서 교육활동을 계속하다 십대의 나이에 총격을 받고 큰 부상을 입기도 했다. 역대 최연소 노벨평화상 수상자가 되기도 했고, "학생 한 명과 교사 한 명, 책 한 권, 연필 한 자루만 있으면 세상을 바꿀 수 있다."는 그녀의 말이 크게 다가온다.

그 외 「사라, 버스를 타다」의 주인공 로자 파크스, 여성 참정권을 위해 싸운 에멀린 팽크허스트도 나오고 가장 마지막에 안네 프랑크가 나온다. 안네가 15세에 나치의 손에 목숨을 잃었으니 이 책의 인물 중 최연소인 셈이다. '그러나 희망이 있는 곳에 삶이 있다. 희망은 새로운 용기를 불어넣어 우리를 다시 강인하게 만들어 준다.' 안네의 일기 속 이 구절은 우리에게 용기를 준다. 세상은 계속 변화해 왔고 인간의, 그리고 여성의 권리는 꾸준히 신장되어 왔지만 아직도 나아가야 할 길이 남았다. 싸움의 방향은 여러 가지다. 그중에는 나 자신도 있지 않을까 생각한다. 성찰 없는 싸움은 오히려 퇴보를 가져오기도 하므로.

○ 나라별 문학작품

초등은 학년마다 국어 마지막 단원이 문학작품 감상인 경우가 많다. 독서 단원이 들어온 이후 예전 교육과정보다 그 비중이 약간 줄어든 것 같기는 하지만 그래도 문학작품 감상은 여전히 국어 교과의 중요한 영역이다. 이때 감상할 텍스트를 교과서에 실린 작품에 국한할 필요가 있을까 싶다. 교과서에 싣기 위해서는 어쩔 수 없이 원작의 본문 일부를 발췌하거나 삽화를 변형하는 등의 작업을 거치는데, 살짝만 건드려도 이상하게 원작의 느낌을 제대로 살리지 못한다. 그렇기 때문에 온작품 읽기가 시작된 것이리라. 온작품 읽기는 교사와 학생 전체가 한 권의 책 전부를 같이 읽는 것을 말한다. 가장 효과적인 읽기 방법이라고 생각한다. 하지만 학생들이 스스로 책을 골라서 서로 다른 책들을 감상하는 방법도 가끔 병행하면 좋을 것 같다. 나는 주로 문학 감상 단원을 학년 말에 배치하고, 교과서 진도를 모두 마친 다음에 자유로운 활동의 느낌으로 진행했다.

이때 '목록을 만들 필요가 있을까?' 라는 의문이 들지도 모르겠다. 문학 장르의 책은 학교도서관에 가장 많이 있다. 좋은 책들이 너무 많아서 그 책들을 모두 바구니에 담아 교실에 가져올 수도 없는 노릇이니, 그냥 도서관에 학생들과 함께 가서 책을 고르면 된다. 당연히 그래도 되지만, 교사가 구성한 책 바구니로 한 번쯤은 읽혀 보는 것도 좋지 않을까? 도서관에는 너무 많은 책들이 있고, 어떤 책을 골라야 할지 막막해 하며 고르는 데 시간을 다 보내는 아이들도 있다. 어떤 아이들은 보던 책만 계속 반복해서 보기도 한다. 아이들의 취향과 자유를 존중해 주되, 가끔은 교사가 추천해 주는 책을 통해 스스로 생성하지 못하는 안목을 기르는 데 도움을 주는 것도 괜찮을 것이다.

문학작품 감상 활동과 관련하여 참고할 만한 나라별, 작가별로 구성해 본 도서 목록을 소개하고자 한다. 개인적인 경험이나 취향이 많이 반영된 것이므로 하나의 예시로 참고하면 된다. 교사 개인이 좋아하는 작품들로 목록을 구성해 보는 것도 나쁘지 않다. 교사가 잘 알고 있는 작품이라면 학생들이 책을 고를 때 조언하거나 감상에 대한 이야기를 나누기에도 좋다. 동학년과 함께 활동한다면 학급별로 바구니를 돌리면서 읽어 보는 것도 괜찮다.

얼마나 시간 여유가 있는지에 따라 활동 내용이 달라질 수 있는데, 읽은 책의 한 줄 평 정도만 써 보는 것도 괜찮고, 바구니당 한 권의 책에 대한 독서 감상문을 써 보는 것도 좋다. 다양한 형식의 독후 활동지를 미리 준비해 두었다가 자유롭게 골라 가서 쓰는 방법도 있다.

나라별 문학작품을 읽다 보니 학생들은 해당 나라나 작가에 관심을 보이기도 했고, 서로 재미있는 책을 추천하기도 했다. 또 좋아하는 작가에 대한 취향이 생겼다고 이야기하는 학생도 있었다. 다음에 소개하는 목록은 몇 년 전 5학년 학급에서 운영했던 목록이고, 그 이후에 나온 책들을 조금 추가 보충한 목록이다. 지금 다시 구성한다면 더 넣고 싶은 책이 너무 많지만, 여기서는 예시 자료로만 소개한다.

━ 나라별 문학작품 참고 도서

우리나라 문학 바구니

	작가	제목	출판사
1		밥데기 죽데기	바오로딸
2	권정생	몽실 언니	창비
3		랑랑별 때때롱	보리
4		마당을 나온 암탉	사계절
5		어느 날 구두에게 생긴 일	비룡소
6	황선미	내가 김소연진아일 동안	위즈덤하우스
7		세상에서 제일 달고나	주니어김영사
8		빛나는 그림자가	시공주니어

9	이금이	너도 하늘말나리야	푸른책들
10		사료를 드립니다	푸른책들
11		망나니 공주처럼	사계절
12		차대기를 찾습니다	사계절
13	김남중	불량한 자전거 여행 1,2	창비
14		멋져 부러, 세발 자전거!	낮은산
15		속 좁은 아빠	푸른숲주니어
16	최영희	인간만 골라골라 풀	주니어김영사
17		써드	동아시아 사이언스
18	유은실	마지막 이벤트	비룡소
19		나의 린드그렌 선생님	창비
20		일수의 탄생	비룡소
21		내 머리에 햇살 냄새	비룡소
22		멀쩡한 이유정	푸른숲주니어
23	정연철	주병국 주방장	문학동네
24		엄순대의 막중한 임무	사계절
25		엉터리 처방전	위즈덤하우스
26	천효정	건방이의 건방진 수련기1~5	비룡소
27		건방이의 초강력 수련기1~4	비룡소
28		첫사랑 쟁탈기	문학동네
29		아저씨, 진짜 변호사 맞아요?	문학동네
30	송미경	돌 씹어 먹는 아이	문학동네
31		어떤 아이가	시공주니어
32		복수의 여신	창비
33		통조림 학원	위즈덤하우스
34	유승희	불편한 이웃	책읽는곰
35		콩팥풀 삼총사	책읽는곰
36		지구 행성 보고서	뜨인돌어린이
37		별이 뜨는 모꼬	웃는돌고래
38	김태호	제후의 선택	문학동네
39		네모 돼지	창비
40		신호등 특공대	문학과지성사
41		엄마가 개가 되었어요	서유재

42	이현	푸른 사자 와니니 1~5	창비
43		플레이 볼	한겨레아이들
44		악당의 무게	휴먼어린이
45		연동동의 비밀	창비
46	김선정	최기봉을 찾아라!	푸른책들
47		방학 탐구 생활	문학동네
48		우리 반 채무 관계	위즈덤하우스
49	황지영	리얼 마래	문학과지성사
50		짝짝이 양말	웅진주니어
51		햇빛초 대나무숲에 새 글이 올라왔습니다	우리학교
52	진형민	꼴뚜기	창비
53		소리 질러, 운동장	창비
54		우리는 돈 벌러 갑니다	창비
55		사랑이 훅!	창비
56	송언	축 졸업 송언 초등학교	웅진주니어
57		김 구천구백이	파랑새어린이
58		장꼴찌와 서 반장	잇츠북어린이
59		이야기 똥 여우	웅진주니어

아시아 문학 바구니_일본

	저자	제목	출판사
1	미야자와 겐지	주문이 많은 요리점	담푸스
2		늑대 숲, 소쿠리 숲, 도둑 숲	논장
3		은하철도의 밤	현북스
4	오카다 준	신기한 시간표	보림
5		밤의 초등학교에서	국민서관
6		비를 피할 때는 미끄럼틀 아래서	보림
7		소원이 이루어지는 길모퉁이	시공주니어
8		스티커 별	보림
9	하나가타 미쓰루	사랑은 인기 순이 아니야	천개의바람
10		최악의 짝꿍	주니어김영사
11	요시타케 신스케	있으려나 서점	온다
12		도망치고, 찾고	주니어김영사

13	오카 슈조	우리 누나	웅진주니어
14		나는 입으로 걷는다	웅진주니어
15		힘들어도 괜찮아	웅진주니어
16		거짓말이 가득	창비
17	하이타니 겐지로	나는 선생님이 좋아요	양철북
18		우리 선생님 최고	논장
19		우리 가족 시골로 간다	양철북
20		너는 닥스 선생님이 싫으냐?	비룡소
21	이토 미쿠	엄마 사용 설명서	우리교육
22		내 몸무게가 어때서?	우리교육
23	히로시마 레이코	이상한 과자 가게 전천당 1~16	길벗스쿨
24		요괴의 아이를 돌봐드립니다 1~10	넥서스Friends
25		십 년 가게 1~6	위즈덤하우스
26		신비한 고양이 마을 1~2	꿈터
27	기무라 유이치	가부와 메이 이야기 1~7	미래엔아이세움

아시아 문학 바구니_대만, 중국

	저자	제목	출판사
1	창신강	열혈 수탉 분투기	푸른숲주니어주니어
2		불량 토끼 길들이기 대작전	라임
3	거징	럭키래빗 1~6	푸른날개
4	왕수펀	괴물이 어때서	챕터하우스
5	후스퉈	투표합시다	산하
6	린스런	행복을 만드는 우리 동네 발명가	책속물고기

영미 문학 바구니_영국

	저자	제목	출판사
1	재클린 윌슨	잠옷 파티	시공주니어
2		우리 반 인터넷 사이트 고민의 방	시공주니어
3		난 작가가 될 거야!	시공주니어
4		미라가 된 고양이	시공주니어
5		엄마 돌보기	시공주니어
6		리지 입은 지퍼 입	시공주니어

7	로알드 달	찰리와 초콜릿 공장	시공주니어
8		마틸다	시공주니어
9		제임스와 슈퍼 복숭아	시공주니어
10		마녀를 잡아라	시공주니어
11		멍청씨 부부 이야기	시공주니어
12		우리의 챔피언 대니	시공주니어
13		창문닦이 삼총사	시공주니어
14		내 친구 꼬마 거인	시공주니어
15		멋진 여우 씨	논장
16		거꾸로 목사님	열린어린이
17	마이클 모퍼고	켄즈케 왕국	풀빛
18		우리 집 정원에는 코끼리가 산다	내인생의책
19		연들이 날고 있어	웅진주니어
20		아주 특별한 시위	풀빛
21		모차르트를 위한 질문	웅진주니어
22		오늘 아침에 고래를 만났습니다	책과콩나무
23		늑대의 입속에서	밝은미래
24	필리파 피어스	한밤중 톰의 정원에서	시공주니어
25		학교에 간 사자	논장
26		아주 작은 개 치키티토	시공주니어

영미 문학 바구니_미국

	저자	제목	출판사
1	케이트 디카밀로	내 친구 윈딕시	시공주니어
2		생쥐 기사 데스페로	비룡소
3		에드워드 툴레인의 신기한 여행	비룡소
4		마술사의 코끼리	비룡소
5		초능력 다람쥐 율리시스	비룡소
6	데보라 엘리스	나는야 베들레헴의 길고양이	책속물고기
7		브레드위너 1~4	나무처럼
8		아주 평범한 날에	산하
9	엘윈 브룩스 화이트	샬롯의 거미줄	시공주니어
10		트럼펫을 부는 백조	산수야

11	루이스 새커	웨이싸이드 학교 별난 아이들	창비
12		웨이싸이드 학교가 무너지고 있어	창비
13		웨이사이드 학교와 저주의 먹구름	창비
14		왜 나한테만 그래?	현북스
15		그냥 한 번 해 봐!	현북스
16	앤드류 클레먼츠	프린들 주세요	사계절
17		말 안 하기 게임	비룡소
18		성적표	웅진주니어
19		잘난 척쟁이 경시 대회	국민서관
20		지도 박사의 비밀 지도	열린어린이

유럽, 기타 문학 바구니

	나라	저자	제목	출판사
1	프랑스	수지 모건스턴	조커, 학교 가기 싫을 때 쓰는 카드	문학과지성사
2			엉뚱이 소피의 못 말리는 패션	비룡소
3			나랑 친구할래?	크레용하우스
4			마법의 글짓기	크레용하우스
5			내 생애 최고의 캠핑	크레용하우스
6	독일	미하엘 엔데	모모	비룡소
7			마법의 설탕 두 조각	소년한길
8			냄비와 국자 전쟁	소년한길
9			짐 크노프와 기관사 루카스	주니어김영사
10			마법 학교	보물창고
11		에리히 캐스트너	하늘을 나는 교실	시공주니어
12			로테와 루이제	시공주니어
13			에밀과 탐정들	시공주니어
14	스웨덴	아스트리드 린드그렌	내 이름은 삐삐 롱스타킹	시공주니어
15			사자왕 형제의 모험	창비
16			미오, 우리 미오	창비
17			라스무스와 방랑자	시공주니어
18			산적의 딸 로냐	시공주니어
19			난 뭐든지 할 수 있어	창비
20			소년탐정 칼레 1,2,3	논장

21	스웨덴	아스트리드 린드그렌	에밀은 사고뭉치	논장
22			엄지소년 닐스	창비
23	오스트리아	크리스티네 뇌스틀링거	깡통 소년	미래엔아이세움
24			오이대왕	사계절
25			뚱뚱해도 넌 내 친구야	크레용하우스
26			언니가 가출했다	우리교육
27			머릿속의 난쟁이	사계절
28	핀란드	토베 얀손	무민 골짜기 이야기 시리즈	어린이작가정신
29			무민 골짜기의 모험 1, 2, 3	온다
30		카이야 판눌라	그림 그리는 여우	우리학교
31	호주	앤디 그리피스	13층 나무집	시공주니어
32			26층 나무집	시공주니어
33			39층 나무집	시공주니어
34	네덜란드	안나 볼츠	안녕, 알래스카	문학과지성사
35			상어 이빨	
36		톤 텔레헨	너도 화가 났어?	분홍고래
37			그게 바로 화난 거야!	분홍고래
38	칠레	루이스 세뿔베다	갈매기에게 나는 법을 가르쳐 준 고양이	바다출판사
39	브라질	J.M. 바스콘셀로스	나의 라임오렌지나무	동녘

― 나라별 문학작품 참고 서평

망나니 공주처럼 이금이/사계절

  학교에는 무슨 무슨 교육을 하라는 지침이 쉴 새 없이 내려온다. 그중에는 양성평등 교육도 있다. 무슨 이슈가 생기면 무슨 교육을 몇 시간 시키라고 지침을 내리는 분, 교재를 만들어 학교로 배포하는 훌륭한 분들보다도 훨씬 고마운 분들은 이와 같이 '이야기'를 만들어 내는 분들이다. 그게 재미있으면 좋고 아름다우면 더할 나위 없고 환상적이라면 최고다. 이 책은 거의 그랬다. 타고난 이야기꾼은 다르구나 다시 한 번 느낀 책이다.

  이 책은 '공주 이야기'로 이미 판타지인데 그 안에 '공주의 전설'이 또 들어 있다. 그런데 메시지는 현대를 사는 우리에게 확 꽂힌다. 이런 이야기 참 매력적이다.

  작은 왕국에 앵두 공주가 있었다. 공주는 반듯해야만 했고 모범을 보여야 했기에 언제나 참아야 했고 열심히 공부해야만 했다. '망나니 공주처럼 되지 말아야 한다'는 말을 귀에 못이 박히도록 들었다. 그 '망나니 공주의 전설'이란 이렇다.

옛날 옛날 공주를 낳고 돌아가신 왕비 때문에 왕은 모든 것을 전폐하고 슬픔에 빠졌고 공주는 방치되어 망나니처럼 자랐다. 그 바람에 국민들은 하나둘 왕국을 떠나 버렸다고 한다. 앵두 공주는 공주 수업의 필요한 절차 중 하나인 '민가 체험'을 하러 며칠간 자두네 집을 방문하게 되었다. 자두는 공주 앞에서 거침이 없었고 공주를 친구로 대했다. 친구랑 논다는 게 뭔지 몰랐던 앵두 공주는 새로운 기쁨을 알았다. 그보다도 충격적인 사실이 있었다. 공주가 알고 있던 '망나니 공주의 전설'이 일부분이었다는 것. 그 뒤의 이야기가 있다는 것이었다. 자두의 할머니가 들려주신 이야기. 그건 행복한 러브 스토리이기도 했다. 국민들이 모두 떠나 버린 왕국에서 공주는 모든 것을 직접 구해야 했기에 '공주처럼' 성 안에 우아하게 앉아 있을 처지가 못 되었다. 공주는 친구가 된 말 '흰 바람'을 타고 어디든 돌아다녔다. 그러다 다리를 다친 이웃 나라의 왕과 왕자를 만났다. (로맨스의 시작) 왕은 호전적인 사람이었으나 왕자는 그와 반대였다. 공주의 성에 머물며 왕자는 요리와 옷 만들기를 배우고 솜씨를 발휘했다. 치료가 끝난 왕은 자기 나라로 돌아갔지만 왕자는 작은 왕국에 남기를 원했다. 그 후로 두 사람은? 그리고 작은 왕국은?

다시 앵두 공주에게로 돌아와서, 공주는 이제 새로운 생각에 골몰한다. '공주답다'는 것은 무엇일까? 아니 그전에, '나답다'는 것은 무엇일까? 이렇게 생각하는 공주 앞에 나타난 것은 전설 속의 그 말들! 공주는 달리기 시작한다.

앞에서 양성평등의 주제를 언급했지만 이 책에서 염두에 둔 것은 단지 그것만은 아니다. '여자답다', '남자답다'를 넘어서 모든 '○○답다'를 담고 있다. '○○답다'는 것에 정답이 있을까? 규정할 수 있을까? 나는 파격을 선호하는 성향도 아니고 고정관념에서 완전히 자유로운 사람도 아니라서 '~답다'는 경우에 따라 최소한의 기준이 있다고 생각한다. 예를 들면 '부모답다'라면 자녀를 품어 주고 함께 있는 시간을 행복해 하는 것, '교사답다'라면 수업에 관심을 갖고 노력하는 것, '근로자답다'라면 월급값 하는 것, 뭐 이런 것들? '~답다'는 죄가 없다. 지나친 규정과 고정관념이 문제인 것이지. 스스로가 만든 정체성을 가지고 '~답다'라고 말해 준다면 그건 그의 자부심과 자존감이 될 것이다.

사계절 저학년문고지만 이 책은 중학년까지 읽어도 좋겠다. 고학년도 토론 전 읽기 자료로 활용해도 좋을 것 같다. 아이들이 묶여 있는 '답다'의 굴레에는 무엇이 있는지, 아이들이 진정 원하는 '답다'의 의미는 무엇인지 아이들의 이야기를 들어 보고 싶다.

우리 반 채무 관계 김선정/위즈덤하우스

김선정 작가의 책을 모두 읽었는데 이 책을 읽다 보니 송언 선생님 책을 봤을 때의 느낌이 떠올랐다. 교실의 일상이 소재가 되었다는 점과 교사 아니면 할 수 없는 디테일한 묘사가 너무 웃기다는 점에서 그렇다. 소재가 어찌 보면 너무 사소한, 붙잡지 않았더라면 계속 밀려드는 일상에 묻혀 잊혀져 버렸을 것 같은 사건이라는 점도 비슷했다. 그 사건 하나가 이렇게 재미있고 의미 있는 한 권의 동화책이 되는 걸 보면 교사들은 모두 소재의 풍년 속에 사는 셈이다. 그러나 그걸 포착하고 써내는 능력은 작가만이 가진 것! 퇴직 후 송언 선생님의 교실 이야기는 좀 뜸해진 느낌인데, 김선정 선생님의 교실 이야기는 더 자주 오래 볼 수 있었으면 하는 바람이다.

80쪽 정도의 많지 않은 분량에, 재미있는 삽화도 한몫을 하는데다가 가끔씩 이야기 속 상황이 네 컷 만화로도 그려져 있어 아이에게 권해 주기 좋게 아주 말랑하다. 긴 줄글 책을 읽기 어려워하는 아이들, 특히 만화만 읽으려 하는 아이들에게 권해도 투덜거리지 않고 읽어 낼 것 같다. 중학년 초보 단계 동화로 강추. 초보 단계라는 표현이 실례가 될까 살짝 걱정이지만, 읽기 단계상 그렇다는 뜻이고 내용 면에서 보자면 고학년과 함께 읽을 필요도 있을 것 같다. 제목이 말해 주듯이 사건이 '채무 관계'이기 때문이다.

3학년 구찬수는 같은 반 이시원에게 3천 원을 빌려줬다. 그리고 3천 5백 원을 받기로 했다. 말하자면 이자를 붙여 받기로 한 건데, 이자 제안은 시원이가 한 거다. 리코더 살 돈에서 2천 원을 남겨 고무 딱지를 살 생각에 흐뭇해 있던 찬수를 "주말에 삼촌이 오시면 2만 원이 생기니 5백 원 더 붙여서 갚겠다."고 부추겨 홀랑 빌려가 버린 것이다. 그런데 약속한 월요일, 돈을 달라고 하자 시원이는 "네 사물함에 넣어 놨어." 하는 게 아닌가. 뒤죽박죽 사물함의 묘사는 경험자가 아니면 절대 못할 디테일의 묘미. 어쨌거나 그 안에 돈은 없었다. 시원이한테 말해 봤자 분명히 넣었다며 화를 낼 뿐, 덩치 크고 말발 세고 기도 센 시원이를 찬수는 당하지 못한다.

문제는 '학급 다모임' 시간에 수면으로 떠오른다. 그동안 안건이 없어 선생님 전용 시간이던 다모임 시간이 본격 회의 시간이 된 날. 아이들의 다양한 문제들이 불거지고 해결책이 논의된다. 이 과정에 눈여겨볼 것이 두 가지가 있었다.

첫째는, 작가 후기에도 강조했듯이 아이들은 스스로의 문제에 대하여 머리를 맞대고 좋은 방법을 찾아갈 의지와 능력이 있다는 것이다. 물론 완벽하지 않고 처음에는 좌충우돌하지만 말이다. 둘째는 교사의 역할이다. 3학년이다 보니 회의 진행을 선생님이 하셨는데, 고학년이라 할지라도 때로는 그래야 할 필요가 있다. 초등 교실에서 교사가 완전히 배제되는 상황은 없어야 한다고 생각한다. 여기에서 교사의 역할은 엉킨 실을 푸는 것, 현재의 위치를 확인시켜 주는 것, 막연한 의견을 명료화하는 것, 현실과 비현실을 구분해 주는 것, 선택지를 정리해 제시해 주는 것 등이다. 이 책의 평범한 아줌마 선생님(아마도 작가 본인)은 그 일들을 서툰 듯 훌륭하게 해낸다. 아이들은 문제를 인식하고 해결하고 변화했다. 스스로의 변화에 만족했을 것 같다. 바로 이런 것이 교육이 보여 줄 수 있는 최상의 행복이다.

마지막에 선생님이 시원이한테 하신 말씀. 요 말투는 작가님이나 나처럼 연식이 좀 되어야만 나올 수 있는 능구렁이 말투. 모처럼 작가님과 동질감을 느끼며 하하하 웃어 봤다. 쥐도 구멍을 남겨 두고 쫓아야 하는 법.

"한번 잘 생각해 보고 착각한 것 같거나 꿈에서 놔둔 것 같으면 찬수한테 삼천 원 주면 돼요. 알, 겠, 지, 요?"

아이들의 현실 캐릭터도 웃음(혹은 공감) 포인트였다. 넉넉하지 못한데도 인심 쓰기 좋아하는 구찬수 캐릭터. 급식에 인기 반찬 나오면 자기도 먹고 싶으면서 "이거 먹을 사람?"하고 외치는 그 심리. 나도 "급식으로 인심 쓰려 하지 마세요!" 하며 금지했던 그 기억이 새롭다. 친구들 요구를 거절 못하고 그 문제가 우주만큼 무거운 소심이 공주리 캐릭터. 말 중간중간 들어간 '……'가 눈에 보이고 손에 잡힐 듯한 그 캐릭터. 이처럼 아는 사람은 웃을 수 있는 그 공감 포인트들이 이 책의 매력 중 하나다.

돈 문제 잘못 얽히면 가족 간에도 못 볼 사이 되는 법이니 이에 대한 원칙은 잘 세워 두는 게 바람직할 것이다. 그런데 그게 아이들한테도 해당된다는 걸 나는 왜 생각하지 못했던가? 이 책을 아이들에게 재미로 권해 줘도 좋겠고, 혹시라도 유사한 문제의 냄새가 살짝이라도 풍긴다면 작정하고 함께 읽어야겠다.

밤의 초등학교에서 오카다 준/국민서관

오카다 준의 판타지는 참 매력적이다. 가장 큰 매력은 따뜻함이고 두 번째는 자연스러움이다. 현실과의 연결고리를 놓지 않으면서도 자연스럽게(다르게 표현하면 천연덕스럽게?) 연결되는 판타지, 언제든지 다시 일상으로 돌아와도 되는, 잠깐 꾸었던 꿈이라 말해도 될 듯한 소소한 판타지. 악인도 구원자도 없는 작고 따뜻한 존재들이 만들어 가는 판타지. 그는 외로움을 잘 아는 사람일 것 같고, 그 외로움을 건강하고 아름답게 견디는 법을 아는 사람일 것 같다. 이 세상의 존재 중 외롭지 않은 것이 있을까? 그러나 외로운 존재들이 서로를 위해 살짝만 웃어 주어도, 혼자인 밤이 외롭지 않을 수 있다는 것을 이 책을 읽고 깨닫는다. 그것이 이 책의 주제는 아닐지 몰라도.

우리나라 사람들에게 학교의 밤에 대한 상상은 일반적으로 공동묘지의 그것과 다를 바가 없을 정도다. 왜 그렇게 되었을까? 그 기원은 모르겠으나 여고괴담류의 영화만 보아도 알 수 있다. 그리고 내가 젊었을 때의 기억인데, 스카우트 뒤뜰 야영을 하면서 조별로 극기 훈련 코스를 돌게 했을 때(그런 걸 왜 했을까-_-) 다른 어떤 곳보다도 학교 안이 무섭다고 꺅꺅 비명을 질렀던 아이들이 기억난다. 과학실 해골로 대표되는 밤의 학교의 기괴함. 그러나 이 책에선 다르다. 나도 여고괴담류에 길들여져서인지 제목을 보고는 소름끼치는 기괴함을 연상했었다. 어두워서 아무것도 보이지 않는 저쪽 복도 끝에서 들려오는 발자국 소리, 또각, 또각, 또각. 그런 건 전혀 나오지 않는다. 같은 밤이라도 여긴 너무 따뜻하다. 그리고 포근하다.

주인공은 이 일 저 일을 하다가 잠시 초등학교의 야간 경비원을 임시직으로 맡게 되었다. 밤의 학교. 아무도 없는 그곳을 순찰하고 임무가 끝나면 숙직실에 혼자 있으면 된다. 무섭고 외롭고 때로는 단조로워 지루할 것도 같은 그의 일상(밤의 일상)에 가끔씩 새로운 존재들이 나타난다. 첫날은 거인이었다. 앉은키가 학교 건물만 한, 운동장에 가만히 앉아 달을 쳐다보던 거인. 커다란 녹나무를 중심으로 주변에 몇 그루의 나무와 꽃밭과 작은 사육장이 있는 가운뎃뜰은 밤이면 숲처럼 변한다. 바로 판타지의 주무대다. 어떤 날은 학생 두 명이 플룻과 클라리넷을 가지고 나와 아름다운 중주를 하고, 어떤 날은 엄마 토끼가 나타나 맛있는 스프를 끓여 주고 숲으로 사라진다. 요술 볼펜을 찾으러 온 할머니는 분실물 보관소에서 임무를 다 마친 볼펜을 찾아서 돌아가고, 조난당한 사람 놀이를 하는 시답잖은 청개구리도 만난다.

어느 날 밤에 과학 선생님이라는 사람이 나타나 과학실 문을 열어 달라고 한다. 뭔가 미심쩍고 수상한 상황이다. 그런데도 이 순진한 경비원, 두말 없이 문을 열어 주려 한다. 이제 뭔가 사고 한 번 치는 건가 싶어 약간 긴장하며 읽고 있는데… 끝도 없이 꾸벅꾸벅 고개를 숙이며 "죄송합니다."를 연발하는 자칭 과학 선생님. 그가 한 일이라곤 과학실에 방치된 곤충 채집통을 열어 풀벌레 몇 마리를 놓아준 것뿐이었다. 그리고 그는 사라진다. 숙직실로 돌아온 경비원의 눈앞에 방아 찧듯 허리를 굽신굽신하는 방아깨비 한 마리가 보인다. 그랬구나……

그 이후 몇 번의 판타지와 함께 봄은 지나고 여름방학이 되고, 방학이 끝나고 가을이
온다. 이제 그의 임시직 기간이 끝날 날이 가까워졌다. 밤의 초등학교 마지막 무대는
도서관이었다. 도서관 벽은 무수한 계단과 문으로 되어 있었다.(도서관을 그렇게 상상한
작가는 처음 보았다. 나도 그 장면을 상상해 보았다. 상상만 해도 설레는 장면. 어린 시절에 얼핏 꾸었
을 것 같은 꿈) 문에는 책의 제목이 쓰여 있다. 그 문을 열고 들어가면……. 아, 이 느낌을
뭐라 말해야 할까. 오래된, 잃어버린 기억의 사진첩을 다시 찾아 열어 보는 느낌? 거기
에 어린 시절의 내가 있다. 중년이 된 나는 어린 시절의 나를 본다. 그 시절로 다시 돌아
갈 생각은 없다. 그 아이가 있었기에 지금의 내가 있다. 그 아이도 소중하고 지금의 나
도 소중하다. 그때나 지금이나 빌빌하긴 마찬가지지만.

　주인공은 글을 쓰고 싶어 한다. 어쩌면 아직 입문도 하지 못한 작가인 주인공은 바로
거장인 작가의 초기 모습인지도 모른다. 그 따뜻한 마음으로 아이들과 학교를 바라보
았더니 이렇게 아름다운 이야기들이 '밤의 초등학교'에서 흘러나왔다.

　3, 4월 내내 바쁘고 일이 서툰 나는 별을 보며 퇴근을 했다. 구석에 있는 교실에서 중
앙 현관까지 걸어 나오는 길은 길고 깜깜하다. 휴대전화를 켜서 앞을 비추며 나는 내
발소리에 쫓기듯이 발걸음을 재촉했을 뿐이었다. 이젠 그렇게 늦게까지 남아서 일하
진 않을 작정이지만, 퇴근하려 창문을 닫고, 화분을 살펴보고, 교실을 정리하며 좀 즐
거운 상상을 해 볼 생각이다. 아이들이 정성으로 키우는 우리 반 화분들은, 나비가 되
면 아이들과 함께 날려 보낼 배추흰나비 애벌레들은 우리가 없는 사이에 무슨 이야기
들을 나눌까? 낮 동안 우리 아이들의 일상을 지켜본 우리 교실은 아이들 하나하나를
어떻게 기억할까? 밤의 교실에서 두런두런 나누는 이야기 소리를 상상해도 이젠 무섭
지 않을 것 같다.

투표합시다 후스뭐/산하

　대만 작가가 쓴 동화를 전에 읽은 적이 있었던가? 한두 권 있었던 것 같은데 잘 기억
이 나지 않는다. 이 책은 요 근래 읽었던 어린이책 중에서 가장 재미있는 책이었다. 처
음 보는 대만 작가의 우화적 상상력과 풍자에 감탄했다.

　배경은 '고양이거리' 라는 곳이다. 인간의 눈에 띄지 않는 이곳은 반려동물의 주인이
잠든 후에만 열리는 곳이다. 사실 '반려동물 거리' 라고 할 수 있지만, 생긴 이래 줄곧 고
양이당이 정권을 잡고 있어서 그 이름을 고수하고 있다. 고양이당의 슬로건은 '인간은

우리의 노예다!'이고 이것은 인간과 유대감이 각별한 개들에게는 환영받지 못하는 구호다. 강아지당은 '인간은 우리의 친구다!' 라는 구호를 갖고 다가오는 선거에서 집권하려고 한다.

그 선거의 과정이 이 책 내용의 대부분이라고 보면 되겠다. 별다른 정책도 없이 장기 집권만을 꾀하는 고양이당의 후보 호야, 만년 야당에서 벗어나고자 몸부림치는 강아지당의 후보 복돌이, 반려동물 중 소수자인 조류를 대표해 무소속으로 나온 비둘기선생. 이 셋이 고양이거리 대통령 선거의 후보자들이다. 이후 벌어지는 일들은 인간 정치판 막장 드라마의 동화 버전이라 하면 될까? 후보자 외에도 등장인물들이 있으니 선거를 돕는 이들(선거 본부장과 대변인 등)이다. 이들의 캐릭터도 하나하나 선명하고 재미있다. 고양이당의 대변인은 공주병이라는 여자 주인의 고양이인 미미. "잘 자. 사랑하는 미미. 공주님은 이제 잘게." 하는 말을 가소롭게 듣고 있다가 그녀가 잠에 빠지기만 하면 쏜살같이 고양이거리 통로로 돌진하는 미미. 나긋나긋한 말투로 진행도 잘하지만 상대편 염장 지르기도 잘하는 천상 고양이 캐릭터.

강아지당엔 자폭을 우려해 주변인들이 절절 매야 할 정도로 으르렁대는 조폭 캐릭터가 있는데 이름을 들으면 누구나 웃지 않을 수 없는, '예쁜이'다.(주인이 좀 악취미인가 봐.) 거기에 주인의 자유롭고 쿨한 사랑을 받는 대변인 덜렁이는 잘 존다는 단점이 있지만 성격 하나는 좋아서 누구랑도 잘 지낸다. 요리조리 사건을 만들어 내는 역할인 검둥이는 천지분간 못하는 어린 강아지인데 고양이당에 포섭돼 스파이로 이용된다. 하지만 그 천지 분간 못함으로 X맨 역할을 톡톡히 한다. 가망성 없는 소수자 후보의 사퇴와 제1야당과의 연합, 여당의 유권자에 대한 뇌물 수수, 흑색선전, 스파이 활동(이중 스파이까지) 등등 어디서 많이 본 내용들이 쭉 이어진다. 이쯤 되면 독자로서 장기 집권을 무너뜨리고 새 정부를 이루려는 강아지당에 마음이 기울기 마련이다. 근데 강아지당이 하는 짓을 볼까. 거짓 정보를 흘려 고양이당의 결정적인 실책을 유도한다. 이제 선거판은 앞이 보이지 않는 혼란에 빠져든다. "최선이 없으니 차악을 선택한다."는 유권자의 고민이 이 책에도 들어 있다.

어떻게 결말을 내야 '투표합시다'라는 이 책이 제목의 효과를 볼까? 복돌이는 사력을 다해 마지막 정견을 알리는 선거운동을 하고 결과를 기다린다. 아슬아슬한 표 차이로 복돌이가 이기고 고양이당의 장기 독재가 끝나게 되었다! 그런데 그 순간 일어난 사고와 아수라장이 이 책의 현실성을 더해 준다. 당선자의 이 한마디로 책이 끝난다. "첫 임무부터 고달프게 생겼군."

이 책을 재미있게 읽긴 했는데 아이들에게 권해 줄지는 잘 모르겠다. 만약 함께 읽는 다면 어떤 관점에서 접근해야 할지도. 그래도 아이들 수준의 '정치 우화'로 이만한 작품은 아직 못 본 것 같다. 고학년 아이들에게 읽어 주면 아주 흥분할 것 같다. 이야기 주제도 잘 생각해 보면 나올 것이 많으리라. 예를 들면 "어른들의 정치판도 고양이거리 동물들과 크게 다르지 않습니다. 그래도 투표를 해야 하는 이유는 무엇일까요?"(너무 진부한가? 더 생각해 보자.)

한밤중에 이 책을 읽었는데, 내 옆에서 곤히 잠든 우리 강아지의 얼굴을 몇 번이나 들여다보았다. 너 고양이거리에 간다면 어떻게 할 거니? 네가 천지 분간 못하기로서니 설마 고양이당의 스파이 노릇을 하진 않겠지? 인간은 우리의 친구라는 구호에 왈왈왈 환호를 보낼 거니? 그러고 보니 고양이를 사랑하며 키우시는 분들은 이 책을 읽으며 느낌이 어떠실지 모르겠다.

모차르트를 위한 질문 마이클 모퍼고/웅진주니어

올해 중학년을 지원해 놓고, 좋아하는 작가의 중학년용 책들을 찾아보자는 생각이 들었다. 첫 번째 작가는 마이클 모퍼고다. 영국에서 존경받는다는 이 작가는 나의 30대 초중반에, 어린 시절 독서의 추억을 고스란히 되살려 준 작가다. 그 시작은 '켄즈케 왕국'이었고 이후 다른 작품으로도 '동화는 대상 연령이 낮을 뿐 수준이 낮은 장르가 아니며 아이들만 읽는 것도 아니'라는 사실을 나에게 증명해 줬다. 특히 마이클 모퍼고는 상당히 무거운 주제들을 다룬다. 일상생활과 거기서 나온 감정을 다룬 생활동화들도 물론 좋지만 이런 주제들을 다루는 것은 문제의식과 상당한 지식, 취재를 전제로 하기에 내게는 더욱 대단하게 느껴진다. 마이클 모퍼고의 작품 중엔 전쟁을 소재로 한 작품들이 많고 탈핵을 말하는 작품도 있다. 이 책 또한 분량은 중학년용이지만 상당히 무거운 주제와 역사가 담겨 있다.

액자식으로 짜인 이 책의 가장 바깥에는 한 젊은 여기자가 있다. 입사한 지 얼마 되지도 않았는데 팀장의 부상으로 인해 대바이올리니스트 파올로 레비를 인터뷰할 기회를 잡았다. 예상할 수 있듯이 액자의 안쪽에는 파올로 레비의 이야기가 들어 있다. 그러나 더 안쪽에 그의 부모님과 스승님 이야기가 있다. 때는 2차 세계대전 나치의 홀로코스트가 자행되던 때다. 제목에도 모차르트가 나오고 기자가 받은 취재 지침에도 '모차르트 질문을 하지 말라'는 내용이 있으니 과연 이 이야기에서 모차르트의 의미는 뭘까 궁금해진다. 애송이 기자는 서툴기 짝이 없었고, "그 질문을 하지 말라고 얘기를 들었거든요. 저는 사실 모차르트 질문이 뭔지도 모릅니다. 그러니 그 질문은 하고 싶어도 못하지요. 아무튼 그 질문을 좋아하지 않으신다는 사실을 알고 있으니, 그건 묻지 않을게요." 이러면서 버벅대고 있는 사이, 침묵과 긴장이 흘렀고 드디어 대바이올리니스트는 입을 열었다. 길거리 연주자의 바이올린에 매료된 파올로에게 그동안 모르고 살았던 부모님의 과거가 다가온다. 평범한 이발사로 살아가던 부모님은 젊은 시절 오케스트라의 바이올린 연주자였고, 그 사실 때문에 홀로코스트 중에서도 살아남을 수 있었다. 그러나 모차르트. 그 상처로 이후 부모님은 절대로 활을 잡지 않고 살아왔다. 파올로 레비도 50세가 된 지금까지 한 번도 모차르트를 연주하지 않았고. 하지만 다가오는 50세 기념 연주에서 모차르트를 연주하려고 한다. 그 어느 때보다도 잘 연주하고 싶다. 하늘에서 지켜보시는 부모님과 스승님을 위해서. 사랑하는 음악을 애써 외면하고 살아온 부모님, 초라한 길거리에서의 연주로 음악 인생을 살고 있는 스승님, 이들의 과거에서 전쟁과 학살의 참상과 살아남은 자의 상처를 보게 된다. 그리고 파올로 레비의 비밀에 싸인 음악 인생 또한 그 상처에서 자유롭지 않지만, 치유와 희망을 향해 나아가는 것을 보게 된다.

내게는 동화의 가치를 더 높여 주는 마이클 모퍼고의 작품들이지만 우리나라에서 그리 널리 읽히지는 않는 것 같다. 이 책도 그렇다. 중학년용으로 분류하긴 했는데 중학년 학급에서 같이 읽을 수 있을지는 아직 잘 모르겠다. 두껍지 않아서 읽기에 시간이 많이 걸리진 않으니 같은 이슈를 다루는 수업에서 읽는다면 고학년에서 활용하기 더 좋을 것 같기도 하다.

세상의 아픈 곳을 찾아 작품을 쓰는 작가들의 노력이 세상을 아름답게 하는 데 조금이라도 보탬이 되길 바란다. 세상은 여전히 어지럽고 주고받는 상처들이 가득하지만 말이다.

마술사의 코끼리 케이트 디카밀로/비룡소

가끔씩 어떤 작가의 최근작이 나왔나 검색을 해 볼 정도면 팬이라고 말할 수 있으려나? 케이트 디카밀로는 내게 그런 작가다. 그런데 작품은 정말 가뭄에 콩나듯 가끔 한 편씩 나온다. 하지만 작품을 읽어 보면 알 것 같다. 그가 왜 다작을 하지 않는지. 아니, 할 수가 없는지. 그의 작품은 인생을 생각하게 한다. 주제는 표면에 드러나지 않으며 단순하지도 않다. 서사는 환상적이고 매력적이나 느낌은 눈물겹다. 그래서 '재밌다'는 표현을 잘 쓰게 되지 않는다. 작품의 흡인력이 대단한데도.

『내 친구 윈딕시』나 『생쥐기사 데스페로』, 에드워드 툴레인의 『신기한 여행』을 아이들에게 권해 주고 모두에게 환호를 받진 못했다. 동화를 쓰는 작가지만 사실 그의 주제는 어른들에게 더 와닿는 것이 아닐까 하는 걱정(?)을 해 본다. 요즘 '동화작가가 아이들에게 하고 싶은 이야기를 쓰는 사람인가, 아이들이 듣고 싶어하는 이야기를 쓰는 사람인가, 어느 쪽이 더 동화작가의 본질에 맞는가' 라는 생각을 하고 있었기 때문인지도 모른다. 이런 식으로 본다면 디카밀로는 내 경험상 후자와는 거리가 좀 멀다. 인생에 대한 깊은 통찰을 작품 속에 녹여 내기 때문이다. 그것을 아이들이 찾아내는 건 그리 쉬운 일이 아니다. 그래도 그의 작품이 꾸준히 잘 팔리고 있으며 영화로도 제작되어 상영되는 것을 보면 주제 의식만을 고집하는 작가는 아니라는 점도 알 수 있다. 그런데도 내가 왜 이런 쓸데없는 걱정을 하며 글을 쓰기 시작했냐면, 특히 이 책이 가장 어려웠기 때문이다. 중반 이후까지도 고개를 갸우뚱하며 읽었다. 이 작가가 창조한 인물들은 이분법으로 나누기 어렵다. 그리고 대부분 인생의 무게를 안고 살아간다.

피터 – 아버지는 전쟁터에서, 엄마는 동생을 낳다가 돌아가셨다. 아버지의 전우인 빌나 루츠에 의해서 일반적인 가정의 따스함과는 거리가 멀게 양육된다.

빌나 루츠 – 의족을 한 상이군인이다. 군인으로서의 삶과 명예를 고집하고 싶지만 마음은 늘 괴롭다.

마술사 – 그의 생애에 시시껄렁한 마술이 아닌 대단한 마술을 한번 보여 주고 싶었다. 그게 엄청난 결과를 가져왔고 그는 감옥에 갇혔다.

라 본 부인 – 마술 공연 구경하다가 이게 웬 날벼락이람. 코끼리가 지붕을 뚫고 그녀의 무릎 위로 떨어졌고 불구가 되어 휠체어에서 살아야 한다.

레오 마티엔느 – 시인의 영혼을 가진 경찰. 아내 글로리아와 함께 피터의 아래층에서 살고 있다. 그들이 사랑해 줄 아이가 생기지 않아 슬퍼한다.

바르톡 윈 – 괴물상을 특히 잘 만들던 전직 석수장이. 성당 꼭대기에서 떨어져 척추를 다친 후 코끼리 시중꾼으로 일하게 된다. 늘 큰 소리로 웃는다. 단, 기뻐서 웃는 게 아니다.

한스 익맨 – 라 본 부인의 충실한 하인. 오랜 기억 속 어린 시절의 하얀 개를 떠올린다.

이야기는 시장에 심부름을 나왔던 피터가 '1플로릿만 내면 당신의 마음이나 머릿속에 간직된 가장 심오하고 어려운 문제에 대한 답을 알려 드립니다.' 라는 쪽지에 이끌려

심부름할 돈으로 점쟁이의 천막에 들어간 일로부터 시작된다. 피터의 마음속에 간직한 질문은 이것이었다. "어떻게 하면 제 동생을 찾을 수 있나요?"

점쟁이의 대답은 황당했다. "코끼리가 널 그곳으로 안내해 줄 거야."

코끼리라니. 될 말인가? 그러나 그날 저녁, 오페라 극장에서 위에 쓴 것과 같은 사건이 일어나고 말았다. 코끼리는 나타났다. 한 귀부인의 다리는 부러졌고 마술사는 감옥에 갇혔고 코끼리는 처치 곤란이 되었다. 이후부터 짜여 가는 이야기는 내 고개를 갸우뚱하게 하다가 한순간에 맞춰져 버린 퍼즐처럼 마지막에 완성되었다. 모든 등장인물과 동물들은 자신의 역할을 했다. 자신의 가슴속에 키워 오던 꿈을 통해서. 그러면서 모든 것들은 있어야 할 자리를 되찾았다. 이야기는 따뜻하게 끝났다.

끝까지 내 마음을 풀어 주지 못한 부분이 있는데 불구가 된 부인에 대해서이다. 나머지 이야기가 다 해피엔딩이라 해도 부인은 다리를 잃지 않았는가? 부인의 다리가 다른 이들의 행복보다 중요하지 않단 말인가? 그렇다면 마법으로 부인의 다리가 원래대로 낫는 게 좋은 결말이었을까? 그랬더라면 서사적 가치는 뚝 떨어졌을 것이다. 그래도 난 부인의 다리가 자꾸만 마음에 걸려서 이야기에 몰입하기가 힘들었다.

그런데 모든 일이 끝난 뒤 감옥 마당에서 라 본 부인은 이렇게 말한다.

"마술사를 감옥에 다시 가둘 필요가 없다고. 그래 봤자 아무 의미도 없으니까. 이미 일어난 일은 일어난 일이야. 그러니 저 사람을 그냥 풀어 주세요."

"부인."

"그래요. 가 보세요."

마술사가 가 버리자 라 본 부인은 자신의 어깨를 짓누르고 있던 무거운 짐이 갑자기 날개를 활짝 펴고 날아가는 것 같았다.

케이트 디카밀로는 용서에 대해 자주 이야기한다. 『생쥐 기사 데스페로』에서 그랬던 것처럼. 내가 부인의 다리에 집착하는 것처럼 용서는 힘든 일이다. 그러니 디카밀로의 작품이 쉬울 리 없다. 작가는 좀처럼 편안하고 부유한 삶을 그리지 않는다. 고단한 삶에서 서로 버팀목이 되어 주는 사람들의 관계와 그들의 희망을 이야기한다. 그 사이에서 나는 내 것을 잃을 수도 있고 누군가를 용서해야 할 때도 있을 것이다. 나는 아직 이것이 안 된다. 그래서 힘든 것일 게다. 디카밀로의 작품 속 세계는 짙은 안개 속 같다. 불투명한 유리창에 눈을 대고 들여다보는 느낌이다. 뭔가 뚜렷한 윤곽도 색채도 아니지만 그립고 따스하며 아름답다. 모르는 사이에 그의 작품은 내 마음을 어루만지고 지나간다.

안녕, 알래스카 안나 볼츠/문학과지성사

반려견이 나오는 이야기는 대부분 감동적이다. 개에게서 얻게 되는 마음을 내가 잘 알고 있어서인지도 모른다. 그중에서도 가장 특별한 느낌의 책을 꼽으라면 이 책을 꼽겠다. 이 책에는 많은 것들이 들어 있다. 반려견은 그중의 하나일 뿐이다. 단선적인 스토리가 아니어서 읽기 초반에 좀 집중이 필요하다. 그런 책을 학급 전체에 읽히기는 좀 힘들다. 고학년에 독서 수준이 높은 아이들이라면 도전해 볼 만하겠다.

두 화자가 한 장씩 번갈아 서술하는 방식은 가끔 본 적 있어서 익숙하다. 이 책의 화자는 '스벤'이라는 남학생과 '파커'라는 여학생이다. 6학년 학급의 학기초. 둘 다 탐색과 적응이 필요한 상황이다. 게다가 둘은 개인적 상황도 평범하지 않다. 스벤은 심한 뇌전증을 앓고 있어 언제 발작이 일어날지 모른다. 정신을 잃을 때의 상황에 따라서 큰 부상의 위험도 있기에 한시도 마음을 놓을 수 없다. 게다가 첫날부터 발작이 일어나 원하지 않는 모습을 학급 친구들이 다 보고 말았다. 파커는 부모님이 운영하는 사진관에 복면 강도가 들었다. 파커가 숨어서 그 장면을 지켜보던 중 아빠는 총격을 당했고, 부상은 치료했지만 심리적인 문제가 생겼다. 파커에게 지워진 짐이 무겁다.

둘의 공통점은 인생의 무게가 버겁고 가슴속에 끓어오르는 분노가 있으며 학교생활이 탐탁지 않다는 것이다. 그 둘은 서로에게도 호감이 없다. 싫어한다는 표현이 더 맞겠다. 그러던 중 파커를 더 화나게 하는 일이 생겼다. 안타깝게 놓아주어야 했던 반려견, 알래스카가 스벤의 개가 되어 있는 장면을 보게 된 것이다. 막내 동생의 알러지 때문에 입양 보내게 되었는데, 알래스카는 그 사이 훈련을 거쳐서 도우미견이 되어 있다. 맹인 안내견처럼 조끼를 입고, 스벤의 위급시에 비상벨을 누르고 그의 곁을 지키는 임무를 수행한다. 파커는 알래스카를 되찾으려 한다. 한밤중에 복면을 쓰고 그 집에 잠입한다. 들어간 곳은 뜻밖에도 바로 스벤의 방이었고 둘은 자신에 대한 많은 얘기를 털어놓는다. 파커는 복면을 쓴 채로. 그 모든 이야기를 들은 사람이 같은 반의 파커라는 사실을 눈치채고 스벤은 화내지만, 파커는 쓸쓸한 아픔을 또 하나 겪는다. 알래스카를 가운데 두고 둘이 서로의 길을 말없이 걸어갔을 때, 알래스카는 스벤의 뒤를 따라갔다. 나를 선택하지 않은 사랑하는 알래스카. 그 마음이 어찌나 공감되던지 파커의 등을 토닥여 주고 싶었다. 괜찮아. 알래스카는 자신을 가장 필요로 하는 곳으로 간 거야. 그런데 내가 이런 말을 해 줄 필요는 없었다. 파커는 나보다 더 잘 알았다. 더 이상 화내지도 슬퍼하지도 않았다. 이어지는 스토리를 보면, 이것을 잘 알 수 있다.

둘이 친구가 되어 가는 장면들. 말없이 상대가 필요한 일을 해 주는 모습, 지금 내게 가장 중요한 것을 상대방을 위해 포기하는 모습, 이런 장면들 속에 아이들의 아름답고 건강한 성장이 보인다. 좋아질 것이 없는 최악의 상황이라 생각했는데.

학교도 그렇다. 이기적이며 서로의 약점을 잡고 놀리는 정글이라 생각했다. 학교에서 스벤의 발작이 또 일어났을 때까지만 해도 말이다. 파커가 도왔지만 대다수는 구경했고 누군가는 그걸 동영상으로 찍었다. 그뿐이 아니었다. 그 동영상은 학급 채팅방에 올라왔고 학교 전체에 퍼졌다. 최악의 상황이다. 충격과 상처 속에서 스벤은 학교를 다니지 않겠다고 선언했다. 나라도 그럴 것이다. 아무리 봐도 답이 안 보인다. 그저 상처와 분노와 처벌. 그것밖에는 떠오르지 않는다. 그러나 이 책에선 화해와 희망이 나온다. 그게 현실적으로 어렵더라도 고맙고 행복하다.

그 감사와 행복의 중심에 있는 주인공 알래스카다. 자신의 역할을 받아들이고 최선을 다하는 존재. 딱딱해지다 못해 부서지는 스벤의 마음을 부드럽게 채운 존재. 건조한 딱 한 문장. 이 문장에서 스벤의 마음에 변화가 보인다.

'알래스카는 날 선택했다.' (150쪽)

좀 더 읽어 보면 마음이 찡하다.

'나는 알래스카를 물끄러미 바라보며 지난밤을 떠올렸다. 지금도 믿을 수가 없다. 알래스카는 언젠가 내가 발작을 하리란 걸 알고 있었다. 나 때문에 멍청한 덮개를 입고 다녀야 한다는 것도 알고 있었다. 내가 기분이 자주 나쁘다는 것도, 언제든 잘못될 수 있다는 것도. 그런데도 알래스카는 내 옆에 있고 싶어했다.'

마음을 치료하는 건 마음이다. 조건 없는 마음. 그 마음은 개한테도, 사람한테도 있다. 개한테는 원래 있고, 사람은 좀 노력해야 한다. 이 책을 읽는 것은 큰 도움이 될 것이다. 오랜만에 만난 감동작이다.

만화와 그래픽노블

언제부터인가 국어 교과서에서는 다양한 매체와 장르의 작품을 다루고 있다. 영화나 애니메이션을 다루기도 하고 교과서 본문에 만화가 나오기도 한다. 당연한 흐름이라고 생각한다. 4학년 1학기 국어 마지막 단원의 '인물의 마음을 알아봐요'에서는 만화를 감상하며 다양한 활동을 하도록 되어 있다. 이 단원이 나올 때가 여름방학 직전이기도 해서 아이들에게 선물의 시간을 마련해 주었다. 모임의 선배 선생님이 '뒹굴뒹굴 책 읽기'라는 아이디어를 주셨는데 그걸 '뒹굴뒹굴 만화방'으로 바꿔 보았다. 만화 가게의 추억, 방학이나 연휴에 만화책을 쌓아 놓고 뒹굴어 본 추억이 있는 사람이라면 바로 느낌이 올 것이다. 뒹굴거리며 맘껏 만화책을 보는 그 기분을 교실에서 친구들이랑 함께 느껴 본다면 어떨까? 교실의 공간을 이리저리 배치해 바닥에 깔개를 깔고 아이들이 자유로운 자세로 만화책을 읽도록 했는데, 실제로 아이들은 정말 좋아했다.

  아이들은 바구니의 만화책을 골라, 앉든 눕든 엎드리든 각자 편안한 자세로 책을 읽었다. 만화가 나오는 국어 단원과 연계해도 좋지만, 교과 연계와 상관없이 학급 이벤트로 한 번씩 해 봐도 좋겠다. 교실 바닥에 공간을 마련하고 깔개 하나 깔았을 뿐인데 자유로운 느낌으로 전환되는 마법, '뒹굴뒹굴 만화방'이다.

아직도 만화에 대한 선입견이 많은 편이라, 도서관에 한 학급 분량의 만화책이 없을 수도 있다. 개인적으로는 학습만화가 아닌 순수 만화만 읽어 보는 기회, 좋은 그래픽노블을 접할 기회를 만들어 주고 싶어서 수서 때 신경을 썼다. 잘 살펴보면 만화도 훌륭한 작품들이 참 많다.

ー 만화와 그래픽노블 참고 도서

일반 만화

	제목	저자	출판사
1	개똥이네 만화방	이희재 외	보리
2	귀신 선생님과 진짜 아이들		
3	귀신 선생님과 고민 해결 1, 2	남동윤	사계절
4	귀신 선생님과 오싹오싹 귀신 학교		
5	귀신 선생님과 또 다른 세계		
6	연의 편지	조현아	손봄북스
7	밤의 교실	김규아	샘터

그래픽노블

	제목	저자	출판사
1	학교에서 살아남기 1, 2, 3	스베틀라나 치마코바	보물창고
2	인어 소녀	도나 조 나폴리	보물창고
3	바닷속 유니콘 마을	케이티 오닐	보물창고
4	뉴 키드	제리 크래프트	보물창고
5	엘 데포	시시 벨	밝은미래
6	출입 금지	실비아 베키니	밝은미래
7	쓰레기 제로 가족의 일기	베네딕트 모레	밝은미래
8	웬델	브레나 섬러	밝은미래
9	안내견 곰	벤 퀸	밝은미래
10	롤러 걸	빅토리아 제이미슨	비룡소

11	나의 탄생	안네테 헤어초크	비룡소
12	투명인간 에미	테리 리벤슨	비룡소
13	왕자와 드레스메이커	젠 왕	비룡소
14	올 썸머 롱 : 나의 완벽한 여름	호프 라슨	시공주니어
15	내 인생 첫 캠프	베라 브로스골	시공주니어
16	마녀를 잡아라	페넬로프 바지외	시공주니어
17	진짜 친구	샤넌 헤일	다산기획
18	단짝 친구	샤넌 헤일	다산기획
19	화이트 버드	R. J. 팔라시오	책과콩나무
20	모모 1, 2	조나단 가르니에	북극곰
21	거꾸로 흐르는 강 1, 2	막스 레르메니에	북극곰
22	우주의 우체부는 너무 바빠!	기욤 페로	라임

— 만화와 그래픽노블 참고 서평

귀신 선생님과 진짜 아이들 남동윤/사계절

요즘 초등학교 국어 교과서의 새로운 경향 중 하나는 예전에 비해 다양한 매체를 활용한다는 것이다. 애니메이션, 영화, 동영상 등을 동기유발을 위한 도입 활동뿐 아니라 본 활동에까지 끌어들여 감상이나 요약 등의 다양한 활동에 활용한다. 예전이라면 영화를 보여 주고 감상문을 쓰는 등의 활동은 2월쯤 진도가 거의 끝나고 애매한 시기에, 그것도 약간 눈치를 보면서 했는데 지금은 아예 교과서에 들어왔으니 이제 그럴 필요가 없는 것이다. 이러한 경향이 바람직한 것인가에 대해서는 생각이 다를 수 있겠지만 다양한 매체를 활용한 국어교육(또는 독서교육)은 일단 시대의 흐름에 맞다고 본다. 이런 다양한 매체 중 만화는 어떨까? 대답부터 하자면 "O.K!!"다.

겨울방학이 끝나고 남은 3주를 위해서 국어 한 단원을 남겨 두었는데 이 마지막 단원에 등장하는 매체가 바로 만화다. 평상시 아침 독서 시간이나 도서관 수업 시간에 아이들이 만화를 읽는 것을 달갑지 않게 여기던 담임이 갑자기 "얘들아, 너희 만화 많이 읽어 봤니? 이번 단원에서는 만화를 가지고 수업을 하자." 라고 말하면 아이들은 좀 적응이 안 되는 표정으로 날 볼 것 같기도 하지만, 어쨌든 수업을 위해서 만화든

057

뭐든 일단 찾아본다. 그리고 도서관에서 아이들이 읽을 만한 만화부터 골라 보았다. Why 시리즈나 만화 천자문 등의 학습만화 종류는 빼고 스토리 중심의 만화를 찾아보니 별로 없다. 내가 좋아하는 짱뚱이 시리즈가 있긴 한데 이건 나온 지 오래되어 이미 너덜너덜하다. 도서 구입 예산 자투리를 가지고 만화 몇 권을 골라 구입했는데, 그중의 한 권이 이 책이다. 아이들이 학교에서 만화 읽는 걸 좀 자제시키긴 하지만, 그렇다고 내가 어린 시절 만화를 안 읽었냐면 그건 아니다. 나도 만화 가게의 추억이 있는 몸이다. 그런 내가 이 만화에 주는 별점은 꽉꽉 채운 별 다섯 개다. "아이들과 함께 읽고 싶은 만화를 만났다~!" 라고 호들갑을 떨어도 지나치지 않을 정도다.

이 책의 등장인물은 처녀 귀신을 닮은 노처녀 강귀신 선생님과 16명의 4학년 1반 아이들이다. 이 아이들이 다양하게 등장하는 12편의 이야기는 잘 짜인 단편동화처럼 탄탄한 이야기 구성을 가지고 있다. 그림에 대해서는 잘 모르지만, 유치하고 과장된 캐릭터가 아닌 것이 마음에 든다. 등장인물의 개성이 드러나긴 하지만 웃기기 위해 과하게 꾸며낸 캐릭터가 아니어서 더 살아 있는 느낌을 준다. 코미디로 치면 유치한 몸 개그나 말장난이 아닌 감동이 있고 여운이 남는 코미디라고 할까? 게다가 이분의 그림 수준은 만화가 아닌 장르까지 손쉽게 넘나들 수 있는 것으로 보인다.

12편의 이야기 중 어떤 것은 웃기고 어떤 것은 찡하고 어떤 것은 섬뜩하며 어떤 것은 훈훈하고 어떤 것은 상상력이 넘친다.

웃기다-「우리 선생님은 귀신」에서 젤 극대화된 캐릭터는 선생님이라 할 수 있는데, 캐릭터만으로도 웃기다. 처녀 귀신을 닮은 외모에 모태 솔로. 감정 기복이 심하고, 특기는 아이들 말 무시하기, 학부모님들 만나는 걸 젤 싫어하고 가장 좋아하는 날은 방학이라 방학식 날 아이들보다 더 좋아한다. 그래도 이 학급은 1년 동안 알콩달콩 잘 지낸다.

찡하다-「꼬마 저승사자」에서는 꼬마 저승사자가 소혜를 데리러 왔다. 소혜는 교통사고를 당해서 의식을 잃고 병원에 누워 있다. 소혜는 저승에 가기 전에 집을 한번 돌아보겠다고 부탁한다. 그 길에 소혜를 걱정하고 눈물 흘리는 많은 사람들을 만나고, 소혜는 늘 보던 일상의 물건들 앞에서 추억과 후회의 눈물을 흘린다. 이 어리바리한 저승사자의 표정이 점점 변한다. "울보야, 나중에 보자." 그 이후는?

섬뜩하다-「소시지 더 주세요!」는 급식 시간에 소시지를 다 먹자 더 이상 밥 먹을 의욕이 없는 아이들. 비듬나물 한 줄기를 입에 넣고 거의 구역질을 하는 아이들. 센과 치

보물 창고 도서관에서 찾은 어린이책 활용 수업

이로의 한 대목을 보는 듯한 장면이 나온다. 진심 섬뜩하더라.

훈훈하다-「주인 찾기 대작전」에서는 소민이가 길에서 만 원을 주웠다. 신나 하는 소민이에게 만 원짜리의 세종대왕님이 주인을 찾아 주라고 말씀하시고, 소민이와 세종대왕님이 합심하여 열심히 주인을 찾는다. 찾아낸 주인은 리어카를 끌고 폐지를 줍는 할아버지였다. 만 원은 할아버지가 며칠 일해서 번 돈이었고. '주인님'을 찾자 안도의 눈물을 흘리시는 세종대왕님과 흐뭇한 소민이.

상상력 넘친다-「토끼와 함께」에서 동식이는 상현이네 집에 갇힌 토끼를 풀어 주었다. 토끼와 함께 동식이가 간 곳은 달나라 떡집이었다. 달나라엔 진짜 떡방아 찧는 떡집이 있었던 것이다.(얼떨결에 간 동식이 역시 열심히 떡방아를 찧어야 했다.) '지구인이 떡방아를 찧어서 더 찰지고 맛있는' 떡은 날개 돋힌 듯 잘 팔린다. 상상력 치고는 참 고전적이지만 그러면서도 신선했다.

한 편씩만 소개해 봤는데, 읽는 이에 따라 우선적으로 고를 작품이 다 다를 것이다. 버릴 작품 없이 다 재미있다. 작가는 어릴 적에 특이한 상상과 걱정이 많은 아이였다고 한다.

"어느 날, 하늘에서 물이 떨어졌다. 외계인 오줌인 줄 알았다. 걱정이 되고 또 걱정이 되었다. 내가 외계인으로 변하면 어쩌지? 무서워서 며칠 동안 잠이 오지 않았다."

이런 일기를 쓰던 아이는 커서 만화가가 되어 이런 작품을 세상에 내놓았다. 작품에 등장하는 아이들은 엉뚱할 때도 있고 뭔가 특별히 뛰어난 것은 없지만 그 아이들이 꾸려 가는 세상이 참 따뜻하다는 것을 느끼게 해 준다.

남은 교직 생활 중 귀신 선생님보다 특별히 나을 게 없는 내가 꼭 하고 싶은 일이 있다면, 이런 아이들을 품에 안고 있다 보내 주는 것이다. 뭔가 특별한 걸 가르치겠다고 목에 핏대를 세우지 않고 아이들의 꿈을, 상상력을 인정하고 고개를 끄덕여 주고 아이들의 따뜻함에 함께 행복해하다 때가 되면 웃으며 보내 주고 싶다. 기억에 남는 선생님 같은 건 별로 바라지 않는다. 그냥 일상이 자연스럽고 편안하며 서로를 할퀴지 않고 상대방의 부족함에 분노하지 않고 내게 남는 돌 슬며시 꺼내어 빈자리 괴어 주며 살아가면 좋겠다. 문제는 힘을 빼는 것이 힘을 주는 것보다 더 어렵다는 데 있다. 살짝 힘을 뺀 이 만화책을 읽으며 참 행복했다. 나도 모르게 과도한 힘이 들어갈 때, 아이들이 쓸데없는 데 목숨 걸며 핏대 올릴 때, 다시 꺼내어 같이 읽을 수 있게 책꽂이에 잘 꽂아 놓는다.

밤의 교실 김규아/샘터

아, 어쩌면 이토록 깊은 고난과 좌절과 슬픔과 두려움을 이렇게 잔잔하고 섬세하게 펼쳐 놓았을까. 이게 현실이라고 상상하면 도저히 견딜 수 없을 것 같은 일을. 아이는 지금 살아가는 데 필요한 가장 중요한 감각 하나를 잃을 위기에 놓여 있다. 두렵고 슬프다. 부모의 마음은 또 어떠할까. 그러나 격동의 감정은 표현되지 않았다. 모두가 담담하다. 하지만 또 그게 더욱 가슴 아픈 법이지.

정우는 밤늦게까지 수학 학원에서 공부를 한다. 그런데 가만 보니 정우는 그런 경우가 아니었다. 아이는 "정확한 건 왠지 맘이 놓여서 편안하다. 수학처럼 말이다." 라고 한다. 엄마 아빠는 늘 다투었고, 지금은 별거 중이다. 그러는 중에도 아이는 시계처럼 정확한 일상을 살아간다.

두꺼운 안경을 쓴 말 없고 특이한 모범생. 그게 정우의 캐릭터다. 문제는 정우의 안경을 계속 바꿔야 할 만큼 눈이 불편하다는 것인데, 안과에서 아빠는 심각한 설명을 듣는다. 어느 날부터 아빠는 끊었던 담배를 다시 피우고, 엄마는 전에 없이 정우와 시간을 보내려고 애쓰는데, 엄마에게 상처 주는 말을 내뱉고 후회하던 그 밤, 아빠는 모든 상황을 말해 준다. "끝없는 밤이 올 수 있다." 는 슬픈 표현으로. 이제 정우의 시간들은 같은 듯 달라졌고, 정우의 생각과 감정도 많은 것이 교차한다. 조용하게 혼자서만 하는 생각들이 더욱 슬프다. 내게 무엇보다 슬프게 다가왔던 장면은 정우가 스스로 안대를 사서 쓰고 어둠을 연습하던 장면. 속 깊은 아이를 지켜보는 것은 왜 이렇게 가슴이 아픈지. 그래도 정말 다행인 건, 이 특이한 아이가 그동안 왕따가 아니었고, 자신과 아주 다른 절친들이 있고, 좋아하는 여자 짝꿍도 있고, 선생님도 좋은 분이며, 결정적으로는 '늑대 음악 선생님'을 만났다는 것이다. 선글라스를 쓰고 기타를 메고 등장한 늑대 선생님은 아이들에게 거침없이 자신의 이야기를 해 주었다. 왜 선글라스를 썼는지, 왜 사냥보다 음악을 사랑하게 됐는지, 왜 밤의 음악 교실을 좋아하는지. (그리고 보니 이 책의 제목이 바로 '밤의 교실'이다.) 늑대 선생님은 정우 안에 잠자던 많은 것들과 새로운 감각들을 일깨워 주었다. 조지 거슈의 「랩소디 인 블루」를 들려 주었고 「문라이트 세레나데」라는 재즈곡을 추천해 주었다. 늑대 선생님의 마지막 수업이자 밤의 연주회에서 연주한 곡은 늑대 선생님이 작곡하고 정우가 제목을 붙인 곡, 「나의 눈은 달빛」이었다. 공연이 끝나고 늑대 선생님은 정우에게 달 브로치를 선물로 주었다.

"달빛처럼 살아. 어두운 곳을 비추면서."

"앞으로도 연주 즐겁게 하렴. 약속."

사소한 스트레스에도 힘들어 하거나 회피하려고 하는 나보다 이 어린 소년이 훨씬 어른이다.

"나는 믿는다. 나의 밤하늘에 별이 가득 채워지고 있다는 걸."

삶에는 예기치 못한 슬픔과 절망도 있겠지만 의외의 기쁨과 소소한 희망도 많다는 걸, 만화책을 읽으며 깨닫는 나. 이 만화는 실로 대단하다. 아이들이 다 이해할까 싶을 만큼. 이 책에는 삶을 대하는 진지한 태도가 담겼다. 늑대 선생님의 말씀이다.

"맞아, 재즈는 정확한 악보가 없어서 늘 새롭지. 마치 인생 같아. 예상할 수 없는 기쁜 일, 슬픈 일이 모여서 인생이 되는 것처럼."

"안 좋은 일이 생길 때마다 생각해. 내 삶이 하나의 곡이라면 어떻게 연주하고 있는 걸까."

"원한다면 모든 걸 표현할 수 있어. 기쁨, 슬픔, 햇살, 바다, 바람… 마음만 먹으면 모두!"

"그래! 네 삶을 연주해 보는 거야."

"그게 내가 살아가는 방식이야."

학교에서 살아남기 스베틀라나 치마코바 / 보물창고

그래픽노블 중에는 꽤 어려운 책들도 있다. 물론 같은 내용의 줄글로 된 책보다는 아이들이 받아들이기 조금 편하겠지만 일단 내용 자체가 무거우니 만만치 않은 경우가 많다. 만화 하면 귤 까먹으면서 편한 자세로 술술 넘겨야 제맛인데, 정신 차리고 읽어야 한다면 만화의 장점을 절반은 까먹고 시작하는 셈이지. 그런 면에서 실점이 1도 없는 그래픽노블을 발견했다. 이 작가의 이름을 보고 '러시아 사람이구나.' 했는데 캐나다에서 출판된 책이다. 작가는 러시아 태생이지만 캐나다로 이주한 것 같다. 국내에는 이 책만 번역되어 있다. 이 책은 캐나다 초등학생들이 투표하여 뽑는 상을 수상했다고도 하고, 여러 곳에서 호평받으며 많이 팔렸다고 한다. 이유를 알 것 같다. 사람 마음이 비슷하다고 해야 할까? 읽기 어렵지 않으면서 재미있고 내용도 참 좋다. 부모가 사 주기에도 마음에 거리낄 것이 없을 것 같다. (건전하다?)

주인공 여학생 페넬로피(페피)는 전학 첫날부터 망신을 당한다. 아이들이 다 보는 복도에서 넘어진 것도 모자라 가방 속에 있는 것들이 다 쏟아진 것이다. 그때 다가와 도와준 한 남자아이. 오, 흐뭇한 광경…이 아니었다. 그 아이 제이미는 무시당하는 아이였고, 역시나 악의 무리들은 몰려와 "찌질이 여친"이라며 놀림을 퍼붓는다. 순간 페피는 생존을 선택했다. "저리 가!" 제이미를 밀쳐 버리고 뛰어간다.

하지만 페피는 양심과 죄책감을 가진 보통 아이였기 때문에 그 일을 잊지 못하고 계속 괴로워한다. 학교에는 적응했지만 제이미에게 사과를 하지 못해서 계속 그 주변을 맴돈다. 얘네들, 언제 사과하고 해결될까? 이 두 사람의 관계가 1권 내용의 가장 큰 줄기다. 두 번째 줄기는 동아리 활동이다. 교사로서 이 부분에 눈길이 갔다. 각 과목 선생님이 따로 있는 중학교라서 초등과는 상황이 다르긴 하지만 그래도 학생들의 자기주도적인 활동이 돋보였다. 페피는 미술부, 제이미는 과학부 소속이다. 하필 이 두 부서는 서로 으르렁대는 앙숙이다. 얼마 안 남은 학교 축제를 통해 존재감을 인정받고 싶어 하지만 말썽만 두드러진다. 교장선생님은 폭탄선언을 한다. "두 동아리 모두, 최근 들어 학교 전체를 고려하지 않는 것 같아. 지금부터 두 달 안에 각 동아리별로 학교에 기여할 수 있는 프로젝트를 완성하도록. 투표에서 표를 많이 받은 하나의 동아리만이 축제에 참가할 수 있다."

이제 승부욕에 불타는 두 동아리의 프로젝트 과정이 펼쳐진다. 미술부는 학교 신문에 지면을 얻어, 거기에 실을 만화를 그리는 데 골몰한다. 과학부는 뭔가 친구들을 감탄시킬 발명품을 만들고 있다. 그 과정에서 일어나는 일들이 모두 재미있으면서도 하나도 뺄 것이 없이 의미도 있다. 그중에는 아까 얘기했던 페피의 사과도 있다. 그때 제이미의 말이 인상적이다.

"나쁜 사람이 그냥 재미 삼아 남을 괴롭히는 경우도 있는 반면 좋은 사람이 잠깐의 잘못으로 남에게 상처를 주는 경우도 있대. 뭐랄까, 실수를 한 거지. 난 네가 좋은 애라고 생각해. 넌 그냥 실수를 한 거야."

와우, 얼마나 멋진 녀석인가! 이 책에서 설득력이 없는 딱 한 가지가 제이미의 캐릭터다. 이렇게 멋진 애가 왜 무시당하는 찌질이로 나오는 걸까? 생김새도 귀엽고 행동도 예쁘고 무심한 듯 착한 성품도 멋진데. 아마도 그쪽 녀석들이 보는 눈이 없어서겠지? 하여튼 조심조심 겉돌던 둘의 사이는 이제 뭐든지 함께하는 절친으로 거듭났다. 참 보기 좋다.

아이들이 학교생활에 몰두하고, 그것을 중심으로 펼쳐지는 서사들과 거기에서 파생되는 여러 가지 생각거리들이 있다는 점에서 이 책이 정말 맘에 든다. 아이들이 동아리라는 협력 활동에 그렇게 몰두할 수 있다는 점, 그 안에서 책임을 배우고 성장하는 모습이 부러웠고, 교장선생님이 아이들의 교육활동을 지켜보고 있으며 개입할 수 있는 권위가 있다는 것도 인상적이었다. 우리는 행정 업무에 치중되어 있고 민원을 가장 무서워하는 경우가 많은데. 동아리 활동에 개입하고 학생에게 기회를 주거나 박탈하는 것을 교사의 의지대로 한다면 당장 민원이 닥쳐 올 텐데. 모두가 장단점이 있겠지만 이런 장면들을 보면서 우리의 현장을 고민해 보는 기회도 되었다.

학교에서 살아남는 법. 원제는 'Awkward'이지만 번역한 제목도 잘 지은 것 같다. 학교에서 살아남는 법은 과연 뭘까? 내가 하고 싶은 말은 양화가 악화를 구축하는 것이다. 즉 선한 영향력이 널리 퍼져 나가는 것이다. 악의 세력들이 활개 치지 않도록. 걔네들도 악하고 싶어서 그런 게 아닐 테니 변화가 일어날 것이다. 이 책처럼. 2, 3권에는 어떤 일이 일어날지 기대된다.

전통문화

전통문화와 관련된 조사 학습을 할 때야말로 책 바구니 수업하기에 딱 좋다. 일단 이 주제와 관련된 어린이책이 얇은 그림책부터 어느 정도 두께가 있는 책까지 아주 다양하다. 인터넷 조사를 병행할 필요가 없을 정도로 자료가 풍성하다.

전통문화 주제는 보통 1학년과 3학년 때 다루게 되는데, 1학년 수준에서는 조사 학습이 아직 어려울 수 있으니 '찾아 그리기와 간단한 설명 쓰기' 정도가 적당할 것이다. 3학년은 그보다 좀 더 다양하게 시도해 볼 수 있을 텐데, 모둠 협력학습으로 자료 만들기와 발표 정도로 진행해 봐도 좋다. 몇 가지 예를 들면 다음과 같은 활동들이 가능하다.

① '전통문화에 담긴 조상들의 슬기'라는 주제를 준다. 4인 모둠으로 각각 의, 식, 주, 기타 4가지 영역을 하나씩 맡아 내용을 조사하고 색 도화지 1장에 조사한 내용을 구성하여 꾸민다. 개인 활동이 끝나면 모둠이 모여 각자 자신의 결과물을 보여 주며 조사한 내용을 설명한다. 모둠 내 직소학습(과제분담학습)에 해당된다. 모둠 활동이 끝나면 교실이나 복도에 전시하여 다른 모둠 활동 결과물도 볼 수 있게 한다.

② '옛날과 오늘날의 의식주 생활 변화'라는 주제를 주고 모둠별로 영역을 정해 준다.(의생활, 식생활, 주생활) 모둠이 함께 조사한 내용을 4절 색도화지에 구성하여 발표한 후 전시한다.

조사 학습으로 뭔가 결과물을 만들어 내는 것도 좋지만 이 주제의 책들은 다양하고 양질의 책도 많으니 일정 기간 교실에 두고 자주 가져다 보게 하는 것만으로도 의미가 있을 것이다.

— 전통문화 참고 도서

쉬운 그림책

	제목	분야	저자	출판사
1	아름다운 우리 한옥	주생활	신광철	마루벌
2	세상을 감싸는 우리 보자기	생활도구	허동화	마루벌
3	한지돌이	생활도구	이종철	보림
4	숨쉬는 항아리	생활도구	정병락	보림
5	에헤야데야 떡 타령	식생활	이미애	보림
6	한 땀 한 땀 손끝으로 전하는 이야기	의생활	지혜라	보림
7	뚜벅뚜벅 우리 신	의생활	최재숙	보림

8	나는 주워 온 아이인가 봐	생활도구	정유나	책내음
9	오늘은 촌놈 생일이에요	생활도구	이명랑	책내음
10	메주 꽃이 활짝 피었네	식생활	이명랑	책내음
11	때때옷 입고 나풀나풀	의생활	이미애	책내음
12	하늘천 따지 가마솥에 누룽지	생활도구	이상교	책내음
13	꽃신 찾아 우리 집 한 바퀴	주생활	이미애	책내음
14	커서 뭐가 되려고 그러니?	생활도구	류미진	책내음
15	내 더위 사려!	명절	박수현	책읽는곰
16	연이네 설맞이	명절	우지영	책읽는곰
17	더도 말고 덜도 말고 한가위만 같아라	명절	김평	책읽는곰
18	가을이네 장 담그기	식생활	이규희	책읽는곰
19	꿈꾸는 도자기	생활도구	김평	책읽는곰
20	할머니의 할머니의 할머니의 옷	의생활	홍선주	책읽는곰
21	김치 특공대	식생활	최재숙	책읽는곰
22	집짓기	주생활	강영환	보림
23	옷감짜기	의생활	김경옥	보림
24	북적북적 우리 집에 김장하러 오세요	식생활	소중애	푸른숲주니어
25	달이네 추석맞이	명절	선자은	푸른숲주니어
26	우리 우리 설날은	명절	임정진	푸른숲주니어
27	김치가 최고야	식생활	임수정	장영
28	마음을 담은 상차림	식생활	김소연	사계절
29	설빔 : 여자아이 고운 옷	의생활	배현주	사계절
30	설빔 : 남자아이 멋진 옷	의생활	배현주	사계절
31	내가 진짜 조선의 멋쟁이	의생활	이흔	웅진주니어
32	더위야, 썩 물렀거라!	종합 (더위나기)	신동경	웅진주니어
33	천하장사 옹기장수	생활도구	손정혜	웅진주니어
34	사시사철 우리 놀이 우리 문화	놀이	이선영	한솔수북
35	사시사철 우리 살림 우리 문화	생활도구	김향수	한솔수북
36	우리 한과 먹을래요	식생활	김영미	미래엔아이세움
37	옛날 도구가 뚝딱! 현대 도구가 척척!	생활도구	김하늬	미래엔아이세움
38	이렇게 고운 댕기를 보았소?	의생활	강효미	미래엔아이세움
39	사계절 우리 전통 놀이	놀이	강효미	미래엔아이세움

글밥이 있는 책

	제목	분야	저자	출판사
1	생각을 담은 집 한옥	주생활	노은주, 임형남	위즈덤하우스
2	조선 시대 옷장을 열다	의생활	조희진	위즈덤하우스
3	효재 이모와 전통 놀이해요	생활도구	채인선	살림어린이
4	먹을거리 놀잇거리 가득한 명절	명절	주영하	주니어RHK
5	모양도 쓸모도 제각각 조상들의 도구	생활도구	이영민	주니어RHK
6	얼씨구 지화자 즐거운 전통놀이	놀이	정재은	주니어RHK
7	맛도 모양도 일품인 우리 음식	식생활	정민지	주니어RHK
8	자연이 고스란히 담긴 우리 한옥	주생활	정민지	주니어RHK
9	자연의 빛깔을 담은 우리 옷과 장신구	의생활	정재은	주니어RHK
10	자연과 만나는 우리 한옥 이야기	주생활	이재윤	토토북
11	빛깔 고운 우리 옷 이야기	의생활	강난숙	토토북
12	열두 달 세시풍속 이야기	세시풍속	박혜숙	토토북
13	내가 원래 뭐였는지 알아?	생활도구	정유소영	창비
14	한옥, 몸과 마음을 살리는 집	주생활	박지숙	해와나무
15	한식, 우주를 담은 밥상	식생활	김하은	해와나무
16	한지, 천년의 비밀을 밝혀라!	생활도구	김해원	해와나무
17	가마솥과 뚝배기에 담긴 우리 음식 이야기	식생활	햇살과나무꾼	해와나무
18	복주머니랑 그네랑 신나는 명절 이야기	명절	햇살과나무꾼	해와나무
19	쓱쓱 쟁기 빙글빙글 물레 누가 쓰던 물건일까?	생활도구	햇살과나무꾼	해와나무
20	노리개랑 조각보랑 겨레의 멋 이야기	생활도구	햇살과나무꾼	해와나무
21	굴렁쇠랑 새총이랑 신명나는 옛날 놀이	놀이	햇살과나무꾼	해와나무
22	마루랑 온돌이랑 신기한 한옥 이야기	주생활	햇살과나무꾼	해와나무
23	이영차! 땅에 집을 짓자꾸나	놀이	김미혜	대교북스주니어
24	어깨동무 즐거운 우리 놀이	놀이	우리누리	주니어중앙
25	조상들은 어떤 도구를 썼을까	생활도구	우리누리	주니어중앙
26	햇빛과 바람이 정겨운 집, 우리 한옥	주생활	김경화	문학동네
27	사회는 쉽다! 5 : 우리 명절과 음식 문화	명절	김은미	비룡소
28	썩었다고? 아냐 아냐!	식생활	벼릿줄	창비
29	재미있는 의식주 이야기	종합	김현숙	가나출판사
30	명절과 절기	명절	배영하	그레이트북스
31	대한이는 왜 소한이네 집에 갔을까?	세시풍속	정윤경	분홍고래
32	짚신 신고 도롱이 입고 동네 한 바퀴!	생활도구	정인수	분홍고래
33	지금 해도 재미있는 한국 풍속 놀이 33가지	놀이	박영수	풀과바람

34	어린이를 위한 한국의 김치 이야기	식생활	이영란	풀과바람
35	신통방통 지혜가 담긴 우리의 세시 풍속과 전통 놀이	세시풍속	최정원	뭉치
36	안녕? 열두 달	세시풍속	박보미	책읽는곰

─ 전통문화 참고 서평

안녕? 열두 달 박보미/책읽는곰

아주 많은 내용과 정보가 담겨 있지만 매우 편하게 접근할 수 있는 책인데, 그 이유는 그림 때문일 것이다. 그림책 수준으로 그림이 많고, 거의 모든 정보를 글과 함께 그림으로 설명하고 있다. 그림체가 아주 예쁘고 색감이 부드러우면서도 화려하다. 책의 내용을 찬찬히 다 읽으려면 시간이 좀 걸리겠지만 일단 접근성이 매우 좋으니 여러 번 뒤적이며 자연스럽게 정보를 습득할 것 같다.

이 책이 나온 걸 보고 반가웠다. 이 책의 부제는 '오늘이 특별해지는 명절·절기·세시 풍속'이다. 이런 내용의 책이 많을 것 같지만 막상 찾아보면 그리 많지 않다. 특히 절기와 세시풍속까지 종합적으로 다룬 책은 별로 없다. 꽤 좋은 책이 있긴 한데 글밥이 많아서 저학년에게 읽히기는 어렵다. 이런 내용의 책이 많지 않은 건 충분히 이해가 된다. 나만 해도 절기나 세시풍속에 관심이 별로 없다. 명절도 귀찮아서 없어졌으면 하니 말이다. 다만 교육과정에 나오는 내용이기 때문에 책을 찾아보는 것인데, 이 책을 뒤적이며 생각했다. '우아, 정말 공이 많이 들어갔네. 이렇게 공들여 만든 책이 안 팔리면 얼마나 아까울까?' 하지만 이 책은 수요가 꽤 있을 것 같은 느낌이다. 아이들에게 안겨 주기 좋은 책이기 때문이다.

이 책은 소미가 작은 마을의 기차역에 내리는 장면부터 시작된다. 소미는 두 달씩, 안녕 마을의 여섯 집에 머무를 예정이다. 차례부터 그림으로 예쁘게 구성되어 있다. 찬찬히 보면 각 집의 가족 구성부터 신경 쓴 흔적이 보인다. 왈이네와 토야네 가족은 조부모님이 계신 대가족, 꿀이네는 핵가족이지만 동생이 또 태어날 예정. 고미네는 엄마와 딸로만 이루어진 2인 가족, 람이네는 아빠 혼자 3형제를 키우는 가족, 나비네는 다문화 가족이다. 캐릭터도 개, 곰, 돼지, 다람쥐, 토끼, 고양이로 다양한데, 이건 아이들이 좋아할 만한 점이겠다.

각 집에 머무는 두 달을 단위로 각 장이 구성되어 있다. 각 장에는 크게 이 달의 행사,

이 달의 절기, 이 달의 명절, 이 달의 기념일이 들어간다. 세시풍속은 절기와 명절 내용 중에 녹아들어 있다. 행사와 기념일 내용이 있기 때문에 전통문화 외의 내용도 들어간다. 예를 들면 입학식이라든지, 어린이날, 크리스마스 심지어 밸런타인데이까지 들어가 있는데 그만큼 다양한 내용이 들어간다고 보면 좋을 것 같다. 현대와 전통의 접목이라 할까. 현실과 어우러진 전통문화 책이라고 할 수 있다. 절기와 명절을 따로 다루고 있어서 이 둘을 헷갈리는 사람들에게 좋다. 부끄럽게도 나이깨나 먹은 나도 헷갈린다. 크게 지내는 설, 추석, 그리고 익히 아는 단오, 한식 외에 다른 명절들은 좀 헷갈린다. 백중이니 중양이니 하는 명절들 말이다. 아이들은 처음 들어 보는 경우도 많을 것 같다. 음력으로 지내는 명절과는 다르게 태양력을 사용하는 절기들은 농사, 그러니까 날씨와 많은 관련이 있다. 이런 것들을 전체적으로 살펴보기 매우 좋게 구성되어 있다. 각각의 날들 속에 담긴 깨알 정보들을 보면 이 책을 만드는 데 정말 많은 노력이 들어갔겠구나 짐작하게 된다. 예를 들면 설날 페이지에는 한복 입는 법과 절하는 법이 그림과 함께 설명되어 있다. 삼짇날에는 진달래 화전을 부쳐 먹는 풍속을 소개하다 '잘못 알고 철쭉을 먹으면 큰일 난다'며 철쭉과 진달래를 그림으로 비교해 주기도 한다. 봄나물을 소개한 페이지도 있는데 그림이 세밀화 수준이다. 각종 음식 그림들도 예쁘고 먹음직스럽다. 친환경 농사법을 소개한 페이지도 있고 차례상 차림법 같은 것도 나오니 이런 대목은 공부하면서 책을 만들었겠다 짐작된다. 여름철 물놀이, 겨울철 눈 오는 날 안전 수칙 같은 내용도 나와 안전교육까지 담당한다. 어린이날이나 크리스마스 같은 기념일엔 세계 여러 나라의 기념일 풍속도 함께 소개해 주고 있어서 흥미를 끈다. 다 소개할 순 없지만 이런 식으로 풍부한 내용이 담긴 종합 정보 책이다.

솔직히 나부터가 전통문화 계승에 대한 의지가 없는 사람이라 이런 내용이 교육과정에 나올 때 불끈 의욕이 생기진 않는다. 하지만 아는 것은 중요하다고 생각한다. 계승의 문제를 떠나, 아예 몰라서는 안 될 것이다. 과거의 토대 위에 현재가 있고 그것이 미래로 이어지는 것이다. 우리의 토대가 된 문화를 살펴보는 것은 그래서 의미가 있다. 이 책이 나온 것을 환영하고, 많은 쓰임새가 있으리라 본다.

🎱 세계 문화

세계 문화와 관련된 교과 내용은 2학년 때부터 나온다. 2학기 통합 〈겨울〉에는 '두근두근 세계 여행' 단원이 있다. 3학년 2학기 '환경에 따라 다른 삶의 모습'에서도 다른 나라의 문화에 대하여 공부한다. 6학년 2학기 '세계 여러 나라의 자연과 문화' 단원에서도 세계 문화를 다룬다. 이렇게 두루 필요한 주제의 책이기 때문에 학교도서관에 충분히 갖추어 놓으면 유용하다.

아이들은 대체로 세계를 다루는 내용에 관심을 많이 보인다. 이 목록의 책들을 교실에 두면 수시로 가져다 이것저것 살펴보고 신기한 내용이 나오면 친구들을 불러 모아 같이 보기도 한다. 사실상 단순히 교과서에 제시된 지식을 수용하는 것보다 이렇게 관심 있는 다양한 주제를 직접 찾아보며 얻게 되는 지식이 훨씬 의미가 있지 않을까?

― 여러 나라의 전통의상

'전통의상 색칠하기 자료가 교사 커뮤니티의 교육 자료실에 많기 때문에 그것을 활용하면 훨씬 높은 퀄리티의 결과물이 나올 텐데.'라고 생각하면서도 아이들에게 책을 보고 직접 여러 나라의 전통의상을 그려 보게 했다. 그런데 색칠하는 것보다 아이들이 직접 그린 그림이 더 훌륭하더라는 의외의 사실을 발견했다. 세계 문화와 관련된 다양한 책들에서 전통의상 사진이나 그림을 많이 찾아볼 수 있다. 모둠별로 한 사람이 2개 나라씩 맡아서 그린 다음, 가운데 지구본을 놓고 빙 둘러 붙여서 완성한 결과물을 보며 아이들은 아주 뿌듯해 했다.

이 주제 또한 PPT나 동영상 자료가 많기 때문에, 그것만으로도 충분히 흥미롭게 내용 제시를 할 수 있다. 하지만 학생들이 직접 그려 보는 활동을 하려면 멀리서 보는 PPT나 빠르게 움직이는 동영상보다는 책 자료를 활용하는 것이 훨씬 효율적이다. 이런 수업을 처음 시작할 때는 아이들이 "책에 없어요.", "안 나와요." 라고 말하기도 하고 교사가 도와줘야 할 때도 많다. 하지만 꾸준히 시도하다 보면 책에서 필요한 내용을 찾아내는 아이들의 능력은 눈에 띄게 향상된다. 조금 느린 아이들도 있지만 주변에서 친구들이 "여기 있잖아." 하면서 찾아 주는 속도는 교사보다도 빠르다.

이런저런 책들 속에서 다른 나라의 인상적인 집을 찾아서 그림으로 그려 보고 그림에 대한 간단한 설명을 덧붙여 보는 활동을 해 봐도 좋다.

— 여러 나라의 음식

클레이 점토로 다양한 음식을 만들어 보는 활동도 해 볼 수 있는데, 이역시 고정된 그림이나 사진을 자세히 살펴보면서 만드는 것이 좋다. 머릿속에 떠오르는 막연한 이미지만으로는 구체적인 표현이 어렵기 때문이다. 먹음직스럽고 컬러풀하게 표현된 책 속의 다양한 음식 그림들을 보면서 만드는 활동을 하다 보면 아이들의 작품 또한 좀 더 세부적으로 표현되는 장점이 있다. 각자 만든 것들을 모아 한 상에 차려 보면 눈이 꽤 즐거운 상차림이 된다.

— 여러 나라의 놀이

『다른 나라 아이들은 무슨 놀이를 할까?』(니콜라 베르거, 초록개구리)와 같은 책처럼, 다른 나라의 놀이를 다루는 책들도 있다. 다른 나라와 관련된 책들을 읽다 보면 멀리 떨어진 문화권에 있는 민담들의 화소가 유사하다는 것이 신기한데, 이런 점은 놀이도 마찬가지인 것 같다. 다른 나라에도 우리의 놀이와 유사한 것이 아주 많다. 이런 책들을 참고하여 놀이 수업으로 이어 가면 한 주제를 가지고 다양하게 체험할 수 있는 수업이 될 것이다. 아이들의 요청으로 중국의 '만리장성'이라는 놀이를 해본 적이 있다. 책을 통해 우리의 공기놀이와 비슷한 놀이, 사방치기와 비슷한 놀이, 도둑과 경찰 놀이 등 아이들과 가볍게 해 볼 수 있는 놀이들의 아이디어를 얻을 수 있다.

― 여러 나라 집중 탐구

세계 문화와 관련된 단원을 마무리할 때쯤 그동안의 수업과 독서를 통해 가장 관심을 갖게 된 나라를 하나씩 정해, 그 나라에 대해 집중 탐구하는 조사 학습을 해 봐도 좋다. 조사 학습이야말로 책 바구니가 정말 유용하게 쓰이는 수업이 된다. 각각 조사한 내용으로 다음과 같이 포켓북을 만들어 서로 안내해 주는 활동을 해 볼 수 있다.

① 양면 포장지를 자르고 접어 포켓북을 만든다. (포장지 1장으로 4장의 포켓북을 만들 수 있고 그걸 모두 연결하면 8개의 포켓이 나온다. 작업 속도나 능력에 따라 장 수를 조절하면 된다.)

② A4색지(120g 정도가 너무 얇지 않고 적당하다) 1/4 정도 크기의 종이에 자신이 맡은 나라에 대한 내용을 적어 나간다. 한 장씩 완성될 때마다 포

켓에 끼운다.

③ 각자의 속도에 따라 4~8쪽 정도의 포켓북이 모두 완성되면 책상을 ㄷ자로 배치하고 전문가와 방문자가 마주 볼 수 있도록 의자를 양쪽에 놓는다.

④ 자신이 조사한 나라의 전문가가 되어 방문자들에게 자신의 결과물을 보여 주며 설명한다. 설명도 듣고 질문도 하며 서로 가르치고 배우는 활동이다. 나라들이 겹치지 않는 것이 좋으니 조사를 시작할 때 미리 조율하는 것이 좋다.

⑤ A팀과 B팀으로 나누어 한 팀은 전문가, 한 팀은 방문자가 되고 끝나면 역할을 바꾼다.

⑥ 방문자가 관심 있는 나라를 잘 찾아갈 수 있도록 삼각대를 만들어 간판을 세우는 것도 효과가 좋다.

과연 저학년도 이런 활동을 할 수 있을까 싶지만, 막상 해 보면 아이들은 스스로 찾아낸 정보들을 자신의 코너에 찾아온 친구들에게 알려 주려고 정말 진지하게 노력한다. 평소 교사의 설명을 잘 듣지 않던 아이들도 친구 설명에는 귀를 기울이는 감동적인 장면을 목격하게 된다. 사실 교사의 정선된 설명에 비해 아이들의 설명은 어딘가 서툴고 그다지 중요하지 않은 내용을 굳이 선택해서 설명하는 모습도 보이지만, 이런 모든 과정이 아이들에게는 의미 있는 과정이다. 진지하면서도 활기 있고 모두가 활동하는 수업. 바로 책 바구니를 통해 가능한 수업이다.

━ 나라별 동화 감상

세계 문화와 관련해서 다른 나라들의 동화를 감상해 보는 수업을 해 볼수도 있는데, 이 수업은 종이책이 아닌 온라인 영상 동화를 활용해도 좋다. 다음세대재단에서 운영하는 올리볼리(http://www.ollybolly.org/) 사이트를 통해 온라인 영상 동화를 감상할 수 있다. 영국, 미국, 일본 등의 그림책들은 정말 세기도 힘들 만큼 우리나라에 많이 출판되어 있다. 그에 비해 비중이 적은 나라의 책들도 예전보다 꽤 나오고 있긴 하지만 아직 많지는 않다. 올리볼리 사이트에서는 이런 나라의 그림동화들을 영상으로 만들어 무료로 제공하고 있는데, 주로 아시아와 아프리카의 동화들이 많다. 아이들은 한동안 날마다 보여 달라고 조르기도 했다. 그냥 재미있게 봐도 충분하고, 조금 더 욕심을 내서 다른 나라의 동화를 통해 문화 간의 유사성과 다양성을 파악하는 기회로 삼는 것도 좋겠다.

— 세계 문화 참고 도서

	제목	저자	출판사
1	열린 마음 다문화 동화 시리즈 1~13	이소영 외	한솔수북
2	침 뱉으며 인사하는 나라는?	임병희	웅진주니어
3	내가 세계 최고!	양재찬	웅진주니어
4	지구 마을 친구들에게 천 원이 있다면?	정인환	웅진주니어
5	우리는 아시아에 살아요	조지욱	웅진주니어
6	온 세상 국기가 펄럭펄럭	서정훈	웅진주니어
7	두근두근 세계 여행	베아트리스 베이용	베틀북
8	세계와 만나는 그림책	테즈카 아케미	사계절
9	세계 나라 사전	테즈카 아케미	사계절
10	세계 지도 그림책	테즈카 아케미	길벗스쿨
11	세계 지도책(롤프의 세계 여행)	최설희	상상의집
12	세계 수도 지도책 1, 2(롤프의 세계 도시 여행)	최설희	상상의집
13	세계 음식 지도책(롤프의 세계 음식 여행)	주영하 · 최설희	상상의집
14	세계 학교 급식 여행	안드레아 커티스	내인생의책
15	세계의 친구들은 어떻게 살아갈까요?	트레이시 터너	사파리
16	지도 펴고 세계 여행	이응곤, 김성은	책읽는곰
17	빼빼가족 세계여행 1, 2	빼빼가족	엠비씨씨앤아이
18	세계가 보이는 지도책	로르 플라비니 외	풀과바람
19	방구석 탈출 글로벌 어린이 세계 지도	소울하우스	스마트베어
20	세계대여행	리처드 켐프	루덴스
21	세계 도시 지도책	조지아 체리	풀과바람
22	한눈에 보는 세계 속 지리 쏙	오민아	하루놀
23	하루 한 번, 세계 여행	민병권	대원키즈
24	나와 세계	미레이아 트리우스	책읽는곰

25	방방곡곡 세계 지리 여행	김은하	봄나무
26	초등학생이 꼭 읽어야 할 세계 지리	헤더 알렉산더	사계절
27	하루 10분, 세계 지도와 놀아요	아키야마 카제사부로	사계절
28	세계 음식 한입에 털어 넣기	김인혜	사계절
29	오색찬란 아프리카는 검지 않아	전현정	사계절
30	유럽은 오밀조밀 따닥따닥	박은호	사계절
31	아메리카는 길쭉길쭉 세모세모	예영	사계절
32	아시아는 재밌다!	조지욱	사계절
33	서로 달라 재미있어!	조지욱	토토북
34	우리 결혼했어요!	김선희	현암사
35	어린이 문화 교실	김기동	한겨레아이들
36	대륙 갔다 반도 찍고 섬나라로!-동북아시아 편	김은숙	하루놀
37	차오프라야강이 보내 준 선물-동남아시아 편	이정주	하루놀
38	신드바드와 떠나는 위대한 모험-서남아시아 편	박효연	하루놀
39	비밀 클럽 흩어진 지도를 모아라-서남부유럽 편	류재향	하루놀
40	거인의 나라로 간 좌충우돌 탐정단-동북유럽 편	정경원	하루놀
41	모래 폭풍 속에서 찾은 꿈 - 아프리카 편	김연희, 이현희	하루놀
42	영웅 출동! 광대한 땅을 구하라!-북아메리카 편	김영미, 문상온	하루놀
43	지구 반대편에서 찾은 엄마의 숨결-남아메리카 편	고은애	하루놀
44	사라져 가는 남태평양의 보물섬-오세아니아 편	강로사	하루놀
45	다양한 문화의 끝판왕, 동남아시아	박소현	사계절
46	일본은 얄밉지만 돈카츠는 맛있어	김해창	사걔절
47	구석구석 세계의 에티켓 여행	박동석	봄볕
48	놀면서 배우는 세계 축제 1, 2	유경숙	봄볕
49	세계 음식 백과사전(빅북)	알레산드라 마스트란젤로	그린북
50	이토록 환상적인 세계 도시는 처음입니다만!	서지선	사계절
51	함께 먹는 세계의 음식	베스 왈론드	내인생의책
52	세계지도에서 쏙쏙 뽑은 별별 세계 상징	원영주	학고재
53	(나는 알아요!) 세계의 문화	레이나 올리비에	사파리
54	세계와 반갑다고 안녕!	유다정	위즈덤하우스
55	어린이를 위한 세계 지도책	신지혜	미래엔아이세움
56	구슬치기로 시작한 세계 지도 여행	이혜정	사계절
57	105개의 수도로 만나는 세계	박동석	책숲
58	세계의 시장, 놀라운 발견이 가득한 곳	호셉 수카라츠	키다리

077

59	밥·빵·국수 - 아시아의 식탁	이은미	키다리
60	Why? 세계의 풍속	박세준	예림당
61	다른 나라 아이들은 무슨 놀이를 할까?	니콜라 베르거	초록개구리
62	세계 도시 탐험	마크 마틴	위즈덤하우스
63	세계를 한눈에, 아롱다롱 민족의상	마츠모토 리에코	천개의바람
64	세계를 한눈에, 왁실덕실 나라 축제	마츠모토 리에코	천개의바람
65	세계를 여는 문 Door 1~5	지도표현연구소	함께자람
66	세계 전통 의상	조바나 알레시오	풀빛
67	와글와글 세계 지리 속으로	클라우디아 마티	다섯수레

― 세계 문화 참고 서평

세계를 한눈에, 아롱다롱 민족의상 마츠모토 리에코/천개의바람

　문학교육으로서의 독서가 매우 중요하지만, 나는 수업 자료로서의 독서에도 큰 비중을 둔다. 즉 비문학 도서에 대한 독서인데, 이것이 평생학습의 기반이 된다고 생각하기 때문이다. 온라인 세상이 된 지금도 책을 통해 정보와 배움을 얻는 일은 여전히 유효하다고 생각하며 어릴 때부터 조금씩 이루어지는 게 좋다고 생각한다. 그래서 이 책을 골랐다! 떠오르는 수업 장면이 있어서였다.

　2학년 아이들과 '두근두근 세계 여행'이라는 단원을 공부할 때였다. 도서관에서 관련이 있는 책들을 모두 골라내 바구니에 담아 대출해서 단원을 공부하는 내내 교실에 두고 틈틈이 읽게 했다. 이런 주제는 억지로 권하지 않아도 아이들이 좋아한다. "우아, 신기하다, 이런 게 있어!" 하면 "어디, 어디?" 하면서 머리를 맞대며 아이들은 자기들끼리 배움을 얻어 나간다. 그런 장면을 보는 것이 큰 기쁨이었다.

　다시 바구니를 구성한다면 이 책을 가장 잘 보이는 곳에 놓을 것이다. 굳이 그렇게 하지 않아도 아이들은 흥미 있는 책을 귀신같이 잘 골라낸다. 앞서 말한 단원의 차시 주제 중 하나로 '세계의 전통의상'이 있다. 바로 딱 이 책의 내용이다! 이 책을 차근차근 보여 주는 것만으로도 반 이상 수업을 했다고 할 수 있겠다. (빅북이 나오면 좋겠다.) 그리고 표현활동으로 세계의 전통의상을 그리거나 만들어 보는 활동이 나오는데, 그때 이 책을 차지한 아이는 땡잡은 거다! (쟁탈전이 벌어질까 걱정) 이 책이 없을 때도 그 주제의 수업은 재미있게 잘 진행되었다. 하지만 책을 읽으면서 수업을 해 보니, 이 책은 정말 많은 나라를 다루고 있구나, 중요한 설명을 상세히 해 줬구나, 의상의 특징이 잘 나타나 있구나 싶었다. 뿐만 아니라 그림들의 색감이 좋고 예뻐서 의상 하나하나에 더 관심을 갖게 해 준다. 우리나라 한복이 좀 밋밋해 보여서 아쉬울 정도다.

그림에 대해서는 잘 모르지만 색연필 종류로 채색한 것 같은데, 이것도 아이들과 함께 보기에는 좋은 점이다. 그림 선이 명확해서 아이들이 따라 그리기에도 좋다. 아이들 그림은 참 멋지다. 아마도 원작에 버금가는 멋진 그림들이 많이 탄생할 것이다.

여객선도 뜨지 않는 코로나 시대에 세계 여러 나라에 대한 책을 보고 있자니 감회가 새롭다. 나나 교실 아이들이나 코로나 이전에도 주로 이렇게 책으로 간접경험을 했지만, 가려고 해도 갈 수 없는 상황과는 또 다르니까 말이다. 부디 세상은 부지런히 오고 가고, 그 와중에 나와 아이들은 이 책으로 세계 여행을 꿈꾸었으면 좋겠다.

° 교통과 통신

3학년 1학기 사회 단원에서 다루는 주제이다. 예부터 오늘날에 이르는 교통과 통신수단의 발달 과정, 교통과 통신수단의 발달로 달라진 생활, 교통과 통신수단의 발달로 달라질 미래의 모습 상상하기 등의 활동이 주를 이룬다. 주제가 한정적이라서 책이 많지는 않지만 그래도 시간을 들여 관련 주제의 책을 찾다 보면 바구니를 꾸려서 진행할 정도는 될 것이다.

어느 정도 시간을 두고 아이들에게 책들을 살펴보게 한 후 조선 시대 과거를 보러 가는 선비가 되었다고 생각하고 오가는 길에 어떤 수단들을 사용했을지 글과 그림으로 나타내며 옛날의 교통과 통신수단을 이해하는 활동을 할 수 있다.

모둠별로 책을 몇 권씩 골라 가도록 하고, 책에서 정보를 찾아 옛날과 오늘날의 교통수단을 비교하는 보고서를 완성하도록 한다. 한 사람이 한 가지씩 옛날-오늘날의 교통수단에 대해 글과 그림으로 표현해서 대비되게 나란히 배치한다. 4인 모둠이라 네 가지의 내용이 들어가니 모둠 보고서로도 적절한 양이 된다.

현대의 다양한 교통수단 또는 통신수단 중 하나를 골라 글과 그림으로 자세히 소개한다. 이때 그 교통수단과 통신수단이 우리 생활에 어떤 영향을 끼치고 어떤 변화를 가져왔는지에 대한 내용이 꼭 들어가도록 한다.

교통수단, 통신수단 중에 하나를 골라 옛날부터 지금까지의 발달사를 그림과 글로 정리해 보는 것도 좋다. 도화지 한 장에 표현해도 되고 단계별 내용이니 미니북을 만들어도 된다. 예를 들어 통신수단 발달사라면 편지, 봉수, 파발, 전화, 인터넷, 스마트폰 이런 순서로 소개하는 식이다. 같은 방법으로 일제히 하는 것도 좋지만 때로는 다양한 표현 방법을 허용하면 창의적인 결과물이 많이 나온다.

이처럼 책을 활용하여 교통과 통신의 발달에 대해 다양하게 알아보는 활동들은 교통, 통신수단의 발달로 달라질 미래 생활을 예측해 보는 활동과도 연계할 수 있다. 예측 활동이기 때문에 책이 반드시 필요하지는 않지만, 앞서 소개한 수업들을 통해 실감 나는 여러 자료들을 접하다 보면 더 쉽게 풍부한 상상력이 더해진 예측을 할 수 있을 것이다.

― 교통과 통신 참고 도서

	제목	저자	출판사
1	교통수단, 세상의 거리를 좁히다	김영모	미래아이
2	옛날의 교통 통신 : 달구지랑 햇불이랑	햇살과나무꾼	해와나무
3	한국사 탐험대 3 : 교통 통신	홍영의	웅진주니어
4	이선비, 한양에 가다	세계로	미래엔아이세움
5	세계를 달린 7가지 교통수단	서지원	상상의집
6	세상을 잇는 그물 통신	신현수	주니어김영사
7	탈것박물관 시리즈	안명철 외	주니어골든벨
8	Why? 교통수단	이의정	예림당
9	Why? 정보통신	조영선	예림당
10	사람과 짐을 실어 나르는 탈것	김향금	미래엔아이세움
11	더 멀리, 더 빠르게! 미래 교통과 통신	신선웅, 조남철	뭉치
12	자동차 여행	피에르 윈터스	사파리
13	클릭, 세상을 바꾸는 통신	박영란	아르볼
14	매직 돋보기 탈것이 궁금해	아너 헤드	키다리
15	DK 탈것 백과	클라이브 기포드	비룡소
16	윙바디 윙고의 탈것 박물관	김혜준	초록아이
17	말 달리고 햇불 피우고 옛 교통과 통신	이향숙	주니어RHK
18	떴다! 지식 탐험대 : 교통과 통신 -꼬마 보부상의 이상한 시간 여행	박영란	시공주니어
19	꼬리에 꼬리를 무는 지식 여행1 : 교통수단	톰 잭슨	다림
20	브리태니커 만화 백과 : 여러 가지 탈것	봄봄 스토리	미래엔아이세움
21	탈것 속으로	헤더 알렉산더	시공주니어
22	탈것들을 찾아 떠나는 세계 지도 여행	정은주	파랑새어린이
23	Wow! 편리한 탈것	잭클린 맥켄	키즈엠퍼스트
24	기차	이성률	풀과바람
25	비행기	이성률	풀과바람
26	세상을 바꾼 자동차 이야기	김형주	풀과바람
27	어린이를 위한 배와 항해 이야기	김남길	풀과바람

28	내가 타는 차	이안	아르볼
29	수상한 기자의 미디어 대소동	서지원	상상의집
30	달려라, 꼬마 보발꾼	오진원	웅진주니어
31	자이언트 : 어마어마한 탈것과 기계	스테판 프라티니	보림
32	오! 자동차	폴 크라프트	보림
33	오! 비행기	에므리크 장송	보림

— 교통과 통신 참고 서평

수상한 기자의 미디어 대소동 서지원 / 상상의집

'잇다'라는 세 권의 시리즈 중 세 번째 책이다. 이런 시리즈의 기획 시도가 참 신선하면서도 초등 교사로서 고맙게 느껴진다. 이렇게 다양한 주제가 구석구석 다루어졌으면 좋겠다. 어떤 주제든 누군가에게는 유용하게 활용될 테니 말이다.

이 책은 수업 주제 중 '교통과 통신'이라는 주제로 찾다가 발견한 책이다. 사실 '교통과 통신'이라는 주제가 교과서 한 단원의 주제가 될 만큼 중요할까 생각했는데, 이 책을 읽다 보니 교통과 통신의 발달사는 인류의 발자취와 겹칠 정도로 중요한 것 같다. 인간은 언제나 미지의 세계를 궁금해 하는 존재이고, 남들과 소통하고 연결되고자 하는 존재이기 때문이다. 그래서 인류는 교통수단, 통신수단의 발달과 함께 발전해 지금까지 왔다. 이 시리즈는 그것을 '잇다' 라는 매우 적절한 제목으로 표현했다.

이 책은 그중 마지막 3권, 통신수단(미디어)에 관한 책이다. 세 권을 다 읽지는 않아서 정확하게는 모르겠지만 이 시리즈는 지식을 직접적으로 설명해 주기보다 이야기 속으로 독자를 안내해 함께 여행을 하도록 인도한다. 그래서 이야기 진입을 위해 꽤 많은 분량이 필요하고, 결과적으로 교과서에 이 주제가 나오는 3학년에게는 좀 버거운 두께의 책이 될 수도 있다. 그래도 딱딱한 지식 도서보다는 장점이 많으니 일단 진입만 잘하면 읽어 낼 수 있을 것 같다. 고학년에게는 무난한 수준과 분량이다.

이 책은 도서관 0번대(총류)로 분류되어 있다. 2권인 '교통수단'은 5번대(기술과학)에 있었는데, 다양하게 분류가 가능하겠다. 내 느낌으론 역사 쪽이 강하다. 주제사라고 할까. 미디어라는 주제로 인류의 발달 과정을 본다. 통사도 보아야 하지만 이런 다양한 주제사들과 함께 보면 세상을 이해하기 훨씬 좋을 것 같다.

이 책의 주인공 친구들은 패럿Q라는 인공지능과 함께 '잡소식 신문사'의 나대기라는 이상하고 수상한 기자를 찾아갔다가 과거의 여러 현장들을 가상 체험하게 된다. 이를 통해서 종이, 인쇄술, 라디오와 텔레비전, 인터넷, 그리고 마지막으로 스마트 미디어까지 살펴보게 된다. 인류가 생각과 정보를 전달할 수단으로 종이를 갖게 되기까지 얼마의 시간이 걸렸던가. 그리고 책을 보편 수단으로 정착하게 한 인쇄술이 발달하기까지도. 그 이후 인간의 미디어는 눈부신 발전을 거듭하여 모든 개인이 어마어마한 전파력의 소셜 미디어를 갖는 데까지 이르렀다. 다음의 발전 단계는 무엇일까.

미디어의 역사에서 그치지 않고 미디어 윤리까지 다루어 준 부분에 대해서도 매우 만족스럽다. 인간의 기술 발전을 윤리가 따라가지 못한다. 이 차이가 커지다 보면 발전은 축복이 아니라 재앙일 수도 있다. 아이들 사이에서도 간혹 이에 대한 위기의식을 느낀다. 힘을 주어 지도할 부분인 것 같다.

서사, 지식, 윤리를 잘 버무려 담은 이런 책을 읽어 낼 수 있는 독서력을 모든 아이들이 갖춘다면 좀 더 풍성한 활동들을 할 수 있을 텐데. 하지만 그 또한 교사인 나의 역할이니 힘을 내 보자.

⚲ 지역의 역사

3, 4학년 사회과에서 배울 내용에는 지역화 교과서 내용도 포함된다. 서울의 경우 3학년 때 '구' 범위까지 배우고 4학년 때 범위를 넓혀 '서울'을 배운다. 3학년 내용은 범위가 좁아 관련된 책을 찾기가 힘들지만 4학년 내용 정도는 충분히 찾아볼 수 있다.

'우리가 알아보는 지역의 역사'라는 대단원은 두 개의 소단원 '우리 지역의 문화유산', '우리 지역의 역사적 인물'로 구성되어 있다. 이 두 주제 모두 책 바구니 수업으로 하기에 적합하다.

교과서에는 조사 학습의 방법으로 '문헌조사, 인터넷 검색, 면담, 답사' 네 가지 방법이 제시되어 있다.

코로나로 많은 활동이 제한된 시기에 면담과 답사는 현실적으로 어려웠다. 코로나가 아니더라도 전문가 면담은 시도하기 쉽지 않은 방법이었지만 답사는 현장 체험학습으로 학기당 한 번씩은 갈 수 있었고 이것을 수업과 연계하여 지도할 수 있었는데, 답사까지 포기하고 보니 시도해 볼 수 있는 조사 방법은 '문헌조사, 인터넷 검색' 둘 뿐이었다.

어쩔 수 없는 상황에서 가장 접근하기 쉬운 인터넷 검색 한 가지 방법만을 사용하기에는 아쉬움이 남는다. 늘 아이들에게 인터넷 조사보다도 책을 활용한 조사가 먼저라는 것을 강조했던 평상시 나의 지론에 따라 문헌조사를 위한 책들을 준비했다. '문헌조사'라는 용어가 교과서에 나온 김에, 이 조사 방법이 매우 중요하고 평생학습의 기반이 된다는 점도 강조했다.

─ 우리 지역의 문화유산

등교 수업과 온라인 수업을 병행하는 상황에서는 등교 수업일 때 문헌조사, 온라인 수업일 때 인터넷 검색 조사로 수업을 진행했다. 간단한 6쪽 미니북을 만들면 표지 빼고 4면의 지면이 생기는데, 각각 4가지의 유산을 골라 조사해서 소개하는 활동을 했다. 등교 수업 때 문헌조사로 절반 정도 완성해서 집으로 가져가고, 온라인 수업 때에는 인터넷 검색 조사로 나머지 절반을 채워 마무리하도록 했다.

인터넷 검색을 할 때, 한 학생이 말했다.

"선생님, 쓰여 있는 말들이 너무 어려워요. 무슨 말인지 몰라 그냥 베껴야겠어요."

"그렇죠. 인터넷 검색이 쉬운 것 같지만 나에게 딱 알맞은 정보를 찾는 것은 쉬운 일이 아니에요. 우리가 '정보의 바다에서 헤엄친다'는 표현을 쓰곤 하죠. 너무나 많은 정보가 있기 때문에 내 수준에 맞고 적절하며 정확한 정보를 찾기는 어렵다는 뜻이겠죠. 반면 책에는 정선된 정보가 있어요. 저자가 적절한 정보를 골라서 대상 독자의 수준에 맞추어 정리하는 작업을 거친 것이기 때문에 책을 가지고 조사하는 방법이 안전해요. 그래서 책을 활용한 조사를 더 많이, 자주 해 봐야 해요."

─ 우리 지역의 역사적 인물

이 주제 탐구 방법으로는 앞의 '문화유산'보다 문헌조사에 더 큰 비중을 두었다. 좋은 자료가 더 많기 때문이다. 일단 역사적 인물이니 위인전을 활용할 수 있다. 위인전은 어른들이 아이들에게 읽히고 싶어 하지만 막상 아이들은 잘 고르지 않는 책이다. 그래도 수업 시간에 활용하면 읽는다. 지역의 인물이라 범위가 한정적이니 책이 부족하지 않을까 걱정했지만, 문화유산 주제보다는 관련된 책이 더 많았다. '서울의 생활'

교과서에 나오는 인물 19명을 사서 선생님께 알려 드리고 위인전을 모아 달라고 부탁드렸더니 한 반 인원수 넘는 분량의 책을 담아 주셨다.

학생들에게도 집에 위인전이 있으면 가져오라고 안내했더니 몇 명이 가져와서 충분한 분량이 되었다. 이때 고학년용 위인전보다는 저학년용 위인전이 훨씬 유용하다. 두꺼운 책은 제한된 시간 내에 읽고 정리하기가 힘들기 때문이다. 아이들이 집에서 가져온 책들은 대부분 어릴 때 읽던 전집들 중에서 골라 온 책들이었는데 그것들도 꽤 도움이 되었다.

이 단원 수업을 위해서 만들어진 것 같은 책도 있었다. 『알려줘 서울 위인!』(이정주, 아르볼)이라는 책인데, 서울뿐 아니라 지역별로 나와 있다. 이 책을 각 반에 2권씩 사서 인물별로 분철했다. 다음 해에도 쓸 수 있으니 한 학급 인원수만큼 구입해도 괜찮을 것 같았지만 정해진 예산 안에서 다른 책들도 활용해야 하니, 이 책은 분철하는 수고로움을 감수했다. 위인전 읽기를 마친 후에는 분철 자료를 돌려 가며 읽었다.

분철한 자료들

문화유산 소개 자료를 먼저 미니북으로 만들어 보고, '지역의 역사'와 관련한 활동으로 '우리 지역의 역사적 인물 소개 자료'를 신문 형식으로 만들었다. 자신이 소개하고 싶은 인물을 골라 그동안 읽었던 위인전, 분철 책자 등 필요한 자료를 가져다가 참고하면서 인물 신문을 만들었다. 신문의 내용으로 인물의 프로필, 업적 소개 등을 기본으로 담고 인물의 뇌 구조 그리기나 역사 필름, 노래 가사 바꾸기 등의 특정 양식들을 출력해 두었다가 원하는 학생들이 가져가서 활용할 수 있도록 했다.

한국사

한국사는 교육과정이 바뀔 때마다 다루는 학년이 달라진다. 6학년 1학기에 지도한 적도 있었고 5학년 1, 2학기 1년에 걸쳐 나오기도 하더니 2015개정교육과정에서는 5학년 2학기에 고대부터 6.25전쟁까지, 6학년 1학기 1단원에서 현대사를 다룬다.

시중에 나와 있는 한국사 책은 매우 많은데, 아이들에게 꼭 읽히고 싶은 좋은 책들이 아주 많다. 교사와 학부모 입장에서는 '와, 나 어릴 때 이런 책들이 있었다면……!' 하는 생각도 들 것이다. 하지만 그건 어른들 생각이고 그 좋은 책들에 아이들은 그닥 눈길을 주지 않는다. 현실적으로 교사의 욕심만큼 읽히기는 어렵다. 그래서 나는 수업에서 주제별로 필요한 내용을 찾아서 읽는 방법을 선택했다. 그렇게 읽다가 관심 가는 책을 만나면 스스로 통독하게 되는 계기도 될 것이다. 해당 시기의 수업 주제에 필요한 역사책을 학급 인원수 이상의 분량으로 바구니에 담아 대출한다. 만약 지금 배우는 시대가 고려 시대라면 여러 시리즈의 역사책들 중에서 고려 시대만 골라서 바구니를 구성하는 식이다. 아이들은 주어진 과제를 해결하기 위해 필요한 책을 가져다 참고한다. 늘 강조했듯이 책에서 정보를 찾아 활용하는 능력은 인터넷으로 정보를 찾는 능력보다 우선해서 지도해야 할 능력이라고 생각하기 때문에, 이 신념에 따라 가능한 모든 주제를 일단 책에서 찾도록 했다. 실제로 이렇게 지도하여 수업하면 아이들은 모르는 것이 생겼을 때 학급문고나 도서관을 찾는 모습을 보인다. 이러한 습관이 쌓이고 쌓여 평생학습의 기반이 될 것이다.

— 한국사 주제 탐색(삼국의 문화/삼국통일과 발해/고려의 문화)

'삼국의 문화'를 주제로, 삼국의 문화를 소개하는 활동을 해 볼 수 있다. 모둠원 4명이 고구려, 백제, 신라, 가야의 네 나라를 하나씩 맡아 그 나라의 문화에 대하여 탐구하게 한다. 간단한 보고서로 정리한 후 모둠 내 직소학습으로 자신이 조사한 내용을 모둠원들과 나눈다. 자신이 맡은 나라에 대해서는 질문에 답할 수 있도록 책임 있게 준비하도록 한다.

'삼국통일과 발해의 건국 인물 조사하기'를 주제로 김유신, 김춘추,

보물 창고 도서관에서 찾은 어린이책 활용 수업

문무왕, 대조영 네 인물을 모둠원이 각각 한 사람씩 맡아 조사한 후 모둠원끼리 내용을 서로 나누고 한 장의 색상지에 조사한 내용을 붙여 신문으로 완성한다.

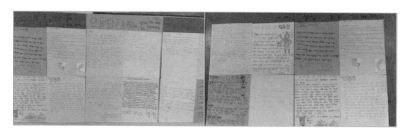

'고려의 문화'를 주제로 할 경우, 고려의 문화재와 이를 통해 알 수 있는 고려 문화의 우수성을 책을 통해 탐색하고 조사해 본 후 고려 문화 미니북을 만드는 활동을 해 볼 수 있다.

— 역사 동화 활용

역사는 그 어떤 주제보다도 정확한 사료를 가지고 접근해야 하지만, 역사적 공감이라는 의미에서는 동화로 접근하는 것도 괜찮다고 생각한다. 언젠가 아이들과 '밤에 하는 드라마를 초등학생이 봐도 좋은가?'라는 주제로 찬반 토론을 한 적이 있는데, 그때 찬성 팀의 근거가 '역사 드라마는 역사 공부에 도움이 된다'였고, 반대 팀의 반박은 '드라마는 허구이니 오히려 잘못된 역사 지식을 가질 수 있다'였다. '역사 동화를 역사교육에 도입할 것인가?'도 이와 비슷한 맥락의 논란이 있을 수 있다. 역사는 사실적 접근이 중요하지만 초등학생들에게는 감성적 접근도 중요하다고 생각하기 때문에, 역사 동화를 읽는 활동이 역사 공부 면에서도 괜찮다고 생각한다.

10여 년 전부터 역사 동화가 눈에 띄게 나오기 시작하더니 지금은 수십 권의 목록을 작성할 수 있을 만큼 많다. 사서 선생님께 역사 동화를 모아 달라고 하면 한 반 분량 이상은 충분히 나올 것이다.

역사 동화를 통해 역사에 다가가는 방법을 크게 두 가지로 나눠 볼 수 있다. 첫째, 해당 학년에서 배우는 시대와 사건이 나오는 책으로 학급 전체가 같은 책을 읽으며 그 시대를 느끼고, 좀 더 심화할 부분은 조사 학습을 해 가며 공부하는 방법이다. 이 방법은 '온작품 읽기'에 해당된다.

둘째, 특정 책이나 시기를 정하지 않고 개인이 책을 골라 읽고 활동하는 방법이다. 책을 고르고, 읽고, 내용을 파악하고 역사 지식으로 발전시키는 과정이라 시간이 꽤 걸린다. 어느 해 학년별로 주제를 정해 진행했던 학교 독서 행사에서 우리 학년은 이 주제로 활동했던 적이 있다. 책 읽기는 독서 행사보다 훨씬 앞서 시작해야 한다. 각자 역사 동화를 한 권씩 읽는 기간을 정해 준 후 다음과 같이 내용을 정리해 본다.

① 책 제목, 작가, 출판사
② 책의 줄거리
③ 책의 배경이 된 시대와 사건

보물 창고 도서관에서 찾은 어린이책 활용 수업

④ 책의 인물 중 실존했던 역사 인물

이렇게 정리한 내용 중에서 시대 배경과 인물, 사건에 대해서 좀 더
자세히 조사해 본다. 역사책, 인터넷 등 다양한 방식을 사용해 조사 학
습을 한다. 마지막으로, 책의 내용과 조사한 내용을 보기 좋게 구성하여
독서 신문을 만든다. 학교 행사로 진행했기 때문에 도서관에 전시를 했
는데, 반응이 꽤 좋았다.

위의 활동들을 통해서 아이들은 역사를 박제된 것으로 느끼지 않고
그 시대에도 우리와 같은 사람들이 있어서 생각하고 느끼고 갈등하고

091

행동했으며, 어떤 역사 인물이 그 시대에 살았고 그 시기에 일어난 사건은 구체적으로 무엇인지에 관심을 갖고 스스로 찾아보기에 이르렀다. 이와 같이 역사 동화를 활용한 역사 수업은 비록 과정이 어렵기는 해도 매우 의미가 있다.

개인 활동에 머무르지 않고 협력학습이 될 수 있도록 연극을 한다거나 UCC를 만드는 활동을 해 봐도 좋겠다. 정적인 활동으로 끝나지 않고 역동적인 활동이 될 수 있게 역사 동화 속의 역사적 사건을 책에 나오는 인물과 대사를 활용해서 일부분을 연극으로 만드는 수업은 아주 흥미로울 것 같다. 단, 역사 동화 중에서 특정 역사 사건을 소재로 하지 않은 작품도 있으니 그건 좀 살펴보고 정해야 할 것이다. 반드시 역사 사건이어야 하는 게 아니라면 어떤 책이든 상관없을 것이다.

― 역사 동화 참고 도서

	제목	배경(시대)	저자	출판사
1	서찰을 전하는 아이	조선(동학농민운동)	한윤섭	푸른숲주니어
2	옹주의 결혼식	조선 초기(숙신옹주)	최나미	푸른숲주니어
3	첩자가 된 아이	고려(삼별초항쟁)	김남중	푸른숲주니어
4	왕자 융과 사라진 성	백제	박효미	푸른숲주니어
5	서라벌의 꿈	신라	배유안	푸른숲주니어
6	나는 비단길로 간다	발해	이현	푸른숲주니어
7	오월의 달리기	5.18 민주화운동	김해원	푸른숲주니어
8	명혜	일제강점기	김소연	창비
9	꽃신	조선	김소연	파랑새어린이
10	남사당 조막이	조선	김소연	뜨인돌어린이
11	백산의 책	조선(허균)	하은경	낮은산
12	아미동 아이들	일제강점기, 6.25전쟁	박현숙	국민서관
13	나는 바람이다 1~11	조선(하멜의 표류)	김남중	비룡소

14	마음을 배달하는 아이	조선(개화기)	장은영	아이앤북
15	초정리 편지	조선(한글 창제)	배유안	창비
16	창경궁 동무	조선(정조)	배유안	푸른숲주니어
17	화룡소의 비구름	조선(관동별곡)	배유안	한겨레아이들
18	김금이 우리 누나	일제강점기	장경선	우리교육
19	실록을 지키는 아이	조선(임진왜란)	이향안	현암사
20	시간의 책장	조선 후기(정조)	김주현	만만한책방
21	백제 최후의 날	백제	박상기	비룡소
22	별난 양반 이선달 표류기 1~3	조선 중기	김기정	웅진주니어
23	마사코의 질문	일제강점기	손연자	푸른책들
24	1940년 열두 살 동규	일제강점기	손연자	계수나무
25	책과 노니는 집	조선 후기(천주교 탄압)	이영서	문학동네
26	마지막 왕자	신라(후삼국시대)	강숙인	푸른책들
27	아, 호동왕자	고구려	강숙인	푸른책들
28	압록강은 흐른다	일제강점기	이미륵	다림
29	제암리를 아십니까	일제강점기	장경선	푸른책들
30	궁녀학이	조선	문영숙	문학동네
31	무덤 속의 그림	고구려	문영숙	문학동네
32	노근리, 그 해 여름	6.25전쟁	김정희	사계절
33	어린 임금의 눈물	조선(단종)	이규희	파랑새어린이
34	오월의 어린 시민군	5.18 민주화운동	양인자	위즈덤하우스
35	조선특별수사대 1, 2	조선	김해등	비룡소
36	꿈꾸는 수렵도	고구려	권타오	샘터
37	진짜 선비 나가신다	조선	한정영	샘터
38	조선의 나그네 소년 장복이	조선(박지원)	김종광	샘터
39	오늘도 개저녁기는 성균관에 간다	조선	최영희	푸른숲주니어
40	조광조와 나뭇잎 글씨	조선(기묘사화)	김영주	푸른숲주니어
41	문신의 나라 무신의 나라	고려(무신정변)	홍기운	푸른숲주니어
42	덕이의 행주대첩	조선(임진왜란)	양지안	푸른숲주니어
43	독립신문을 읽는 아이들	일제강점기	문미영	푸른숲주니어
44	백제의 신검 칠지도	백제	손주현	푸른숲주니어
45	진주성을 나는 비차	조선	박형섭	파란자전거
46	책 깎는 소년	조선	장은영	파란자전거
47	귀신 잡는 감찰 궁녀	조선	손주현	파란자전거

48	새 나라의 어린이	광복 이후(반민특위)	김남중	푸른숲주니어
49	모르는 아이	제주4.3	장성자	문학과지성사
50	너의 운명은	일제강점기	한윤섭	푸른숲주니어
51	담을 넘은 아이	조선	김정민	비룡소
52	바람을 달리는 아이들	개화기	신지영	서유재
53	강을 건너는 아이	조선(세조)	심진규	천개의바람
54	해녀, 새벽이	일제강점기	최봄	단비어린이
55	5월, 그 푸르던 날에	5.18 민주화운동	김현희	단비어린이
56	격쟁, 꽹과리를 울려라!	조선	서성자	현암주니어
57	대한 제국이 사라진 날	일제강점기	이규희	바우솔
58	1930, 경성 설렁탕	일제강점기(개화기)	조은경	머스트비
59	헤이그로 간 비밀 편지	일제강점기	윤자명	스푼북
60	그해 유월은	6.25전쟁	신현수	스푼북
61	사월의 노래	4.19	신현수	스푼북
62	장진호에서 온 아이	6.25전쟁	이규희	스푼북

ㅡ 역사 동화 참고 서평

너의 운명은 한윤섭/푸른숲주니어

역사 동화의 새 장을 열었던 '푸른숲 역사동화' 중 하나다. 발간됐을 때 화제작이었던 걸로 기억하는데 몇 달이 지나서야 읽어 봤다. 내용이 무거워 보이고 읽는 데 오래 걸릴 것 같은 예상은 빗나갔다. 앉은자리에서 정신 차려 보니 어느새 책의 후반부였다.

삯바느질을 하는 엄마의 11살 아들 수길. 아무것도 하지 않고 엄마가 근근히 얻어다 주는 밥만 먹고 지내던 작고 연약한 수길이 어느 날부터 산에서 나뭇짐을 해 나르며 움직이기 시작했다. 자신의 '운명'을 개척하기 시작한 걸까. 아이는 "팔자를 바꾸고 싶다."고 했다. 다른 말로는 "암흑에서 벗어나고 싶다."고도 했고. 그 시기는 봉건제도가 마지막 위세를 떨치던 조선 말기였고, 일제가 침입해 수탈하던 때이기도 했다. 그때나 지금이나 세상엔 암흑이 있다. 개인의 암흑도 시대의 암흑도 있다. 노력해서 그 암흑을 벗어날 수 있다면 그 사회는 살 만한 세상일 것이다. 지금, 우리는 어떠한가? 쉽게 말할 수가 없다. 분명히 세상은 좋아졌고, 편해졌고, 생명의 위협과 굶주림은 줄어들었지만 암흑이 사라졌다고 볼 수는 없을 것 같다. 어쨌든 이 책의 배경은 역사상 그 암흑이 가장 깊었던 시대라고 생각한다. 신분제도가 엄연히 남아 있어 태생의 한계를 절대 뛰어넘을 수 없다는 점이 수길을 절망케 했지만, 그래도 수길이 운명을 개척하는 데는 다양한 계층 사람들의 조력이 있었다. 그중에는 장터의 칼갈이 아저씨도, 마을 최고의 부자 양반과 그의 손자도, 보잘것없는 나뭇짐을 받고 글을 가르쳐 준 선비도 있었다. 이들은 때로는 각성으로, 때로는 교육으로, 때로는 입에 풀칠하는 데 필요한 것으로 소년의 앞길을 비춰 주었다. 조력이 없다면 혼자서 길을 밝히진 못했을 것이다. 하지만 인간이 역경을 스스로 떨치고 일어나는 데에는 스스로의 내면의 힘이 가장 크다. 소년의 경우엔 얼굴도 모르는 아버지에게 이어져 온 내력이 아닐까 싶다. 이 책에서 중요한 소재 중 하나는 '무덤'(묘자리)인데, 아버지의 죽음에 대해 함구하던 어머니가 결국 아들을 데리고 간 곳은 을사의 병 때의 격전지였다. 무덤은 컸다. 전사자들이 한꺼번에 묻혔기 때문이다.

역사 동화지만 이 책에는 실존했던 역사 인물이 그대로 등장하지는 않는다. 그러나 완전한 허구라고 보이지도 않으며 어느 정도 실제 인물에 대입이 가능하다. 안부자 가문은 이회영 일가를 연상시키고, 결국 이 일가를 따라 만주행에 동참하는 수길은 신흥무관학교의 무명 병사를 떠올리게 한다. 수길의 첫걸음이 이 책의 마지막 장이다. 거기까지의 과정만으로도 이 책은 꽉 채워져 있고 한달음에 읽혔다.

어떤 시대든 사람들이 자기 삶을 선택하는 방향은 갖가지다. 어떤 선택이 옳았는지 정답은 없겠지만 후대가 보았을 때 귀하게 여겨지는 선택은 있는 법이다. 수길이 선택한 길, 그가 받아들인 '운명'이 그를 어떤 길로 몰고 갔는지는 책에 나오지 않는다. 나는 남편을 일찍 보낸 엄마가 아직 새파랗게 어린 아들까지 떠나보내던 그 새벽밥을 생각하면 가슴이 아린다.

내가 느끼기엔 치열한 전투나 피맺힌 수탈의 현장이 묘사된 이야기도 많은 것을 느끼게 하지만 한 소년의 생각과 실행을 쫓아간 이 조용한 이야기도 그에 못지않게 울림이 큰 것 같다. 이 책을 아이들과 읽어 볼 기회가 있으면 좋겠다. 그 시대와 차원은 다르지만 또 다른 의미에서 '암흑'일 수도 있는 이 시대에, 수길처럼 자신의 운명을 찾아 전진하는 아이들이 되면 좋겠다. 나도 자신 없는 일이지만 말이다.

바람을 달리는 아이들 신지영 / 서유재

아주 특별한 콘셉트의 역사 동화를 읽었다. 앞뒤로 뒤집어 읽는 책.『장 꼴찌와 서 반장』(송언, 잇츠북어린이) 같은 동화가 이런 구성이었는데 흔치 않은 구성이다. 정보를 모르고 무심코 집어 조금 읽다가 나중에 다시 잡고는 어리둥절했다. 분명히 몇 장 읽었는데 왜 처음 보는 것 같지? 다시 보니 거꾸로 잡은 것이었다. 앞서 말한 다른 책들처럼 이 책도 두 아이 각각의 시점에서 서술되다가 중간에서 딱 만난다.

두 아이는 많이 다르다. 복남이는 시골 동네 천민의 아들이다. 윤이는 한양에서 알아주는 양반 가문의 딸이다. 그러나 공통점도 있다. 둘 다 '바람을 달리는 아이들'이라는 것이다.

때는 개화기이자 일제가 마수를 뻗치던 시기, 을미사변(1895년), 아관파천(1896년) 등의 사건이 책 속에 나온다. 신식 학교가 생겨나고 세상은 변화에 눈떠 가지만 뿌리 깊은 신분제도는 여전히 위세를 떨치고 기득권을 가진 양반들은 변화를 거부한다.

그런 시대에 두 아이는 세상에 맞서며 달린다. 실제로도 '달린다'. 복남이는 동네 아이들의 괴롭힘을 피해 도망 다니다가 달리기의 재능을 발견했다. 수방도가에 들어가는 것을 목표로 물지게 나르기 연습을 하던 중 이용익 어른을 만났다.(이분은 실존했던 인물) 다리를 다친 어른을 대신해 연락책 심부름을 하고 신임을 얻는다. 언제나 당당하지만 대책 없이 큰소리만 내는 게 아니라 자신을 성장시키려 최대치의 노력을 기울이며 순간의 감정에 휩쓸리지 않고 참을 줄 아는 복남이의 모습이 믿음직하다. 윤이와의 만남은 한양의 수방도가 대회장에서.

윤이는 여느 양반 댁 규수와는 다른 활기와 호기심으로 행랑어멈의 골칫거리. 양장을 하고 신식 학교에 다니는 남동생을 부러워하며 간혹 부모님 몰래 동생의 옷으로 남장을 하고 세상 구경을 나온다. 사당패 구경을 나온 길에 일본의 만행을 고발하는 마당극을 보고 아수라장 속에서 위기를 겪기도 한다. 윤이는 중요한 두 번의 순간에 복남이를 만났다. 첫 번째는 수방도가 대회를 구경 갔다가(이때 윤이는 바람같이 뛰어다니다가 복남이랑 부딪쳤다.). 두 번째는 남장을 하고 나갔을 때 얼떨결에 쫓기는 사당패의 중요한 편지 심부름을 맡았다가. 그리고 마지막 세 번째는 윤이가 복남이를 찾아 달린다. 그리고 악수를 청한다. 많은 관습과 금기를 한꺼번에 깨는 순간이다.

역사 동화는 기본적으로 어느 정도 독서 수준이 되어야 읽기가 가능하기 때문에 대부분 고학년용으로 분류할 수밖에 없다. 그런데 이 책은 4학년 정도에게 권해도 크게 무리가 없겠다. 일단 양쪽에서 시작되니 각 편의 호흡은 짧은 편인데다가 주인공들이 아이들 시선에도 매력적이고 친근할 것 같다. 다르게 말하면 '친해지고 싶은 책 속 인물'.

일제가 침략하는 시기이니 시대 배경은 답답하고 고난으로 가득차 있지만, 비참함보다도 희망과 가능성을 보여 주는 게 이 책의 매력인 것 같다. '바람을 달리는' 두 아이를 통해서 독자들은 시대를 극복하는 에너지를 느낀다. 훨씬 좋은 시대에 살고 있는 우리 아이들이 자신과 세상의 가능성에 대해서 좀 더 마음을 열었으면 좋겠다. 책 중 두 아이의 대화에서 나온 말과 같이.

"가능하다고 생각하고 그렇게 움직이는 게 중요해요. 설령 그게 이루어지지 않는다고 하더라도."

나는 개인적으로 배우고 싶어 하는 아이들의 열정에 가장 큰 울림을 느꼈다. 노비 출신 복남이든, 양반집 딸 윤이든 새로운 배움 앞에서 설레고 감동하는 모습이 가장 인상적이었다. 지금 우리 앞에 이런 설레는 배움이 있을까. 다양화된 사회니 개인에 따라 내용도 층위도 갖가지겠지. 저런 배움의 설렘이 있다면 행복한 인생 아닐까? 지금의 아이들은 어떻게 그런 설렘을 갖고, 바람을 달리는 아이들이 될 수 있을까 그런 생각을 해 보았다.

기후 위기

아이들과 온작품 읽기로 『랑랑별 때때롱』(권정생, 보리)을 읽다가 '기후 위기'를 주제로 한 수업을 해도 좋겠다 생각했다. 이 책은 랑랑별의 아이들이 지구의 새달이 형제에게 교신을 보내 서로 이야기를 주고받다가 새달이 형제가 몇몇 동물들을 데리고 랑랑별에 방문하게 된다는 이야기다. 방문한 랑랑별은 지구의 몇십 년 전 시골 모습 같다. 하지만 랑랑별의 비밀이 있었으니…… 도깨비 옷을 입고 500년 전 과거로 돌아가는데 그곳은 우리가 상상하는 미래 세상의 모습과 닮아 있다. 로봇이 거의 모든 일을 하고 유전자조작 아이가 태어난다. 랑랑별 사람들은 그 세상을 포기하고 500년이나 걸려 소박한 지금의 모습으로 돌아온다. 이 책에서 기후 위기를 직접적으로 강조하지는 않았지만 우리 지구가 질주를 멈추고 뒤를 돌아봐야 할 필요가 있다는 점에서 권정생 선생님이 주는 시사점은 중요하다고 생각된다.

『차일드폴』(이병승, 서유재)은 기후 위기를 정면으로 다룬 책이다. 10여 년 전에 발간되었다가 개정판으로 다시 나왔는데 매우 신선하고 시의적절하다. 배경은 기후 위기가 현실로 다가와 온갖 재난들이 닥쳐오는 가까운 미래고, 어린이 대통령을 뽑는다는 다소 황당한 설정과 벌어지는 사건들이 흥미진진한 내용이다. 그리고 『엄마가 개가 되었어요』(김태호, 서유재) 중 「사냥의 시대」 라는 단편도 비슷한 맥락의 주제를 갖고 있다.

이 세 권의 책을 묶어서 모임을 함께하는 선생님들께 소개하면서 "교육은 아이들이 살아갈 세상에서 가장 필요한 것을 다뤄 줄 필요가 있지 않겠나. 그렇다면 우선순위가 기후 위기일 것 같은데, 이 책들을 같이 읽을 수는 있지만 뭘 가르쳐야 할지는 모르겠다. 나도 아는 게 없어서. 환경학자들도 말이 서로 다른 것 같다."는 이야기를 나눈 적이 있다. 좀 더 알아봐야겠다는 결론으로 이야기를 마무리하고 『최종경고 : 6도의 멸종』(마크 라이너스, 세종서적)이라는 책을 읽었다. 이 책은 400쪽이 넘는 성인용 책이고 수업 내용을 위한 배경지식을 얻기 위해 읽었다. 1℃ 상승 → 6℃ 상승으로 가는 공포 증폭형 종말 계시록 같은 구성으로 되어 있다. 예언서와 다른 점은 실측한 데이터와 연구 결과를 바탕으로 서술한다는 점이다. 내용이 다소 충격적이었고 뒤로 갈수록 공포감이 생기면서 이런 세상에 절대 태어나고 싶지 않다는 생각까지 들었다. 이 책의 내용 전부를 받아들이지 않는다 해도 분명한 사실은 있다. 2015년에 체결된 유엔 파리 협정에서 정한 마지노선이 1.5℃인데 1℃는 이미 넘었기 때문에 이제 0.5℃를 지키기 위해 각고의 노력을 기울여야 한다는 것. 그 노력은 탄소 배출량을 대폭 줄이는 것인데, 협정 이후에도 줄어들기는커녕 매년 최고치를 경신한다고 하니 이 책의 2장 '2℃ 상승'으로 넘어가는 것은 시간 문제란 뜻이 아닌가. 이런 상황에서 우리가 다룰 가장 중요한 이슈가 이것 말고 무엇인가 싶은 생각이 들었다. 교과와 연계하여 수업할 수 있는 단원을 찾아보니, 6학년 2학기 사회 '지속가능한 지구촌', 5학년 2학기 과학 '생물과 환경', '날씨와 우리 생활', 4학년 2학기 국어 '의견이 드러나게 글을 써요', '생각하며 읽어요' 단원에서 다룰 수 있을 것 같다. 그 외 도덕이나 창체 등 교사가 재구성하기에 따라 어느 교과에서든 다루기에 무리는 없을 것 같다.

기후 위기와 관련하여 학생들과 다음과 같은 수업을 해 보는 것도 좋겠다.

① 책을 읽고 문제상황을 파악하고 공유하는 일이 가장 중요할 것 같다. 상황의 심각성을 깨닫고 해결 방법을 찾아보고 가능한 실천 사항을 정해 본다.

② 다양한 표현활동을 한다. 국어 시간이라면 글을 쓰고 미술 시간이라면

포스터를 그릴 수 있다. 통합하여 신문 형태로 만들 수도 있다.

③ 전시나 홍보 활동 등으로 이어 갈 수 있다.

─ 기후 위기 참고 도서

	책 제목	저자	출판사
1	선생님, 기후 위기가 뭐예요?	최원형	철수와영희
2	왜요, 기후가 어떤데요?	최원형	동녘
3	이상한 기후, 그래서 우리는?	크리스티나 헬트만	픽
4	기후 악당	박수현	내일을여는책
5	거꾸로 환경시계 탐구생활	박숙현	파란자전거
6	찌푸린 지구의 얼굴 지구 온난화	허창회	풀빛
7	미래가 온다, 기후 위기	김성화, 권수진	와이즈만북스
8	초등학생이 알아야 할 참 쉬운 기후 위기	앤디 프렌티스 외	어스본코리아
9	기후 위기 안내서	안드레아 미놀리오	원더박스
10	자연의 마지막 경고, 기후 변화	김은숙	미래아이
11	날씨가 이상해요	이현숙	다림
12	기후 변화에 관심을 가져야 하는 12가지 이유	조소정	단비어린이
13	기후 변화 쫌 아는 10대	이지유	풀빛
14	뜨거운 지구를 구해 줘	한나 스콧	풀빛
15	위험해지는 날씨 기후변화	한나 윌슨	생각하는책상
16	뜨거워진 지구, 미래가 위험해요!	루이스 스필스베리	녹색지팡이
17	초등학생이 알아야 할 지구 환경과 기후 변화 100가지	로즈 홀 외	어스본코리아
18	지구를 망치는 기후 악당을 잡아라!	모니크 페르묄런 외	토토북
19	기후 변화가 내 탓이라고?	앨리스 하먼	그레이트북스
20	십대를 위한 기후변화 이야기	반기성	메이트북스
21	이젠 멈춰야 해! 기후 변화	공우석, 김소정	노란돼지
22	기후 변화 이야기- 지구가 점점 뜨거워진다고?	캐서린 바 외	노란돼지

선생님, 기후 위기가 뭐예요? 최원형/철수와영희

『랑랑별 때때롱』을 학급 아이들과 온책 읽기로 읽었다. 그 후 몇몇 선생님들과 줌 모임을 하면서 결과를 공유했다. 그때 나눈 이야기 중 이 리뷰 주제와 관련된 이야기 만 하자면, 작가는 책을 통해 지구의 미래에 대한 경고를 하고 있다는 것이다. 랑랑별 의 500년 전 모습이 우리가 그리는 인류의 미래 모습이고, 랑랑별이 500년 걸려 회복한 세상은 우리들 조부모님, 부모님 세대의 세상이라는 내용은 우리 지구도 돌이켜야 한 다는 것을 강하게 시사한다. 돌이켜야 할 문제로 권정생 선생님은 '로봇이 일하는 세 상', '맞춤 아이가 태어나는 세상'을 묘사했지만 그보다 더 시급한 것은 기후 위기가 아 닐까 생각했다. 『랑랑별 때때롱』에도 왕잠자리가 환경오염 때문에 지구를 떠나고 싶 어 하는 내용이 나오니 충분히 연결 가능한 내용이다.

　줌 모임 선생님들과의 이야기는 '기후 위기에 대한 수업이 가능할까? 어떻게 할 수 있을까?'로 나아갔다. 들리는 이야기들은 어디까지가 사실인가? 기후 위기는 과장됐 다는 주장을 하는 책도 있던데 누구 말이 맞는 건가? 개인이 재활용을 잘한다거나 하 는 정도는 아무 소용이 없고 종이컵 안 쓰겠다고 남발하는 텀블러들이나 비닐봉지 쓰 지 말라고 마구 나눠 주는 에코백들이 더 문제라는데 어떻게 해야 하는 걸까? 우리가 흔히 실천 사항으로 지도하는 것들은 실제론 너무 미미해서 아무 영향이 없고, 바다의 문제도 빨대 정도가 아니라는데 어떻게 지도해야 하나? 그런 얘기들이 오갔다. 좀 더 알아봐야겠다는 결론으로 마무리하고 나서 서평 이벤트를 진행하는 『최종경고: 6도 의 멸종』를 읽게 되었다. 읽다 보니 이 책의 어린이 버전도 있으면 좋겠다는 생각이 들 어서 찾아보니 이미 많이 나와 있었다. 1도~6도로 가는 공포 증폭 구성은 아니지만 내 용상으로는 유사한 게 많았다. 관련 책들을 찾아 몇 권 대출했는데, 가장 먼저 읽은 것 이 『선생님, 기후 위기가 뭐예요?』(최원형, 철수와영희)였다. 저자는 『라면을 먹으면 숲 이 사라져』(최원형, 책읽는곰)를 쓰신 분이다. 환경문제 전반을 흥미로운 구성으로 담은 그 책도 참 좋았는데, 기후 위기에 초점을 맞춰 쓴 이 책도 아주 좋다. 고학년용이지만 두껍지 않고 챕터를 많이, 내용은 적게 구성해서 아이들과 함께 읽기 좋게 되어 있다. 챕터는 35개고, 각 챕터는 질문으로 되어 있어 흥미를 끈다. "1.5도 이상 오르면 사람 도 멸종되나요?", "극지방의 빙하가 얼마나 남아 있나요?" 이런 식이다.

환경 관련 수업의 가장 큰 딜레마는 '실천'이다. 이 책에도 실천 관련 챕터가 있긴 하다. 하지만 실천과 관련해서는 좀 더 많은 책을 보는 게 좋을 것 같다. 일단 기후 위기에 대해 정확한 정보를 갖고 현재 우리의 상황을 아는 것이 매우 중요하니 이 책으로 시작을 해 보는 것도 좋겠다. 5, 6학년 교실에선 충분히 가능할 것 같다.

지구촌 문제

6학년 2학기 사회에는 '통일 한국의 미래와 지구촌의 평화' 단원이 있다. 국제분쟁 문제, 빈곤과 기아 등 지구촌 문제와 관련한 주제로 책 바구니를 구성해 봐도 좋겠다. 만약 온작품 읽기와 연계한다면, 『나는야 베들레헴의 길고양이』(데보라 엘리스, 책속물고기)를 활용하면 어떨까? 두 공간 사이를 넘나드는 서사 중 한 공간이 이스라엘-팔레스타인 분쟁지역이다. 세계의 문제에 관심을 갖고 작품에 반영하는 데보라 엘리스의 책은 내용도 매우 흥미로워서 5, 6학년 수업에 적용하기 적당하다. 세계 곳곳에는 갈등의 골이 깊어 해결하기 어려운 분쟁지역들이 있다. 가끔 뉴스로 스치듯 들려오는 단어들이 있기는 하지만 우리는 정확한 사실을 잘 알지 못한다. 그래도 우리가 살아가는 세상이 어떻게 돌아가고 있는지를 아는 것이 중요하기 때문에 초등학교 교육과정에도 있는 것 아닐까? 이런 내용의 조사 학습에 도움이 될 만한 책들도 많이 있다.

코로나 상황에서는 등교나 모둠 활동이 어려워서 시도해 보진 못했지만, 대면 수업에서는 다음과 같은 방법으로 수업해 보면 좋겠다.

① 책을 골라 읽으며 지구촌 분쟁 지역들과 그 상황을 파악한다.

② 세계지도로 '분쟁지역 지도'를 만들어 본다.

③ 개인이나 모둠이 한 지역씩 맡아서 조사한다.

④ 조사한 내용을 보여 주며 발표하는 시간을 갖는다.

(6학년 국어에 다양한 매체를 이용하여 발표하는 단원이 있다. 통합하여 수업을 구성하면 시간을 아끼고 효율을 높일 수 있다.)

⑤ 분쟁지역 조사 수업에서 난민, 빈곤, 기아 등의 문제로 확장해 간다.

─ 지구촌 문제 참고 도서

국제분쟁

	제목	저자	출판사
1	지구촌 슬픈 갈등 탐구생활	이두현 외	파란자전거
2	바람 잘 날 없는 지구촌 국제 분쟁	묘리	뭉치
3	귀에 쏙쏙 들어오는 국제 분쟁 이야기	이창숙	사계절
4	초등 통째로 이해되는 세계사 10 : 국제 분쟁과 현대 사회	김상훈	가나출판사
5	선생님이 들려주는 분쟁 이야기 1, 2, 3	박신식 외	생각하는책상

기타_난민, 빈곤, 기아, 종합적 내용

	제목	저자	출판사
1	난민-왜 목숨 걸고 국경을 넘을까?	박진숙	풀빛
2	석유 에너지-전쟁을 일으키는 악마의 눈물	이필렬	풀빛
3	식량 불평등-남아도는 식량, 굶주리는 사람들	박병상	풀빛
4	아동 노동-세계화의 비극, 착취당하는 어린이들	공윤희 외	풀빛
5	환경 정의-환경 문제는 누구에게나 공평할까?	장성익	풀빛
6	빈곤-풍요의 시대, 왜 여전히 가난할까?	윤예림	풀빛
7	혐오와 인권-혐오 표현이 왜 문제일까?	장덕현	풀빛
8	평화-평화를 빼앗긴 사람들	정주진	풀빛

9	다문화 사회-다양성을 존중하는 우리	윤예림	풀빛
10	세계 시민-참여와 실천으로 세상을 바꾸다	장성익	풀빛
11	우리 밖의 난민, 우리 곁의 난민	메리 베스 레더데일	보물창고
12	우리가 세상을 바꿀 거예요	공윤희	창비교육
13	선생님, 세계 시민이 되려면 어떻게 해야 해요?	정주진	철수와영희
14	이 세상에 어린이가 100명이라면	크리스토프 드뢰서	청어람아이
15	세상에서 가장 슬픈 여행자, 난민	하영식	사계절
16	세계의 빈곤, 게을러서 가난한 게 아니야!	김현주	사계절
17	지구촌을 개척하는 아이들	안명철	주니어골든벨
18	난민 이야기	수잔 섀들리히	니케주니어
19	나도 난민이 될 수 있다고요?	베랑제르 탁실	개암나무
20	누구나 기회가 필요해-빈곤	루이스 스필스베리	라임
21	위아더월드, 도움의 손길이 필요해요, 세계 빈곤 아동	최형미	뭉치
22	함께 사는 지구니까!	전대원	토토북

분쟁, 난민을 다룬 문학작품

	제목	저자	출판사
1	난민 말고 친구	최은영	마주별
2	난민 소녀 주주	치으뎀 세제르	한울림어린이
3	난민, 세 아이 이야기	앨런 그라츠	밝은미래
4	불법자들	오언 콜퍼 외	밝은미래
5	돈가스 안 먹는 아이	유혜진	책읽는달
6	나만 없는 우리나라	곽지현 외	내일을여는책
7	누구든 오라 그래	정복현	서유재
8	난민 전학생 하야의 소원	카상드라 오도넬	토토북
9	열한 번째 거래	알리사 홀링워스	가람어린이
10	난민 소년과 수상한 이웃	베아트리스 오세스	꿈꾸는섬
11	시리아 난민 이야기	돈 브라운	두레아이들
12	우리 학교에 시리아 친구가 옵니다	카트린느 마쎄	천개의바람
13	징검다리	마그리트 루어스	이마주
14	나는야 베들레헴의 길고양이	데보라 엘리스	책속물고기
15	브레드 위너 1~4	데보라 엘리스	나무처럼

난민 소년과 수상한 이웃 베아트리스 오세스/꿈꾸는섬

난민에 대한 책을 읽기가 좀 망설여졌다. 몇 해 전 예멘 난민이 대거 입국했을 때 내가 온전히 그들 편에 서기보다는 유보적인 입장이었기 때문이었다. 나는 그때 어떤 곳에도 의사 표현을 한 적이 없었지만 생각으로라도 내가 그런 입장에 있었다는 게 지금까지도 좀 꺼림칙한 느낌으로 남아 있다. 다시 그런 상황이 와도 자신 있게 판단은 못 내릴 것 같다. 원론은 있고, 그걸 알고도 있지만 세상은 워낙 복잡하니까. 그냥 잘 분별했으면 좋겠다는 막연한 의견인데 그게 쉽다면 문제도 아니겠지.

내가 (비교적) 편하니 내 눈에 보이지 않는 극한의 상황에 있는 사람들의 모습을 굳이 보지 않으려 한다. 내가 어쩔 수도 없는 일들을 알아서 뭐하나 싶은 태도를 아이들에게서도 보게 된다. 그럴 때마다 뜨끔하다. 그래도 그건 아니구나, 아이들을 보면서 내 모습을 다시 돌아본다. 기득권이 된다는 건 참 무서운 일이다. 밑창은 언제든 빠질 수 있는데 우리는 영원히 빠지지 않을 것처럼 마음의 끈을 놓아 버린다. 이런 면에서 나 스스로 경계하는 건 중요하겠다. 그래서 이런 책도 읽어 봐야 한다.

이 책의 제목은 평범한데 내용은 그렇지 않다. 초반부에서는 어리둥절하다가 중반부로 넘어가면서는 감탄하게 된다. 와, 이런 내용을 이렇게 풀다니? 참신하다, 경쾌하다, 엉뚱하다, 특이하다, 신선하다 등 여러 수식어를 붙일 수 있겠다. 난민 소년의 구구절절한 사연에 집중하지 않고, 이웃과의 교감에 집중했다. 이야기의 대부분은 법정 장면이었다. 판사와 변호사, 검사와 증인들이 등장했다. 대체 무슨 일일까?

오마르는 난민 보트에 탔다가 바다에서 부모님을 잃고 홀로 육지에 도착한 소년이다. 난민 보호소에서 나와 변호사인 마리네티 할머니의 집에 들어간다. 말하자면 불법 이탈인 것이다. 그런데 이 변호사님, 법정에서 이 소년을 '호두'라고 주장하며 '사적재산 보호법'에 따라 자신에게 소유권이 있으니 돌려보내지 않겠다고 주장한다. 증인으로 나온 마을 사람들은 어떤 말들을 할까? 검사는? 마지막으로 판사는?

현실적으로 불가능한 황당한 이야기지만 이런 방식으로 이야기를 전개한 작가의 독창성에 박수를 보내고 싶다. 흔한 이야기들의 홍수 속에서 아주 돋보였다. 그 주제 의식 또한 매우 의미 있다.

불법자들 오언 콜퍼, 앤드류 던킨/밝은미래

이 책은 그래픽노블로, 읽는 내내 숨 막히게 책장이 넘어갔다.

가나 출신 소년 '이보'가 사하라사막을 지나고 지중해를 건너 유럽에 도착하는 여정이 그려진 책이다. 현재 시점(보트 안에서 표류)과 과거 시점(가나에서부터 보트를 타기까지)의 교차 구성으로 진행된다. 죽을 고비를 몇 번이나 넘기고, 함께 있던 사람들을 차례대로 잃어 가며(마지막으로 절대 잃을 수 없는 가장 사랑하는 존재까지) 간신히 도착한 그곳. 이후의 내용은 나오지 않지만 이 책을 읽은 독자들은 누구나 이보가 이젠 새로운 땅에서 정착해 행복을 찾으며 살아갈 수 있기를 바라게 될 것이다.

왜 지구상의 어떤 곳은 이렇게 목숨을 걸고 탈출해야 하는 곳일까? 대부분은 인간이 하는 짓들 때문이다. 욕심 때문이지. 약육강식의 맹수들도 자신들의 터전을 지옥으로 만들지는 않는다. 일단 지옥을 만드는 행위부터 어떻게 좀 막을 수 없을까? 목숨을 걸고 고향을 떠나고 싶어서 떠나는 사람은 없을 테니까.

이보 같은 난민들은 어떻게든 돕는 것이 맞을 것이다. 우리가 사는 세상이 지옥이 되지 않으려면 문을 닫아거는 세상보다는 포용하는 세상이어야 할 테니까. 분별이 필요한 상황도 있다고는 생각하지만 기본적으로는 한 생명도 소중히 여기는 마음을 잃지 말아야 하겠지. 나도 외면하지는 않아야겠다고 생각한다. 우리 교실의 아이들도 그래야 하겠고.

3

과학

⚬ 곤충과 작은 생물

2학년 통합 여름 단원에서는 '곤충'을, 5학년 1학기 과학에서는 '작은 생물'을 다룬다. 이 기간 동안 책 바구니로 대출한 책을 읽힌다. 직접 관찰하고 체험하는 것이 가장 좋지만 그것이 여의치 않을 때에는 교사의 설명보다 더 훌륭한 것이 책이다. 정보화된 사회에서 인터넷 조사도 빠르고 유용하지만, 정선된 자료가 들어 있고 사진이나 그림 자료도 매우 훌륭한 책을 활용하여 조사하는 것이 우선이라 생각한다.

생물 주제와 관련한 흥미로운 책들이 많아서 아이들은 꽤 좋아한다. 보통 도서관에서 비문학 책들은 대출이 잘 안 되는 편인데, 아이들이 잘 모르기 때문이기도 하다. 효과적인 큐레이션과 소개가 있다면 아이들도 책을 편식하지 않고 고루 흥미를 가지면서 읽을 수 있다. 책 바구니 수업이 가끔 이 큐레이션의 역할을 한다. "와, 이런 책도 있었네!"라며 흥미로운 분야의 책에 눈을 뜨게 하는 계기가 되기도 한다.

― 저학년 곤충 수업

여러 가지 곤충 그림책들을 책 바구니로 갖다 두고 아침 독서 시간에 자유롭게 읽게 하면 아이들은 꽤 흥미롭게 읽는다. 그러다가 관찰 그리기 활동이 나올 때에는 책을 보고 그리기도 한다. 실제로 곤충을 관찰하는 것이 좋겠지만 아이들이 접할 수 있는 곤충 실물이 그리 많지 않고, 보고 그리는 것에도 제약이 따르기 때문에 책은 좋은 참고 자료가 된다. 특히 이런 주제의 책들은 그림이나 사진의 퀄리티가 매우 뛰어나서 '와, 요즘 애들은 참 좋겠다.'라는 생각이 들 정도다. 아이들이 그린 곤충 그림을 모아 곤충과 관련된 계절 노래를 넣어 동영상으로 만들어 보는 것도 좋다. 또 그림들을 이어 붙여서 책으로 만들어도 효과적이다. "우리 반 출판사에서 나온 우리 학급 책입니다."라고 전시해 놓으면 날마다 그 책만 보는 아이도 있을 정도로 아이들은 애착을 가진다.

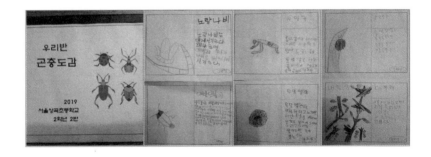

'물가에 사는 친구를 만나요'라는 주제와 관련해서 전지에 파란 한지로 연못 느낌이 나게 만들고 다양한 물속 곤충들과 민물고기, 수생식물들을 그린 다음, 각자 오려 붙여 완성하는 활동도 꽤 흥미롭다.

또 책에 나오는 곤충 그림들을 교사가 스캔하여 그림 알아맞추기 플래시툴로 제작한 곤충 퀴즈를 제시하여 풀어 봐도 좋다. 자신이 아는 곤충이 나올까 싶어 크게 뜬 눈을 떼지 못하는 아이들의 모습은 정말 귀엽다. 자연으로 자주 나가지 못하는 도시 아이들이지만 그림과 사진으로라도 조금은 친숙해지는 느낌이 든다. 자연으로 나갈 기회가 있을 때 공부했던 생물들을 만날 수 있다면 더 좋겠다.

― 고학년 작은 생물 수업

책을 보면서 한 사람이 두 가지 정도씩 맡아 그림을 그리고 설명을 쓴 다음, 모둠원들이 작성한 것을 묶어서 모둠별 작은 생물 도감 만들기를 한 적이 있다. 과학 교과에는 '다양한 생물을 알리는 홍보 자료 만들기' 활동이 나오는데 홍보 자료 만들기야말로 정말 책 바구니 수업으로 딱 맞는 활동이다. 모둠 활동으로는 앞에 설명한 도감 만들기와 비슷한 활동을 평면에 구성하면 좋겠다. 개인 활동으로도 적절한 주제이다.

― 곤충과 작은 생물 참고 도서

곤충

	제목	저자	출판사
1	벌레야, 하룻밤만 재워 줘	보리	보리
2	세밀화로 보는 정부희 선생님 곤충 교실 세트	정부희	보리
3	우리 땅 곤충 관찰기 1~4	정부희	길벗스쿨
4	곤충은 왜? 1, 2	임권일	지성사
5	자연 다큐 백과 : 곤충과 거미	캐리 글리슨 외	비룡소
6	내 반려동물은 곤충이야!	황우성	비글스쿨
7	알기 쉬운 곤충 이야기	소소한전통	국립생태원
8	누가 범인일까?	신카이 다카시	위즈덤하우스
9	시끌벅적 할 말 많은 곤충들	한화주	북멘토
10	어마어마하고 무시무시한 곤충도감	이즈모리 요	위즈덤하우스
11	억울한 곤충들	조성준	북스토리
12	놀라운 곤충의 비밀	클라라 코르망	보림
13	이토록 멋진 곤충	안네 스베르드루프-튀게손	단추
14	사계절 곤충 탐구 수첩	마루야마 무네토시	동양북스
15	TV생물도감의 유별난 곤충 세계	TV생물도감	다락원
16	척척 곤충도감	카를로 피노	다산어린이
17	움직이는 도감 MOVE 곤충	고단샤 편집부	루덴스미디어
18	봄·여름·가을·겨울 곤충도감	한영식	진선아이
19	신비로운 곤충 박물관	프랑수아 라세르	머스트비
20	꼼짝 마 호진아, 곤충 사냥꾼이다!	안은영	웅진주니어
21	땅속 생물 이야기	마쓰오카 다쓰히데	진선출판사

22	사사사삭 땅속으로 들어가 봐	김순한	대교북스주니어
23	알고 보면 더 재미있는 곤충 이야기	김태우, 함윤미	뜨인돌어린이
24	꼼짝 마 호진아, 나 애벌레야!	안은영	웅진주니어
25	Why? 곤충	이광웅	예림당
26	세밀화로 그린 보리 어린이 곤충도감	권혁도	보리
27	나를 찾아봐	유근택	세용
28	겨울철 벌레를 찾아서	미야타케 요리오	한림출판사
29	세밀화로 보는 꽃과 나비	권혁도	길벗어린이
30	우리와 함께 살아가는 곤충 이야기	한영식	미래엔아이세움
31	최강왕 곤충 배틀	오노 히로쓰구 감수	글송이
32	최강왕 곤충 슈퍼 대도감	이수영	글송이

작은 생물_미생물 위주

	제목	저자	출판사
1	미생물 특공대	조인하	산하
2	들여다볼수록 신비한 작은 생물 관찰 사전	나탈리 토르주만	타임주니어
3	작은 생물 이야기	지태선 외	미래아이
4	이유가 있어서 함께 살아요	아일사 와일드	원더박스
5	흙 속의 나무 구조대	아일사 와일드	원더박스
6	빛을 내는 오징어의 비밀	아일사 와일드	원더박스
7	왜 산호는 하얘졌을까?	아일사 와일드	원더박스
8	용선생의 시끌벅적 과학교실 23 : 미생물	사회평론 과학교육연구소	사회평론
9	떴다! 지식 탐구대 : 미생물	이금희	시공주니어
10	미생물은 힘이 세! 세균과 바이러스	김희정	아르볼
11	미생물이 미끌미끌	닉 아놀드	주니어김영사
12	브리태니커 만화 백과 : 미생물	봄봄스토리	미래엔아이세움
13	미생물을 먹은 돼지	백명식	내인생의책
14	뿐뿐 과학 도감 : 세균	이토 미쓰루	다산어린이
15	뿐뿐 과학 도감 : 전염병	이토 미쓰루	다산어린이
16	꼬물꼬물 세균과 바이러스의 역사가 궁금해!	글터 반딧불	꼬마이실
17	세균과 바이러스	사라 헐	어스본코리아
18	지구를 들었다 놨다! 세균과 바이러스	유다정	다산어린이
19	냥 박사와 바이러스 탐험대	예영	주니어김영사
20	과학이 톡톡 쌓이다! 사이다 4- 바이러스	국립과천과학관 김선자	상상아카데미

21	전염병 연구소	리차드 플랫	사파리
22	이토록 불편한 바이러스	강병철	그레이트북스
23	좀비 바이러스 연구 1~4	백명식	파랑새
24	미생물투성이책 1~4	백명식	파랑새
25	미생물-현미경으로 본 커다란 세상	다미앙 라베둔트 외	보림
26	꼬물꼬물 세균대왕 미생물이 지구를 지켜요	김성화, 권수진	풀빛
27	맛있는 과학 25 - 미생물	민주영	주니어김영사
28	우글 와글 미생물을 찾아봐	최향숙	대교북스주니어
29	Why? 세균과 바이러스	김정욱	예림당
30	Why? 미생물	허순봉	예림당
31	바이러스	발레리아 바라티니 외	보림

― 곤충과 작은 생물 참고 서평

벌레야, 하룻밤만 재워 줘 권정선 그림/보리
곤충은 왜? 임권일/지성사
우리 땅 곤충 관찰기 정부희/길벗스쿨

곤충은 나의 관심사가 아니고 좋아하지도 않지만(사실은 너무 싫어해. 벌레 많다면 세상 좋은 데라도 놀러 가기 싫다.) 곤충은 지구상에 가장 많은 종을 가진 생명체이고 생태계의 주역이다. 그리고 책으로 보면 신기하고 재미있는 것들도 있다. 대표적인 책이 『파브르 곤충기』라고 하겠다. 읽어 본 곤충 책 중에 재미있었던 세 권을 소개해 보려고 한다.

첫 번째 소개할 책은 보리출판사 책 『벌레야, 하룻밤만 재워 줘』이다. 보리출판사는 다양한 종류의 세밀화 도감들이 많다. 이런 책들은 학교도서관에서 꼭 구입하여 비치하면 좋겠다고 생각한다. 수업에도 활용할 기회가 많다.

『벌레야, 하룻밤만 재워 줘』는 도감은 아니고 재미있게 구성된 곤충 소개 책이다. 여름방학을 맞아 시골 할머니 댁에 온 하루는 벌레들을 괴롭힌다. 평상에서 잠이 든 하루는 어느새 개미만큼 작아져 땅속 구멍으로 떨어지는데, 거기서 만난 구리(쇠똥구리)와 사슴이(사슴벌레)와 함께 다니며 곤충의 특성들을 이해하는 내용이다. 별별 재주가 있는 벌레들, 알면 알수록 신기한 벌레들, 우리 둘레에서 쉽게 보는 곤충들, 이렇게 3장으로 구성되어 있고 각 장마다 8~9종의 벌레들을 소개한다. 마지막에는 하루가 결국 꿈에서 깨어 현실로 돌아온다. 아주 간단한 서사지만 동화적인 구성을 추가하니 훨씬 더 흥미로운 책이 되었다. 아이들도 재미있게 읽을 것 같다.

두 번째 책은 2권으로 된 『곤충은 왜?』라는 책이다. 이 책은 구성이 평범해 보였는데 저자가 초등학교 선생님이라고 되어 있어서 한 번 더 읽다가 깜짝 놀랐다. 글만 쓰신 것이 아니고 사진까지 직접 찍으셨다니 다시 봐도 대단했다. 얼마나 많은 관심과 애정을 쏟으면 이런 사진이 나올까? 내용도 초등학생이 알아야 할 일반적인 것들부터 나도 잘 모르던 내용까지 다양했다. 관심사를 가지고 열심히 탐구하시는 교사들의 발걸음은 놀랍다. 이 책도 학급문고나 학교도서관에 꼭 있으면 좋겠다. 꼭지별로 한 곤충씩 소개하는데 6쪽 정도의 길이나 수준도 무난하고, 다양한 각도에서 잘 찍힌 사진들도 참고하기 좋으며, 클로즈업 사진도 한 장씩 들어가 있어 관찰 대용으로 좋다.

마지막 소개할 책은 정부희 교수님의 『우리 땅 곤충 관찰기 1, 2』이다. 영어교육과를 졸업한 후 30대 이후에 다시 생물학과에 들어가 박사와 교수가 되었다는 이력에 관심이 간다. 작가의 말에 보면 어린 아들들을 데리고 산으로 들로 다니면서 곤충에 관심을 갖게 되었다고 한다. 그렇게 아이를 키우며 발견한 관심사로 평생 공부할 수도 있구나. 『우리 땅 곤충 관찰기』는 사진이 큼직하고 질이 좋다. 어떤 사진은 펼친 화면을 꽉 채운다. 그 외 삽화들도 꽤 들어 있고, 그중엔 저자의 캐릭터도 들어 있어 저자와 함께 하는 느낌이 좋다. 글씨도 커서 중학년에게 적당하고, 저학년까지도 읽을 수 있겠다.

이쪽 분야의 책을 고를 때 나의 기준은 이렇다. 첫 번째 책처럼 재미있든지, 두 번째 세 번째 책처럼 사진(혹은 그림)이 좋고 설명이 적절히 들어 있는 것이다. 곤충은 수업 중 실물을 관찰하기가 현실적으로 어렵기 때문에 좋은 책들이 있으면 수업에 활용하기 좋고, 그리기 활동을 할 때 곁에 두고 참고하기에도 좋다.

좋은 책들이 너무 많아 다 소개할 수가 없다. 이쪽 방면의 책들은 만드는 데 더욱 어려움이 크고 시간도 많이 걸릴 것 같은데 수고를 아끼지 않는 분들께 감사를 표하고 싶다.

미생물 특공대 조인하/산하

나는 음식처럼 책도 편식하지 않는 게 좋다는 생각이라, 아이들에게 문학 못지않게 비문학 책도 권하고 있다. 음식 취향이 있듯이 책에 대한 취향도 사람마다 다르다. 나는 개인적으로 문학 쪽을 조금 더 선호하는데 아이들 중에 나와 같은 아이들도 있고, 비문학을 더 선호하는 아이들도 있다.

비문학 중에 이런 책은 참 재미있다. 가만 보면 비문학을 재미있게 쓰는 것은 문학 창작만큼이나 어려울 것 같다. 재미있으면서 지식 전달도 해야 하고, 재미를 위한 장치는 있어야 하지만 그 장치 자체가 너무 자리를 많이 차지해서 지식 내용이 빈약해져 버리면 안 되니 말이다. 그런 면에서도 이 책은 각각의 비중이 적절하여 내용이 알차다. 코로나 때문에 골탕 먹은 인간들이 미생물을 소탕하겠다는 계획을 세웠고, 그 소식을 들은 미생물들이 그에 대항하는 특공대를 조직하기 위해 회의를 열었다는 설정으로 내용이 전개된다.

회의에 참여한 미생물들은 크게 4개의 그룹으로 나뉜다. 세균Bacteria, 바이러스Virus, 원생생물Protist, 균류Fungi. 이들이 회의에서 발언하며 자신들에 대해서 소개하고 서로 묻고 답하기도 하는 중에 독자는 미생물에 대한 정보를 자연스럽게 얻게 된다.

1장 '각종 질병으로 괴롭혀 주지'에서는 세균들이 등장한다. 대장균, 충치균, 황색포도상구균, 콜레라균 등. 제목처럼 세균은 인간에게 각종 질병을 일으킨다. 하지만 유익한 일을 해 주는 세균도 있다. 대장균도 병원성대장균 말고는 유익하며 특히 유산균은 아주 고마운 존재다. 세균들마다 그 발언을 보면 성격들이 나타나는데 조심스럽고 사려 깊은 유산균, 투덜대지만 순진한 대장균 등 캐릭터도 잘 만들어 낸 것 같다.

2장 '전 지구를 팬데믹에 빠뜨려 주지'에서는 누구나 예상할 수 있는 바로 그 코로나 바이러스가 제일 먼저 나온다. 캐릭터로 치면 아주 강하진 않다. 자신은 원래 박쥐 같은 야생동물의 몸속에서 살던 평범한 바이러스였다고 한다. 그런데 인간들이 야생동물을 잡아먹으면서 인간에게 옮아가게 되었고, 그 과정에서 돌연변이가 생기더니 전염성이 대단한 신종 바이러스가 되어 있었다고. 코로나 외에도 인플루엔자, 에이즈 바이러스 등이 나온다. 바이러스들은 대개 섬뜩하다. 하지만 장 끝에 나오는 정보 페이지에 보면 병을 치료하는 바이러스 '박테리오파지' 같은 것도 있다고 하니 모두 해롭다고 할 수는 없다.

3장 '별로 해를 끼친 것도 없는데 억울해!'는 원생생물이 나오는 장이다. 원생생물 하면 아메바, 짚신벌레, 해캄만 생각나는데 클로렐라, 미역, 파래, 김도 포함된다. 아니 미역이랑 김은 늘 접하지만 여기에 속한다고는 생각 못하고 있었구나. 광합성을 하고 지구 생태계를 유지하는 아주 중요한 역할을 하는 고마운 존재인데, 드물게 있는 '파울러 자유 아메바' 같이 치명적인 원생생물 때문에 이미지가 좋지 않아 억울하긴 억울하겠다.

4장 '지구가 온통 쓰레기로 뒤덮일걸?'은 균류가 나오는 장이다. 곰팡이와 버섯이 대표적이다. 부피를 가진 버섯은 미생물이라는 이름에 좀 어울리지 않지만 균사가 있고 포자로 번식한다는 면에서 균류가 맞다. 균사가 없는 효모도 이 그룹에 속하는데 얘도 역시 착한 캐릭터. 곰팡이들 중에는 페니실린을 만들어 수많은 생명을 구한 푸른곰팡이도 있고, 그렇지 않더라도 제목처럼 지구가 쓰레기장이 되지 않도록 분해하는 역할들을 한다.

세상은 보이는 게 다가 아니고 모든 존재들 또한 그렇다. 중요한 건 눈에 보이지 않는다고 했던가. 똑같은 개념이라곤 할 수 없지만 눈에 보이지 않는 이들이 이 세계의 많은 부분을 이루고 떠받치며 수많은 역할들을 하고 있다. 이 토대 위에서 인간들이 살아가고 있다. 인간은 세상의 수많은 존재들 중 일부일 뿐인데, 이 책의 설정처럼 나머지 존재들을 지배하려고 하지. 이 책에서는 미생물들이 특공대를 조직하기 전에 일단 그들의 모습을 인간에게 친절히 알리는 해피엔딩으로 끝난다. 독자들은 이 책을 통해서 그들의 '알림'을 접할 수 있는 것이고.

과학 교과에서 작은 생물을 다루는 단원들이 있는데 이 책을 비롯한 여러 책들을 자유롭게 살펴보며 배경지식을 넓히든 조사 학습을 하든 하면 좋을 것 같다. 이 책은 특히 재미있다는 장점이 크다.

동물의 한살이

3학년 과학에 나오는 '동물의 한살이' 지도에도 책 바구니는 아주 유용하게 쓰인다. 우선 배추흰나비의 한살이를 알아보기 위해 배추흰나비 생태 세트를 구입해서 교실에서 키우며 관찰해 보았다. 실제로 마지막까지 30마리에 가까운 나비의 탄생을 볼 수 있었는데, 너무 신기하고 귀한 체험이었다. 책 바구니의 책 중에는 나비의 한살이에 대한 내용이 많이 나와서 책 내용을 수시로 확인해 보는 아이들도 있었다.

완전탈바꿈과 불완전탈바꿈 등을 지도하고 각종 곤충의 한살이를 소개한 후 책 바구니의 책들을 살펴보면 이를 확인할 수 있는 책들이 많다. 생물 관련 책들은 특히 감탄이 나올 정도로 그림과 사진이 너무 좋다. 이런 책들을 그냥 도서관 서가에만 꽂아 두는 것은 너무 아까운 일이다.

한 동물(곤충 포함)을 선택하고 책을 찾아 읽은 뒤, 그 동물의 한살이를 보고서로 작성하게 한다. 한살이는 단계별 과정이라 층층이 계단책으로 만들어 봐도 좋다. 교과서에는 만화로 표현하게 되어 있다. 어떤 표현 방법을 사용하든 책 바구니는 유용하게 쓰인다.

인터넷 검색보다도 책을 통해 정보를 찾는 훈련이 선행되어야 한다고 아이들에게도 학부모들에게도 누누이 강조한다. 일단 책을 통해서 정보를 찾은 후 사진을 붙이고 싶거나 좀 부족한 부분은 인터넷 검색으로 보충해서 병행할 수 있는 기회도 준다. 어른들도 정보를 얻거나 연구할 때 이 두 가지를 병행하니까. 중요한 것은 아이들에게 문헌조사의 우선적 중요성을 알려 주고 방법을 안내해 주는 것이다. 인터넷은 스스로 배울 수도 있지만 책으로 연구하는 방법은 교사가 지도하지 않으면 스스로 깨우치기 어렵다.

─ 동물의 한살이 참고 도서

	제목	저자	출판사
1	배추흰나비 알 100개는 어디로 갔을까?	권혁도	길벗어린이
2	여름이네 병아리 부화 일기	최덕규	창비
3	안녕, 달팽이야!	베르벨 오프트링	다섯수레
4	안녕, 거미야!	베르벨 오프트링	다섯수레
5	안녕, 칠성무당벌레야!	베르벨 오프트링	다섯수레
6	땅 위 땅속- 봄·여름·가을·겨울 곤충 한살이	추청풍	현암주니어
7	올챙이 뒷다리가 쏙- 개구리의 한살이에 대한 이야기	주디스 앤더슨	상상스쿨
8	신비한 한살이	미셸 루체시	북스토리아이
9	꼬물꼬물 애벌레 코라	엠마 트렌터	사파리
10	미래 생태학자를 위한 매미 탐험북	국립생태원	국립생태원
11	미래 생태학자를 위한 나비 탐험북	국립생태원	국립생태원
12	미래 생태학자를 위한 사슴벌레 탐험북	국립생태원	국립생태원
13	미래 생태학자를 위한 장수풍뎅이 탐험북	국립생태원	국립생태원
14	정브르가 알려주는 곤충 체험 백과	정브르	바이킹
15	정브르가 알려주는 파충류 체험 백과	정브르	바이킹
16	춤추던 나비들은 어디에 숨었을까?	김남길	풀과바람

17	누에야 뽕잎 줄게 비단실 다오	권혁도	보리
18	세밀화로 그린 보리 어린이 양서 파충류 도감	이주용	보리
19	개미지옥에 빠진 돼지	백명식	내인생의책
20	브리태니커 만화 백과 : 곤충과 거미	봄봄스토리	미래엔아이세움
21	브리태니커 만화 백과 : 양서류와 파충류	봄봄스토리	미래엔아이세움
22	소금쟁이가 들려주는 물속 생물 이야기	노정임	철수와영희
23	애벌레가 변해요	주디스 앤더슨	상상스쿨
24	애벌레가 들려주는 나비 이야기	노정임	철수와영희
25	세밀화로 보는 사마귀 한살이	권혁도	길벗어린이
26	세밀화로 보는 왕잠자리 한살이	권혁도	길벗어린이
27	세밀화로 보는 호랑나비 한살이	권혁도	길벗어린이
28	쭈글쭈글 애벌레	비비언 프렌치	비룡소
29	신기한 곤충 이야기	한영식	진선아이
30	알록달록 무당벌레야	이태수	비룡소
31	우리와 함께 살아가는 동물 이야기	한영식	미래엔아이세움
32	개구리가 알을 낳았어	이성실	다섯수레
33	애벌레는 어떻게 나비가 될까?	타냐 칸트	파랑새어린이
34	올챙이는 어떻게 개구리가 될까?	데이비드 스튜어트	파랑새어린이
35	달걀은 어떻게 닭이 될까?	타냐 칸트	파랑새어린이
36	초등학생을 위한 지식습관 7 : 곤충30	애나 클레이본	아울북

― 동물의 한살이 참고 서평

미래 생태학자를 위한 나비 탐험북 국립생태원
안녕, 칠성무당벌레야! 베르벨 오프트링 / 다섯수레
춤추던 나비들은 어디에 숨었을까? 김남길 / 풀과바람

동물의 한살이는 책으로만 할 수업은 아니다. 실물을 직접 관찰하는 것이 진짜 수업이다. 그래서 3학년 담임교사들은 해마다 배추흰나비 세트를 사서 교실에서 키운다. 나비의 탄생까지 볼 수 있는 아주 감동적인 과정이 펼쳐지기 때문이다. 그때쯤 학교 화단에 나가 보면 선생님과 한 무리의 아이들이 나비를 날려 보내는 광경을 볼 수 있다. "잘 가~ 잘살아야 해~" 아이들은 나비가 안 보일 때까지 눈을 떼지 못한다.

이와 병행해서 과학 교과서에는 다양한 동물들의 한살이 단원이 나온다. 이것까지

보물 창고 도서관에서 찾은 어린이책 활용 수업

실물 관찰을 하기는 어렵다. 배추흰나비가 실물 대표. 나머지는 교사가 다양한 자료들을 제공하며 수업하게 된다. 이 주제로도 도서관 수업을 할 수 있을까? 내가 해 본 바로는 가능했다.

3학년을 맡은 지 꽤 지나서인지 당시 작성한 도서 목록을 요즘 다시 살펴보니 절판된 책이 무척 많았다. 그때 내가 '와우~ 이런 책이 나왔다니! 너무 좋아!' 했던 책들마저도 절판이 되었다. 대신 새로 나온 책들도 있다.

절판된 책들에 아쉬움을 남기며 새로 나온 책들을 좀 살펴봤다. 한살이 과정만 집중적으로 다룬 책은 드물고, 특정 동물의 생태를 설명하는 중에 부분적으로 나오는 경우가 대부분이다. 그중 세 권만 소개해 본다.

『미래 생태학자를 위한 나비 탐험북』은 국립생태원에서 발간된 책이다. 초등학교 교육과정에 필요한 내용들로 되어 있어, 내용 수준이 적절하다. 사진 자료뿐 아니라 그림의 색감도 좋아서 명시성과 가독성도 아주 좋다. 나비 날개 색과 무늬의 아름다움을 한껏 느낄 수 있다. 우리나라에도 이렇게 나비 종류가 많았나 싶게 많은 나비를 종류별로 묶어서 소개하고 있다. 국립생태원의 작업이라는 이점이 있지 않았을까? 어쨌든 읽어 보고 싶게 잘 만들어진 책이라고 생각한다. 이 책 말고도 개미, 장수풍뎅이, 사슴벌레, 매미 탐험북이 있다. 이 시리즈 모두 학교도서관에 있으면 좋겠다.

『안녕, 칠성무당벌레야!』는 '자연과 만나요'라는 세 권의 세트 도서 중 하나다. 이 책 말고 거미와 달팽이 편이 있다. 이 책은 오른쪽 페이지가 펼치는 화면으로 되어 있는 점이 색다른 특징이다. 접힌 상태에서는 왼쪽 그림에 대한 설명이 적혀 있고, 그걸 펼치면 좀 더 상세한 정보 페이지가 펼쳐진다. 한살이에 대한 내용도 이 펼친 면에 들어 있다. 따스한 색감의 그림도 좋고, 유아 수준의 그림책처럼 보이지만 은근히 많은 정보가 들어 있다.

『춤추던 나비들은 어디에 숨었을까?』는 '풀과바람 환경생각' 시리즈 중 한 권이다. 환경을 주제로 한 시리즈 책이 계속 나와 주는 것은 매우 고마운 일이다. 시리즈의 다른 책들도 좀 살펴봐야겠다. 이 책은 환경 관련 내용보다는 나비 자체에 대한 정보가 더 많은 책이다. 그중에 한살이 과정에 대한 설명이 크고 선명한 그림과 함께 아주 잘

되어 있다. 환경 관점에서 본 내용도 적절히 들어 있다. 모든 생물이 그렇지만 나비는 생태계에서 아주 중요한 위치를 차지하는데 요즘 들어 많이 줄어들었다는 걱정들을 하고 있다. 이 문제도 우리가 간과해서는 안 되는 문제다. 한살이를 공부하는 이유도 이해하고 더불어 살기 위한 것 아닌가. 결국 환경문제로 귀결되는 것이 맞는 결론이라고 생각한다.

내 나이가 몇인데 이렇게 어린이책을 보면서 하루하루를 보내나 싶기도 하지만 이것이 다 교재 연구다. 방학 때 도서관에서 아이들 책을 찾아보고 있으면 그래도 감이 덜 떨어지는 것 같아 좋다. 다가올 개학이 덜 끔찍하게 느껴지는 것도 좋은 점 중의 하나다. 여러 가지에 능통해야 하는 초등 교사들이 모두 나처럼 어린이책만 읽으며 방학을 보낼 순 없겠지만 가끔씩 나 같은 사람이 섞여 있는 것도 좋지 않을까.

지층과 화석

지층과 화석은 아이들에게 흥미로운 주제 중 하나여서 교과서 외의 자료를 충분히 제공할수록 좋다. 화석 주제는 공룡과도 연결되기 때문에 평소 책에 흥미가 없던 아이들도 반색하며 다가오기도 한다. 그래서 이 단원은 책 바구니 수업으로 적합한데, 관련 책이 아주 많지는 않다. 공룡만 다룬 것보다는 화석과 관련 있는 공룡 책을 찾다 보니 한 반 분량의 바구니를 구성하기가 빠듯하기는 하지만, 막상 그렇게 책을 준비해 놓으면 수업 진행은 생각보다 재미있다.

① 자유롭게 책을 가져다 보며 내용을 탐색한다.

② 전체 주제 안에서 흥미로운 소주제를 각자 선택하여 도화지에 글과

그림으로 마음껏 표현한다.

③ 모둠이 모여 각자 표현한 것을 보여 주며 각자 자신의 탐구 내용을 설명한다. 질문과 답변 시간을 가져도 좋다.

④ 전체의 결과물을 이어 붙여 우리 반 책으로 만든다. 『지층과 화석이 궁금해?』식으로 아이들의 의견을 받아 제목을 짓고 표지를 만들어 제본한다. 세상에 하나밖에 없는 우리 반 정보 책이 완성된다.

⑤ 화석 속 생물을 주인공으로 하여 이야기 만드는 수업을 국어과와 연계해도 좋다. 미니북으로 완성할 수도 있다.

이런 수업 활동은 꼭 이 주제가 아니어도 자주 활용하는 방법이다. 교육과정에 따라 교과서의 내용을 차시대로 공부하는 것도 중요하지만 그 안에 있는 내용만 의미 있는 것은 아니다. 교과서 내용과 완전히 일치하지 않더라도 관련된 내용을 찾아 공부하며 내용을 정리하고 스스로 구조화하면서 그림을 곁들여 표현하는 것은 여러 영역에 걸쳐 도움이 되는 학습법이다. 이런 활동을 위하여 개인적으로는 학급에서 쓸 수 있는 예산이 있을 때마다 좋은 컬러 펜들을 사 놓고 최대한 제공한다. 60색(48색) 마커, 24색 유성 매직, 24색 네임 펜 등은 적어도 4인 1조, 그리고 20색 이상의 얇은 컬러 펜(젤펜이나 중성펜)은 적어도 2인 1조로 사용할 수 있도록 준비해 놓는다. 학생 시절 예쁜 색펜으로 필통을 채우고 흐뭇해 하면서 열심히 공부하겠다는 의지를 다진 기억이 난다. '장비발'이라는 우스갯소리도 있듯이 문구류를 멋지게 갖추어 놓는 것도 동기유발이나 결과물 수준을 높이는 데 많은 도움이 된다. 독서 수업 외에

121

미술 등 모든 표현활동의 결과물에도 좋은 영향을 준다.

이런 수업과 병행하여 마인드맵이나 비주얼씽킹을 적용해도 좋을 것 같다. 도서관 활용 수업과 비주얼씽킹 등의 학습 정리 방법 지도가 함께 이루어진다면 더 시너지가 나지 않을까.

ㅡ 지층과 화석 참고 도서

	제목	저자	출판사
1	떴다! 지식탐험대 : 지층과 화석 -지층이와 단층이, 지질 시대로 출동!	김원섭	시공주니어
2	why? 화석	이광웅	예림당
3	why? 지구	이광웅	예림당
4	WHAT? 화석과 지층	황근기	왓스쿨
5	우리의 지구	수잔나 반 로스	루덴스
6	용선생의 시끌벅적 과학교실 30 : 암석	사회평론 과학교육 연구소	사회평론
7	용선생의 시끌벅적 과학교실 37 : 지층과 화석		
8	자연 다큐 백과 : 암석과 광물	스티브 토메섹 외	비룡소
9	자연 다큐 백과 : 공룡과 화석	블레이크 호에나	비룡소
10	LIVE 과학 지구과학 23 : 암석과 광물	권용찬	천재교육
11	똑똑 융합과학씨, 지구를 알아보아요	박열음	스콜라
12	브리태니커 만화 백과 : 공룡	봄봄스토리	미래엔아이세움
13	브리태니커 만화 백과 : 지구	봄봄스토리	미래엔아이세움
14	산으로 올라간 백만 개의 굴	알렉스 노게스	씨드북
15	놓지 마 과학!-정신이 화석에 정신 놓다	신태훈 외	위즈덤하우스
16	공룡알 화석의 비밀	장순근	지성사
17	화석으로 만나는 공룡의 세계	클레어 히버트	다섯수레
18	뼈만 남았네! 공룡과 화석	함석진	아르볼
19	매직 돋보기 : 공룡이 궁금해	카밀라 드 라 베도예	키다리
20	초등학생이 꼭 알아야 할 암석과 광물	숀 캘러리	다른
21	공룡 속으로	헤더 알렉산더	시공주니어
22	아홉 살에 처음 만나는 공룡의 시대	문재갑	하늘을나는코끼리
23	공룡상상	김남길	영교

24	맛있는 과학 29 : 공룡과 화석	정효진	주니어김영사
25	맛있는 과학 37 : 지각과 암석	정효진	주니어김영사
26	땅속을 뚫고 들어간 돼지	백명식	내인생의책
27	화석이 된 빅 마마	징수하늘소	밝은미래
28	공룡 화석은 왜 우리나라에서 많이 발견될까요?	김동희	다섯수레
29	돌로 만든 타임머신, 화석	임종덕	북멘토
30	살아 있는 화석	막스 뒤코스	보림
31	초등학생이 읽는 지질학의 첫걸음	프랑소와 미셸	사계절
32	사라진 지구의 풍경	아이나 베스타르드	보림
33	공룡	에릭 마티베	보림

― 지층과 화석 참고 서평

산으로 올라간 백만 개의 굴 알렉스 노게스/씨드북

지식 그림책이 이리 멋지고 아름다울 수 있을까! 아이들이 어릴 때부터 이런 책으로 지식을 접한다면 배움이 지겨운 게 아니라는 걸 자연스럽게 알게 되지 않을까.

4학년을 맡은 해에 마침 과학 '지층과 화석' 단원이 있어 도서관 간 김에 관련 책들을 골라 보다가 월척을 낚듯이 발견한 책이다. 지층에 대한 내용을 다룬 책은 그리 많지는 않은데, 특히 지층만을 다루는 책은 거의 없었다. 그러다 발견한 책이 이렇게 아름다운 책이라니! 지식이 잘 구조화되어 체계적으로 정리된 책도 좋지만 한꺼번에 많은 내용을 전달하지 않더라도 자연스럽게 스며드는 이런 책도 참 좋다. 지식과 예술적 감성이 함께 녹아든 느낌이라서 더 좋다.

어른들은 제목을 보면 내용을 어느 정도 짐작할 수 있을 것이다. 백만 개의 굴이 산으로 올라갔다고? 아, 옛날에 바다였던 지층을 말하는 거구나. 하지만 내용을 모르는 아이들에게는 제목부터가 동기유발이 되겠다. "제목의 굴은 뭘 말하는 걸까요? 우리가 먹는 굴을 말해요. 굴은 어디에서 나는지 알고 있죠? 맞아요. 바다에서 나죠. 아 그런데 굴이 산으로 올라갔다니, 어떤 일일까요?" 하면서 책을 펼치면 되겠다.

책은 독자들을 산꼭대기의 커다란 바위로 안내한다. 흙으로 덮이지 않고 드러난 바위를 '노두'라고 한다는 것도 알려 준다. 그런데 여기에 굴껍질이 가득하다! 이것이 바로 화석이라는 점을 먼저 알려 준 다음 화석에 대해 간단히 설명한다. 다음은 지층에 대해서 설명하는데 설명조차도 예술적이다.

"바위가 악보라면 지층은 음표나 오선, 쉼표라고 할 수 있지요.

노래는 맨 밑에서 시작해 맨 위에서 끝나요.

이 악보를 연주할 때 문제는 지층의 두께에 따라

음이 달라진다는 점이에요. 음의 길이도 다르고요.

중간에 쉬는 박자도 달라요.

하지만 지층은 악보처럼 읽을 수 있어요.

특정한 순서로 읽으면 우리에게 아름다운 노래를 들려주지요."

이어서 지층마다 특정 시대에만 발견되는 화석들이 묻혀 있다는 사실을 글과 그림으로 직관적으로 잘 이해되도록 보여 준다. 별도의 정보 페이지에서는 데본기, 석탄기, 페름기, 쥐라기, 백악기 등의 지질시대 이름까지 알려 주는데, 이건 나도 정확히 알고 있지 못한 것이다.

굴이 있는 주변의 암석 덩어리를 돋보기로 관찰해 보면 화석이 된 온갖 작은 바다 동물들이 보인다! 불가사리, 성게, 따개비, 산호 등. 여기가 옛날엔 바다였다는 것을 확실히 알 수 있다. 그런데 어떻게 산이 된 거지? 이어서 판구조론을 설명한다. 이제 바다였던 곳이 오랜 세월에 걸쳐 솟아올라 산이 될 수 있다는 것을 독자들은 완전히 이해할 수 있다.

이런 책들을 만나면 교과서를 치워 버리고 싶은 충동마저 들지만, 그럴 수는 없으니 적절히 재구성하고 이런 자료들을 투입할 시간을 충분히 확보하는 것이 나의 전문성 아니겠는가. PPT로 만들어 두었다가 비상시에 줌 수업을 하게 되면 화면 가득 보여 주어도 좋겠다. (화면으로 보여 주는 것은 교실 TV보다도 줌이 더 효과적이다. 아무래도 가까이서 보니까.) 하지만 이 책은 학급문고로도 소장각이다.

도덕

생명 존중

생명 존중에 대한 내용은 학년별로 도덕 교과에 다 나온다. 생명 존중이라 하면 생명의 존엄성, 반전, 평화까지 주제를 확장할 수 있지만, 모두 다룰 수는 없으니 여기서는 동물 보호를 중심으로 이야기해 본다. 생태계 파괴로 인한 멸종, 로드킬, 동물 학대, 동물권 등에 대한 내용이다.

이 주제에 대해서는 조사 학습보다는 우선 아이들이 책을 한 권씩 읽어 보는 경험을 하면 좋겠다. 그 후에 국어과와 연계해서 감상문을 쓰거나 토론 후 논설문을 쓸 수도 있고 미술과 연계해서 홍보 포스터 같은 것을 만들 수도 있다. 책을 읽고 난 후 이해한 것을 확인하기 위해서 다음과 같은 활동지를 제시할 수 있다.

생명 존중 관련 책을 읽고

| 제목 | 4.생명을 존중하는 우리 | 94-1(아) | 2학년 ( )반 이름 ( ) |

내가 읽은 책 제목	
이 책에는 어떤 동물이 나오나요?	
그 동물은 어떤 어려움을 겪고 있나요?	
사람들이 그 동물에게 잘못한 점은 무엇인가요?	
이 문제를 어떻게 해결하면 좋을까요?	
이 책을 읽고 느낀 점	

이렇게 활동지를 채우면서 자신의 생각을 정리하다 보면 감상문을 훨씬 쉽게 쓸 수 있다. 감상문을 쓴 후에는 동물이 겪는 어려움별로 영역을 나누어 자신이 알게 된 사실을 소개하는 발표 시간을 모둠별, 혹은 전체가 갖는 것이 좋다. 스스로 탐구한 내용은 한 가지지만 공유를 통해 전반적인 내용을 알 수 있기 때문이다.

마지막으로 포스터 그리기 같은 시각적 표현을 하여 게시하는 것으로 활동을 마무리하면 좋다. 옛날에 포스터컬러로 그리던 무거운 포스터 말고, 마커 등 다양한 색채 도구를 이용해서 그림과 메시지가 잘 어우러지도록 그리면 좋을 것이다.

― 생명 존중 참고 도서

	제목	저자	출판사
1	멸종위기 동물들	제스 프렌치	우리동네책공장
2	멸종위기 야생동물	소소한소통	국립생태원
3	아슬아슬 사라지는 동물	장기선	국립생태원
4	동물이라서 안녕하지 않습니다	이형주 외	생각하는아이지
5	이제 나는 없어요	아리아나 파피니	분홍고래
6	멸종하게 내버려 두면 안 돼	첼시 클린턴	보물창고
7	지켜 주지 못해 미안해! 멸종 동물	최설희	아르볼
8	멸종의 카운트다운! 사라지는 동물의 역사	데이비드 버니	문학동네
9	우리가 꼭 알아야 할 생물다양성 그림 백과	로라나 지아르디 외	머스트비
10	사라진 동물들의 비밀	장순근	리젬
11	우리는 그렇지 않아	최은규	머스트비
12	우리를 잊지 마세요	정연숙	우리교육
13	야생동물이 지나가고 있어요	이상교	한림출판사
14	잊지 마, 넌 호랑이야	날개달린연필	샘터
15	지켜라! 멸종 위기의 동식물	백은영	뭉치
16	너도 나도 똑같이 생명 존중	인현진	뭉치
17	우리 땅의 생명이 들려주는 이야기	마술연필	보물창고
18	맹꽁이야, 이제 넌 어디서 살아?	녹색연합	웃는돌고래
19	점박이물범, 내년에도 꼭 만나!	녹색연합	웃는돌고래
20	하늘다람쥐, 집 걱정은 하지 마!	녹색연합	웃는돌고래
21	산양들아, 잘 잤니?	녹색연합	웃는돌고래
22	북극곰에게 냉장고를 보내야겠어	김현태	휴먼어린이
23	엄마가 미안해	이철환	미래아이
24	동물도 행복할 권리가 있을까?	올라 볼다인스카 -프워친스카	우리학교
25	따르릉! 야생동물 병원입니다	최협	길벗어린이
26	우리도 가족입니다	지영	길벗스쿨
27	실험용 너구리 깨끔이	김소민	교학사
28	바다로 돌아간 제돌이	핫핑크돌핀스	두레아이들
29	제돌이의 마지막 공연	김산하	비룡소
30	바다로 돌아간 돌고래	버지니아 매케너	두레아이들
31	야생동물 구조 일기	최협	길벗어린이

─ 생명 존중 참고 서평

달빛도시 동물들의 권리 투쟁기 김향금 / 사계절

사람의 천부적 권리를 일컫는 말로 '인권'이 있다. 동물의 권리를 일컫는 말도 있었나? 동물권? 검색을 해 보니 그런 말이 있기는 하구나. 시사 상식 사전의 풀이를 옮겨 본다.

* 동물권 : 1970년대 후반 철학자 피터 싱어가 '동물도 지각, 감각을 가지고 있으므로 보호 받기 위한 도덕적 권리를 가진다'고 주장한 개념이다. 피터 싱어는 1973년 저서 『동물 해 방』에서 '모든 생명은 소중하며, 인간 이외의 동물도 고통과 즐거움을 느낄 수 있는 생명 체' 라고 서술했다. 또 동물권을 주장하는 사람들은 동물도 적절한 서식 환경에 맞춰 살 아갈 수 있어야 하며 인간의 유용성 여부에 따라 그 가치가 결정되지 않는다고 본다.

이와 같이 동물권이라는 말은 엄연히 존재하나 이 말이 사용되는 건 거의 보지 못했다. 기본적으로 동물들에게도 권리가 있다는 생각 자체를 잘 하지 않는다. 인간은 동물을 이용하니까. 우리의 필요에 의해서. 그들은 이용당하는 존재니까 권리를 따진다는 건 불편한 일일 것이다. 골치 아파질 게 뻔한 생각은 아예 안 하는 게 편하니까. 그러나 조류 독감 사태의 결과로 두 배 넘게 치솟은 계란의 가격표를 보면서 비로소 우리는 뭔가 잘 못되어 왔다는 것을 실감하기 시작한다. 그러면서 전염병에 취약할 수밖에 없는 공장식 축산이 문제라는 것을 알게 되고 그 공장식 사육을 당하고 있는 동물들이 태어나서 죽기까지 얼마나 고통받는지 생각해 보는 사람들이 늘어난 것이다. 나도 그중의 한 사람이다. 언제나처럼 학교도서관 서가를 훑다가 『달빛도시 동물들의 권리 투쟁기』라는 제목에 눈이 번쩍 뜨였다. 바로 대출해 읽어 보니 작가는 마치 이런 일을 예견이라도 했던 것처럼 공장식 사육에서 비롯된 동물들의 동물권 투쟁을 재미있는 동화로 만들어 놓았다. 재미있다는 말이 미안할 정도로 심각한 문제라 뭔가 다른 형용사가 필요할 것 같지만.

'작가의 말'에서 작가는 밥 딜런의 이 말을 인용했다.

"만약 개가 말을 한다면 소유에서 오는 온갖 즐거움은 사라질 것이다."

이 책은 이 가정에서 출발한다. 농장의 돼지들이 말을 하기 시작한 것이다. 돼지들은 울분을 쏟아 내고 마침내 자유를 찾아 탈출한다. 뒤이어 다른 동물들도 투쟁에 합류하는데, 이 과정에서 공장식 축산뿐 아니라 동물 실험 문제, 동물원 문제, 유기 동물 문제 등 동물권에 대한 다양한 이야기들이 총체적으로 나온다. 정말 중요한 책이라는 생각이 들면서 간담이 서늘했다. 우린 뭔가를 해야 한다. 이대로는 안 된다. 근데 내가 뭘 할 수 있나 생각을 해 봤다. 반려동물을 유기할 일은 없고, 동물원을 없애는 데는 적극 찬성인데, 고기를 먹지 말라고 하거나 아주 비싸지니 옛날처럼 명절에나 먹으라고 한다면? 앗 그건 좀 힘들 것 같다. 축산 형태를 바꾸면 공간 효율은 떨어지니 지금만큼 비싼 계란값은 감수하라면 좀 괴롭지만 받아들일 수는 있을 것 같은데, 실제로는 아마도 더 많은 문제들이 파생될 것이다. 동물을 이용물로 삼아 온 인간의 생활 패턴은 너무도 뿌리 깊고 견고해서, 동물과의 공존을 모색하는 것은 지금의 방식을 많이 포기해야 가능할 것이다. 그래도 조금씩 해 나가야 하지 않을까?

탁탁 톡톡 음매~ 젖소가 편지를 쓴대요 도린 크로닌, 베시 루윈/주니어RHK

이 책을 읽으며 전에 모임에서 선배 선생님이 가져와 읽어 주셨던 그림책이 생각났다. 그때는 이런 주제로 받아들이지 않았는데 읽다 보니 딱 연결이 되었다.(연결의 유연성은 그림책의 최대 장점이다.) 이 책의 코믹, 유쾌, 압축판이라고 할 수 있겠다. 그림책에서 동물이 말을 하는 건 너무 흔한데, 이 책에서는 젖소들이 타자를 친다는 설정으로 시작된다. 주인인 브라운 아저씨가 헛간에 둔 낡은 타자기로 젖소들은 자신들의 불편함에 대한 요구를 하기 시작한다. 버티던 아저씨는 동물들이 우유도 달걀도 주지 않고 파업을 하자 어쩔 수 없이 타협을 한다.

동물들의 타자 치기는 점점 번져 가 마지막엔 메신저 역할을 하던 오리까지 타자를 치게 되는데 그 요구인즉, "연못은 너무 심심해요. 다이빙대를 만들어 주세요."였다. 아저씨는 이걸 어떻게 받아들였을까? "야, 보자 보자 하니까 이젠 눈에 뵈는 게 없어?"라고 했을까?

마지막 장면은 다이빙대에서 연못으로 풍덩 뛰어들어가는 오리의 궁둥이다. 우아~ 명장면이다. 그리고 명작이다.

사전의 정의를 다시 보자. '동물도 적절한 서식 환경에 맞춰 살아갈 수 있어야 하며'

내가 육식을 포기 못하듯 인간이 한순간에 동물들의 천국을 만들 수는 없겠지만, 이 점을 최대한 염두에 두어야겠고 동물권에 대한 목소리도 점점 높아져야겠다.

운동화 신은 우탄이 하재영/우리학교

원격수업 점검을 하는데 마침 참가율이 저조한 날이었다. 오전이 지나가는데 1교시 과제도 안 올린 아이들이 여럿 있었다. 그날따라 딱딱한 문자를 발송했다. 그제서야 구글 드라이브에 몇몇의 답변이 더 도착하고 과제 게시판에 인증샷이 올라왔다. 그런데 웬일인지 안 챙겨 줘도 가장 열심히 하던 아이 과제가 도착하지 않았다. 웬일일까 하던 차에 문자가 왔다.

"아침에 키우던 고슴도치가 하늘나라로 가서 마음을 진정하느라고 수업을 못 했어요. 지금 하겠습니다."

짧지만 눈물이 흐르는 듯한 문자였다. 황급히 답장을 보냈다.

"저런…ㅠㅠ 어떻게 위로를 해야 할까…ㅠㅠ 우리 집도 고슴도치 키운 적 있었어. 아이들이 엄청 울었지. 모르는 사람은 별일 아니라도 우리한텐 가족이었으니까… 쉬운 일이 아닌 거 알아. 진정하고 천천히 해요. 말뿐이지만 위로를 보냅니다.ㅠㅠ"

그 성실한 아이가 오전 내내 수업을 못할 만큼 비탄에 빠진 것이 고슴도치라는 미물 때문이었다는 말을 들으면 혀를 차는 어른이 있을지 모른다. 그런데 생명을 옆에 두고 밥을 먹으며 그 성장을 지켜보았다면 누구나 저 심정이 된다. 정도의 차이는 있겠지만 우리 반 아이를 이해할 정도는 된다. 보통의 사람이라면 누구나. 난 그렇게 생각한다. 그보다 더 애틋하고 마음을 다하는 사람들도 있다. 바로 이 책의 화자들이다.

이 책은 동화는 아니고 화자들 자신이 겪은 이야기를 들려주는 식이다. 자신과 마음을 나눴던 동물의 이야기를. 어떻게 만났는지, 어떻게 가까워졌는지, 어떻게 함께 지냈는지, 어떻게 보내 주었는지도. 이야기 사이사이에 동물권에 대한 상식이나 우리나라의 실태 등의 정보와 함께 생각해 볼 수 있는 페이지도 들어가 있다.

첫 번째 화자는 이 책의 작가다. 그는 10여 년 전에 친구가 못 키우게 된 치와와를 맡으면서 처음으로 반려동물을 알게 됐다.

"피피를 만나 누군가를 사랑한다는 것이 사람과 사람 사이에서만 일어나는 일은 아니라는 사실을 알게 되었어요. 나는 평범한 사람이고 피피는 평범한 개지만 나는 피피에게, 피피는 나에게 하나밖에 없는 특별하고 소중한 존재였어요."

그리고 그는 두 번째 반려동물로 유기견 입양을 선택한다. 안락사 직전의 호동이를 임시 보호로 데려왔다가 예쁜 털색이 아니란 이유로 외면당하자 직접 입양하기로 결정한 것이다. 이런 과정을 통해 작가는 동물과 더불어 사는 삶에 관심을 가지게 된 것 같다.

우리나라에서는 한 해 10만 마리 이상의 유기 동물이 생겨나고 있다고 한다. 쇼핑하듯 너무 쉽게 구입할 수 있고 쉽게 버릴 수 있는 체제가 문제다. 독일 같은 경우는 반려동물을 데려가는 절차가 매우 까다롭다고 한다. 이런 제도가 좀 필요할 것 같다. 강아지 공장 같은 번식장도 생기지 않도록 말이다.

다음 화자들은 동물권이나 유기 동물 구조 등의 단체에서 일하는 활동가들이다. 두 번째 이야기는 길고양이 하양이의 이야기다. 힘겹게 살아가던 하양이가 화자의 집 앞에서 숨을 거둔 건 유일하게 믿는 사람에게 새끼들을 부탁한 것이었다. 겨우겨우 새끼들을 붙잡아 울며 말하는 화자의 모습이 감동적이었다.

"하양아, 괜찮아. 네 아이들 모두 데려왔어. 이제 내가 지켜 줄게."

캣맘들의 지극한 이야기도 많이 들었고 캣맘들을 비난하는 얘기도 많이 들었다. 모두 각자의 입장이 있을 것이다. 최선의 방법은 뭘까? 지금으로선 TNR(포획-중성화-제자리방사)로 개체수를 조절하며 공존하는 방법이 최선이라고 한다. 그것도 자연스러운 방법은 아니지만, 인간이 너무 불편해도 안 되니까.

이어진 이야기들은 학대받고 버려진 동물들을 구조, 입양한 이야기였는데 인간의 잔인함과 이기심에 한숨이 나온다. 이런 사람들이 있고 화자처럼 구하는 사람도 있으니 인간도 급이 있는 것이 맞다. 모든 인간은 동등한지는 몰라도 급은 천 단계는 넘는듯. 나도 밑바닥급이 되지 않도록 노력하며 살 수밖에.

개와 고양이 이야기 외에 호랑이 이야기도 나온다. 서울대공원에서 태어난 크레인. 근친교배로 여러 질병과 기형을 가지고 태어난 크레인. 너무 불쌍한 삶을 살다 간다. 사람이 아니란 이유로 한 생명의 삶을 이렇게 맘대로 괴롭혀도 되는 걸까? 그런 의미에서 동물원의 존재 이유에 대해서 근본적으로 생각해 봐야 할 것이다. 구경거리가 되기 위해 자신의 종이 가진 본능과 야생성을 모두 죽이고 살아가야 하는 삶이 얼마나 고통스러울까.

마지막 이야기는 표지 그림의 주인공, 오랑우탄 우탄이의 이야기다. 동물쇼로 동물원에 큰 수익을 가져다 주던 우탄이는 어느 순간부터 쇼를 거부한다. 인간이 원하는 걸하지 않는 우탄이의 남은 삶은 비참함뿐이었다.

동물권, 동물 복지 이런 주장은 먹고살기도 힘들었던 예전에는 꺼내기도 우습게 들리는 말이었지만 그렇다고 이게 배부른 이야기도 아니다. 동물들의 야생성과 독립성을 지켜 주지 못한 결과로 인간들이 치르는 대가들이 가시화되고 있기 때문이다. 나는 세상 만물에 대한 사랑으로 가득찬 사람이 아니어서 이런 이기적인 결론에 도달한다. 공존을 모색하자고. 자연을(동물을 포함한) 최대한 침입하지 않는 것이 인간도 사는 길이라고.

이 책은 고학년부터 중학생까지, 관련 주제를 다룰 때 읽히면 활발한 토론으로 이어질 수 있을 것 같다. 다 읽는 게 물론 좋지만 여의치 않으면 꼭지별로 골라 읽고 이야기 나눌 수도 있겠다. 동물권을 다룬 많은 책들 중에서 마음을 움직이는 책으로 추천한다.

꽃섬 고양이 김중미/창비

작가의 삶이 반영된 이야기는 더 특별한 감동을 주는 것 같다. 소외된 이들이 엮어 가는 김중미 작가의 작품에서 늘 가슴이 먹먹한 감동이 느껴지는 것은 작가의 삶 자리도 그 안 어디쯤 위치하고 있어서가 아닐까. 널리 읽히던 『괭이부리말 아이들』이 나온 지도 거의 20여 년이 흘렀다. 이 작품을 보니 작가는 강화도의 산골짜기에 살고 있다고 한다. 그곳에서도 사라져 가는 것들, 버림받는 것들, 그들끼리 이어져 버티는 모습들을 보았을 것이다. 그것이 또 이렇게 작품이 되어 나왔다. 얼마나 바탕이 단단한지 빈틈이 보이지 않을 정도다. 그렇지만 단단한데 슬프다. 단단한데 외롭고. 오랜만에 책을 읽으며 소리 없이 눈물을 흘렸다.

개와 고양이가 등장하는 4편의 이야기가 들어 있다. 눈물은 아마 그래서 흘렀을 것이다. 그들이 화자인 이야기(「안녕 백곰」, 「장군이가 간다」)에선 인간에게 버림받는 아픔과 환경의 고통, 그 가운데서도 인간을 사랑하고 기다리는 마음이 절절히 느껴져 마음이 아팠다. 인간이 화자인 작품(「내 곁에 있어 줘서 고마워」)에선 주인의 지극한 사랑을 뒤로 하고 병의 고통 속에 떠나는 하양이의 모습이 너무 안타까워 눈물이 났다.

이 책에는 깜찍한 순종 개는 한 마리도 나오지 않는다. 파양되었다 다시 입양된 수민이에게 환대와 사랑의 느낌을 알게 해 준 하양이는 백구와 리트리버 잡종이고, 아빠 친구 집에 얹혀사는 다문화 아이 미나의 유일한 친구 백곰은 시베리안 허스키와 백구 잡종이다. 혼자 사는 할머니의 혈육 같은 장군이는 슈나우저 잡종이었다. 모두 다 덩치가 컸다. 말티즈나 요크셔테리어 같이 작고 귀여운 아이들은 집 안에서 귀여움을 받으며 크기 좋지만 인간의 쓸모에 위배되는 짐승들은 제 명대로 살기 어려운 게 현실인 것이다. 나도 우리 개 푸들 잡종이 작은 개인 줄 알고 허락했다가 나의 예상치를 훌쩍 넘기며 무럭무럭 크는 통에 엄청 당황했다. "이렇게 클 줄 알았으면 안 데려왔다."는 나의 말에 딸은 개의 귀를 틀어막곤 했다. 이제는 큰지 작은지 별 느낌 없이 함께 뒹굴며 살고 있지만.

첫 편 표제작 「꽃섬 고양이」에서 노랑이에게 마음을 주는 인물은 다리를 저는 최씨다. 세상 쓴맛 다 본 최씨가 동사의 잠에 빠져들기 직전에 그를 깨운 노랑이. 세 개의 다리로 씩씩하게 살아가는 노랑이를 응원하고 돕는 최씨. 인간과 동물을 떠나서 서로의 처지에 공감하고 지지하는 그들은 진정한 친구다.

「내 곁에 있어 줘서 고마워」에서 친부모에게 버려지고 파양까지 당한 수민이를 재입양한 아주머니는 알고 보니 두 아들을 근육병으로 떠나보낸 아픔이 있는 사람이었다. 인생이 얼마나 힘들고 원망스러웠을까. 그들 부부에게 사랑은 고통과 동의어였을 것. 하지만 다가오는 사랑을 마다하지 않는다. 수민이를 품에 안았을 뿐 아니라 버려진 개들까지도. 심플 라이프를 포기하고 성가심과 고단함, 구질구질함 모두를 끌어안는 이런 이들을 나는 존경할 수밖에 없다. 이들에 비하면 나는 정말 이기적인 사람이다.

「안녕, 백곰」에서 백곰은 끝내 떠나간 미나를 만나지 못했다. 미나가 돌아오겠다고 약속했지만 철거되는 그곳에서 백곰은 떠나야 했다. "살아 있어야 만나지." 그래, 미나는 언제고 다시 돌아올 것 같다. 그때까지 잘 버티고 있길.

「장군이가 간다」의 슈나우저 잡종 장군이의 모습은 내 눈에 선했다. 이윤엽님의 판화는 거친듯 어찌 이리 생생한지. 할머니와 끌어안고 잠든 모습도, 할머니가 돌아가셨다는 소식을 듣고 절망한 모습도. 할머니의 유언에도 불구하고 아들 며느리는 장군이를 섬에 버렸다. 떠돌던 장군이는 그곳에서 만난 해피와 함께 바다 위로 난 다리를 다시 건넌다. 선량한 인간 친구에 대한 믿음을 버리지 않은 채.

인간은 어떻게 보면 거기서 거기인 듯하면서도 어찌 보면 천사부터 악마에 이르는 스펙트럼을 가진 존재인 것 같다. 약자와 동물을 대하는 태도를 보면 그가 어디쯤 있는 사람인지 어느 정도 보인다. 나는 어떤 모습일까. 중간쯤이면 그나마 다행이다. 친구가 되자. 함께 살자. 늘 기억하고 있어야 할 이 책의 메시지다.

⚇ 아름다운 사람

4학년 도덕 교과서에는 '아름다운 사람이 되는 길'이라는 단원이 있다. 교과서에서는 아름다움을 외면적 아름다움, 내면적 아름다움, 도덕적 삶의 아름다움으로 나누어 설명한다. 물론 도덕 교과에서 강조하는 아름다움은 내면적 아름다움과 도덕적 삶의 아름다움일 것이다. 아이들에게 아름다움을 찾아볼 대상으로 우리 주변의 인물들을 살피는 활동이 가장 먼저 필요하다고 생각한다. 그다음으로는 책 속의 인물들에게서 아름다움을 찾아보는 활동도 좋겠다. 책 속의 인물이라고 하면 쉽게 전기문을 떠올릴 것이다. 물론 그것도 좋은 방법이다. 국어에 전기문 단원이 있으니 연계해도 좋다.

그 외에 문학작품의 인물들에게서 아름다움을 찾는 활동도 괜찮을 것 같다. 책을 읽는 데 너무 많은 시간을 들이면 곤란하므로 얇은 책이나 단편집 읽기로 접근한다. 이야기 중의 어떤 인물에게서 내면적 아름다움을 느끼는지, 그 이유는 무엇인지 쓰고 나누는 시간도 의미 있을 것이다. 그런 활동을 통해서 사람들은 어떻게 생각하고 말하고 행동하는 사람에게 아름다움을 느끼는지를 자연스럽게 알게 되고, 자신을 돌아보는 기회도 될 것이다.

문학작품에는 대부분 작가가 창조한 선량한 인물이 주연이든 조연이든 등장하기 마련이므로 딱히 목록을 정할 필요는 없겠지만 단편집으로 예시를 조금 들자면 다음과 같은 책들이 있겠다. 굳이 단편집으로 제한하지 않고 읽는 데 오래 걸리지 않는 얇은 책들을 넣는다면 훨씬 더 많고, 장편까지 포함시킨다면 문학 도서 전체가 해당될 것 같다. 일부러 이 주제 수업을 하기 위해 책을 구성하기보다는 문학 수업을 하는 중에 이 주제의 질문과 활동을 넣는 것이 더 자연스러울 것이다.

	제목	저자	출판사
1	바람을 가르다	김혜온	샘터
2	진주 빌라 별별 스타	김혜온	마루비
3	고제는 알고 있다	김기정	낮은산
4	오늘의 햇살	윤슬	문학과지성사
5	동단비 옆 동바람	이정아	문학동네
6	비밀의 무게	심순	창비
7	팽이 도둑	서정오	샘터
8	팔씨름	이인호	샘터
9	이불 바다 물고기	황섭균	웅진주니어
10	기다려, 오백원!	우성희	단비어린이
11	후루룩후루룩	윤해연	열린어린이
12	모퉁이 하얀 카페 심쿵 레시피	박현정	푸른숲주니어
13	진돌이를 찾습니다	안선희	대교북스주니어
14	담배 피우는 엄마	류호선	시공주니어
15	쿵푸 아니고 똥푸	차영아	문학동네
16	처음 만나는 톨스토이 단편선	김유철, 이유진	미래주니어
17	또야 너구리가 기운 바지를 입었어요	권정생	우리교육
18	별똥별	권정생	창비
19	내 이름은 백석	유은실 외	창비
20	학교에 간 할머니	채인선 외	창비
21	우리 용호동에서 만나	공지희	창비

― 아름다운 사람 참고 서평

고제는 알고 있다 김기정/낮은산

　김기정 작가님이 쓴 책이 엄청 많은데 다 읽어 보진 못했고 『바나나가 뭐예유?』와 『박뛰엄이 노는 법』이 가장 먼저 떠오른다. 다 읽어 보지 못했으니 단정할 수 없지만 작가가 중요하게 생각하는 건 이 두 가지라고 나는 느끼고 있었다.

　'아이들은 마음껏 놀아야 된다.'와 '동화는 재밌어야 된다.'

　그래서 난 본 적도 없는 작가님의 이미지를 이렇게 떠올린다.

　'늘 유쾌하고 유머 빼면 시체인 사람'

『고제는 알고 있다』에서는 기존의 그런 느낌이 많이 빠졌다. 대신 뭉클함이 그 자리를 대신한다. 그건 작가의 서문에서부터 느껴진다. 이런 출생의 비밀(?)을 가진 사람이었을 줄은 몰랐다. 그런데 정말 훌륭하게 자랐다. 그건 가족들뿐 아니라 주변 모든 사람들의 지지의 힘이었으리라. 이런 성장 과정에서 작가는 더 단단한 유머 정신(?)을 갖게 된 것 아닐까 혼자 짐작해 본다. 그리고 유쾌함 속에 약한 존재에 대한 애틋함과 지지가 보이지 않게 숨어 있었던 것 아닌지. 이 책은 그것이 온전히 드러난 작품이 아닐까.

「나의 걱정」은 아이들이 국어 시험을 보는 장면으로 시작한다.

9. 다음 중 걱정이 되는 때는 언제인가요?
(1) 동생이 내 장난감을 갖고 놀고 있어요.
(2) 아빠가 맛있는 빵을 사 오셨어요.
(3) 할머니가 많이 아프세요.
(4) 어젯밤부터 비가 와요.
(5) 놀이터에서 신나게 놀아요.

학교에서 이런 시험 문제를 본 적은 없다. 뭐 의도에 따라 나올 수도 있겠지. 하여튼 채점하시던 선생님은 이 문제를 4명이나 틀렸다는 사실에 깜짝 놀라 아이들의 생각을 묻는다. 나름대로의 이유가 재미있다. 그런데 승준이만 대답을 못하고 울먹인다. 승준이의 답은 5번 놀이터에서 신나게 놀아요.

친구들은 곧 알게 된다. 승준이의 동생 구준이 때문이라는 것을. 구준이는 태어나 한 번도 일어나 보지 못하고 침대에 누워만 있는 아이라는 것을. 엄마 아빠는 교대로 구준이 옆에 붙어 있어야 하고 구준이가 때로 발작도 일으키기 때문에 승준이는 부모님께 투정도 부릴 수가 없다. 놀이터에서 신나게 놀다가도 갑자기 발작을 일으켜 119가 오는 것 아닐까 걱정한다. 그러니 승준이의 답은 5번일 수밖에 없는 것이다.

선생님은 아이들에게 사과하고 9번 문제를 모두 맞은 걸로 해 준다. 그리고 승준이를 꼭 안아 준다. 이후 아이들의 놀이터는 한군데 더 늘었다. 그건 구준이의 침대 옆이었다. 친구들은 승준이가 더 이상 5번 답처럼 걱정하지 않길 바랐기 때문이다.

「2학년 2반 꼬마와 꺽대」는 읽다가 아이들이 엥? 할 것 같다. 두 아이가 유급하여 2학년에 머무르기 때문이다. 이건 어른이 된 이들의 옛날 이야기라고 알려 줘야겠다. 나 어릴 때도 유급은 없었는데? 뭐 그게 중요한 건 아니니까. 선입견과는 달리 이 둘은 알고 보니 아주 선했고 저마다의 재능을 갖고 있었다. 이 아이들이 마지막 시험을 통과하는 날, 모두 함께 박수를 쳤고 어깨동무한 채 함께 그 학교를 졸업했다.

마지막 이야기이자 표제작 「고제는 알고 있다」의 고제는 발달장애를 가진 아이다. 현장학습 때 고제를 '맡게' 된 '나'는 고제를 놓치지 않으려 따라다니다 이해할 수 없었던 고제 행동의 이유를 조금씩 알게 된다.

이런 이야기를 많이 가지고 있다가 때맞추어 아이들에게 들려줘야겠다는 생각이 든다. 도덕 교과서에 나오는 레나 마리아나 이태석 신부님 이야기는 '아름다운 사람' 주제로 매우 적절하고도 감동적이다. 하지만 아이들이 지금 당장 따라 하기에는 일상과 멀고 어렵다. 이 동화들을 읽고 '여기 나온 어떤 사람이 아름답니? 그 사람이 왜 아름다웠니?' 하고 묻는 것이 아이들에게 더 와닿을 수 있겠다. 지금 서 있는 곳에서 내가 어떻게 행동하는 것이 아름다움에 가까운지 생각할 수 있을 테니까.

가슴 서늘하고 앞이 안 보이는 현실의 이야기들을 동화로 읽는 것도 의미가 있지만, 이런 따뜻한 이야기들도 참 좋다. 가만 보면 상처받은 마음 때문에 못된 인간들이 많아 보이는 것이지, 실제로 세상엔 좋은 사람들이 조금 더 많다. (훨씬이라고 썼다가 자신 없어서 조금이라고 바꿈.)

분류상 이 책은 1, 2학년용에 들어가 있는데 교사가 읽어 주기로는 고학년에게도 좋을 것 같다. 이야기 주머니에 잘 챙겨 넣어둬야겠다.

미술

감상

미술 교과서 단원마다 들어 있는 '감상'은 평가 영역 중 하나이기도 하다. 감상 수업도 도서관 책 수업으로 훌륭하게 진행할 수 있다. 도서관마다 미술 감상 책은 충분히 있으므로 언제든 수업이 가능하다. 책 바구니로 교실에서 해도 되고, 학급별 도서관 시간을 활용해서 도서관에서 해도 된다. 다른 목록의 책들은 한군데 모여 있는 것이 아니기 때문에 미리 골라 담는 작업을 한 후에 학생들에게 제공해야 하지만 이 책들은 한곳에 모여 있고, 권수도 충분히 많으므로 굳이 바구니를 구성하지 않아도 된다. 우리 반은 도서관 시간 중 두 시간을 이 수업에 활용했다.

① 도서관 수업 시간에 미술 관련 책을 골라 읽으며 관심이 가는 화가를

선택하도록 한다.

② 첫 주에는 여러 책들을 탐색하고 둘째 주에는 한 권을 골라 계획서를
작성한다.

내가 만든 미술작품 자료집 계획서	
4학년 ( )반 이름( )	
내가 선택한 미술가 이름 읽으려 책 제목	
미술가에 대한 정보	
작품 제목	작품 설명
자료집에 실을 작품 고르기 (4점, 그 이상 고르려면 상담하기)	

③ 위 계획서를 바탕으로 『반 고흐 미술관』, 『김홍도 미술관』 등의 미술
감상 책을 만든다. 그림, 그림 설명, 나의 감상 등의 내용을 넣는다. (감
상 책에 들어갈 그림을 집에서 출력이 가능한 아이들은 집에서 출력해 오고 불가
능한 아이들은 위 계획서를 보고 교사가 찾아 출력해 준다.)

④ 이 정도 과정을 거치면 대부분 보통 이상의 작품이 나온다.

⑤ 책상 배열을 ㄷ자로 배치한 다음 안쪽과 바깥쪽에 의자를 두고 전체
인원을 두 팀으로 나누어 한 팀은 미술관장, 한 팀은 관람객이 된다.
궁금한 미술관에 가서 그림을 구경하고 설명을 듣는다. 감상 책의 뒷
면을 방명록으로 하고 관람객의 감상도 써넣는다.

　교사가 특정 화가의 작품을 소개해 주는 감상 수업도 좋지만 이러한 자유 감상 수업도 1년에 한 번 정도는 해 볼 만하다. 도서관의 미술 관련 서가는 보통 아이들의 발길이 닿지 않는데 이 활동을 통해서 책이 많이 활용되니 사서 선생님도 기뻐하신다. 그리고 이 분야의 좋은 책들이 정말 많다. 미술관에 가서 작품을 직접 감상하는 것이 가장 좋겠지만 그럴 수 없는 상황에서의 대안 활동이라고 해도 좋을 만큼 책들이 좋다. 아이들은 활동을 하면서 좋은 책들이 참 많구나, 이런 책들도 멋지구나, 예술은 아름답구나 등 많은 것들을 비로소 깨닫게 된다.

　같은 수업을 온라인 수업 상황에서도 해 볼 수 있다. 이때는 책 만들기가 여의치 않아서 패들렛에 명화 갤러리를 만들었다. 책 만들기도 좋지만 원격 페이지에 함께 만드는 갤러리도 꽤 좋았다.

앞에서 밝힌 대로 이 주제의 책은 굳이 목록 구성을 해 주지 않아도 된다. 아이들이 활동을 하기에는 화가 이름으로 된 책들이 편리하고, 종합적인 책들도 화가별로 구성이 되어 있으면 좋다.

─ 감상 참고 서평

딱 한마디 미술사 안소연/천개의바람

지난해 감사했던 행운 중 하나는 우리 반이 천개의바람 동시 대회에서 단체상을 받게 되어 아이들에게 한 권씩 나눠 줄 수 있을 만큼의 책을 선물로 받은 일이다. 학년말까지 함께 읽다가 마지막 날에 한 권씩 골라 갈 거라고 하니 각자 눈독 들이는 책들이 생긴다. 그중에 이 '딱 한마디' 시리즈를 탐내는 아이가 한 명 있었는데 독서량이 가장 많은 아이다. 나도 관심 있던 시리즈라 아이들 없을 때 한 권씩 읽어 보고 있다. 가장 먼저 미술사부터 골랐다.

100쪽 남짓의 얇은 분량에 미술사를 다 담는 게 가능할까 생각했다. 상세한 내용을 담지 못한 건 어쩔 수 없는 한계지만 주어진 분량 안에서 최대한 알차게 정보를 담았다는 점, 더하기보다도 빼기가 더 힘든 법인데 내용을 정선하기 위해서 저자와 출판사가 모두 많은 고민을 했겠구나 싶었다. 10장짜리보다 1장짜리 보고서가 더 힘들 때가 있다. 그때 이런 말을 하곤 한다. "보기엔 A4 한 장이지만 그냥 한 장이 아니야!"

이 책을 읽으며 마치 그런 느낌이었다.

이 책에서는 미술 사조별로 11명의 화가를 소개한다. '딱 한마디' 라는 컨셉답게 그들의 '한마디'를 소제목으로 삼았는데, 그 한마디에 화가의 작품 세계와 특징이 잘 담겼다. 그런 면에서 이 시리즈 컨셉이 참 마음에 든다.

"화가는 해부학을 알아야 한다."는 레오나르도 다빈치의 말은 화가이기 이전에 수학자, 과학자 등 모든 학문에 통달했던 천재 다빈치의 정체성을 잘 말해 준다고 생각한다. 인상주의의 대표 주자인 모네가 한 말 "빛은 곧 색채다."는 그의 작품에서 바로 확인할 수 있다.

처음 들어 본 한마디는 뭉크의 말이었다. "공포, 슬픔, 죽음의 천사는 태어날 때부터 늘 내 옆에 서 있었다." 나는 그의 작품으로 '절규' 밖에 몰랐는데 이 책에서 「병든 아이」를 보고 그의 부정적 감정의 근원을 이해할 수 있었다. 어릴 적부터 겪어 온 소중한 사람들과의 이별은 그에게 깊은 슬픔과 공포를 심어 준 것 같다. 「칼 요한 거리의 저녁」은 내 느낌에 절규보다도 더 기괴했다. 이런 감정을 품고 얼마나 괴로웠을까? 하지만 예술로 승화했으니 한편으로는 얼마나 다행인가.

"창조의 모든 행위는 파괴에서 시작된다."는 피카소의 멋진 말은 그의 작품 세계를 대변한다. "기본적인 것이 가장 아름답다."는 몬드리안의 말도 그렇다. 나는 예술가가 아니지만, 뭔가 가슴이 뛰는 말들이다.

이 책에서는 이런 식으로 다빈치와 미켈란젤로로 시작하여 사실주의, 인상주의, 후기 인상주의, 표현주의, 야수주의, 입체주의를 한 명씩 다루고 초현실주의 달리를 마지막으로 다루며 마무리된다. 만만해 보이는 분량에 접근성이 좋은 구성이면서 이 정도면 최대한 다룬 셈이라고 본다. 미술 감상 책의 입문서로 읽기에 좋아 보인다.

나는 해마다 미술 감상 수업을 도서관 활용 수업으로 진행한다. 좋은 책들이 너무 많아 그냥 지나치기 아까워서 견딜 수가 없거든. 아이들과 함께 미술관을 가 본다면 가장 좋겠지만 책을 먼저 접하는 게 더 좋을 수도 있다. 줌 수업 때 그 내용을 패들렛에 올려 나누었더니 훌륭한 온라인 갤러리가 되었다. 이 책을 함께 읽고 기본적인 지식을 갖춘 후에 심화로 그 활동을 하면 배움이 더 깊어지겠다는 생각도 들었다. 활용도가 좋은 책이다. 중학년 어린이들 가정에 소장용으로도 추천한다.

⁝ 관찰 표현

다양한 미술 교과서들을 살펴보면 관찰 표현 단원에서 곤충이나 식물 등의 생물을 소재로 다루기도 한다. 이때에도 책 바구니를 유용하게 사용할 수 있다.

관찰은 말 그대로 실물을 직접 보는 것이 최고다. 곤충을 루페로 관찰한다든지, 들에 나가 식물을 직접 들여다본다든지 하는 것이 제대로 하는 활동이다. 하지만 사정이 여의치 않을 때는 책 바구니 수업이 좋은 대안이 될 수 있다.

이때 활용하기 좋은 책들은 도감류들이다. 사진 도감은 사진 도감대로, 세밀화 도감은 세밀화 도감대로 장점이 있고 매우 유용하다. 도감 외에도 사실적인 그림이나 사진 자료가 담긴 책들은 어느 것이나 괜찮다. 자료를 보면서 그림으로 표현하는 것도 좋고 점토로 만들기 수업을 해도 좋다.

3학년을 맡았던 해에 미술 시간에 그리기-만들기로 이어서 두 주의 수업을 해 본 적이 있는데, 미술 수업이었지만 아이들이 책을 찾아보며 곤충 자체에 대한 관심이나 지식이 조금씩 늘어나는 걸 느꼈다. 아예 과학 교과와 연계해서 수업을 계획하고 진행해도 좋을 것 같다.

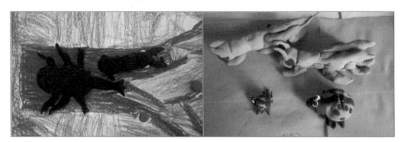

보물 창고 도서관에서 찾은 어린이책 활용 수업

식물 관찰 표현을 위해서는 세밀화 도감이 아주 유용했다. 종류가 학급당 인원수만큼 많지는 않으니 각 권당 여러 권씩 도서관에 구입해 두어 각자 1권씩 볼 수 있는 양을 확보하면 좋다. 우리 학교도서관에는 식물도감, 동물도감 모두 학급당 인원수만큼 있어서 쓰기에 편리했다. 도감류는 가격이 꽤 되니 한꺼번에 구입하기 부담스러우면 몇 년에 걸쳐 점차적으로 완비해도 좋을 것 같다.

─ 관찰 표현(식물 세밀화) 참고 도서

	제목	저자	출판사
1	세밀화로 그린 보리 어린이 식물 도감	전의식 외	보리
2	세밀화로 그린 보리 어린이 나무 도감	이제호 그림	보리
3	세밀화로 그린 보리 어린이 풀 도감	김창석 외	보리
4	세밀화로 그린 보리 어린이 곡식 채소 도감	김종현	보리
5	웅진 세밀화 식물도감	심조원	호박꽃
6	내가 좋아하는 꽃	남연정	호박꽃
7	내가 좋아하는 물풀	이영득	호박꽃
8	내가 좋아하는 풀꽃	이영득	호박꽃
9	세밀화로 보는 꽃과 나비	권혁도	길벗어린이

⚬ 수묵화 그리기

미술 시간에 처음 수묵화를 지도할 때 바로 자유 그림을 그리기는 어려워서 한두 번은 베껴 그리기를 했는데, 이때 옛이야기 그림책의 그림들을 활용해 본 적이 있다. 도서관 수업 시간에 옛이야기 그림책들을 탐색한 후 그중 한국화풍에 가깝게 그려진 그림책을 골라 교실에 가져와서 화선지를 대고 연필로 그리게 했다. 그리고 나서 화선지를 분리한 후 붓 펜이나 붓으로 연필선을 따라 그리고, 수채화 물감으로 채색하는 것이다. 그림책 작가의 그림을 따라 그린 것이기 때문에 꽤 완성도가 높은 작품이 나와 아이들은 흡족해 한다. 따라 그리기 수업을 이렇게 해 본 후에 직접 그리는 수업으로 이어 간다.

이 주제는 아이들과 함께 도서관에 직접 가서 탐색한 후 책을 골라서 진행했기 때문에 도서 목록을 만들지는 않았지만 예시 책을 몇 권 골라 보면 다음과 같다.

─ 수묵화 그리기 참고 도서

	책 제목	저자	출판사
1	마량과 신비한 붓	신정숙	단비
2	좁쌀 반 뒷박	김장성	사계절
3	도사 전우치	홍영우	보리
4	도깨비 방망이	홍영우	보리
5	불씨 지킨 새색시	홍영우	보리
6	딸랑새	서정오	보리
7	연이와 칠성이	박영만 원작	사파리
8	복 타러 간 총각	김영미	하루놀
9	구렁덩덩 새 선비	신현수	하루놀

10	소가 된 게으른 농부	이상교	국민서관
11	연오랑과 세오녀	김향이	비룡소
12	이야기 귀신	이상희	비룡소
13	반쪽이	이미애	보림
14	호랑이 꼬리 낚시	김명수	애플트리태일즈
15	연이와 반반 버들잎	이성실	애플트리태일즈
16	내 복에 살지요	엄혜숙	애플트리태일즈
17	오늘이	서정오	봄봄출판사
18	바리데기	송언	한림출판사
19	성주신 황우양	이상교	한림출판사
20	단군 신화	정해왕	현암사

이렇게 몇 개의 교과와 주제에 따른 도서관 활용 수업 사례를 소개해 보았다. 지금까지 소개한 사례들은 뭔가 대단한 계획을 가지고 완성된 형태로 진행한 것이 아니라, 그저 혼자 교실에서 소박하게 꼼지락거린 사례이므로 그대로 따라 해 보시라고 권하기는 어렵다. 다만 이런 예시들을 참고해서 선생님들 각각의 상황에 맞게 하고 싶은 수업의 주제를 떠올리시면 좋겠다. 도서관 활용 수업의 주제는 수업 주제 수만큼 많다. 그중 단지 몇 가지를 시도해 본 것뿐이니, 선생님들이 염두에 두신 수업 주제를 풀어 갈 실마리를 이 책에서 찾을 수 있다면 좋겠다. 그 수업은 동기유발이나 배경지식 쌓기 정도의 가벼운 시도부터 조사 학습, 독서 기반 프로젝트 학습까지 점차 확장될 거라 생각한다.

여기서는 교과별 주제에 따라 참고 도서 목록을 실었지만, 도서관마다 소장한 책이 다르기도 하고, 수많은 책이 빠른 시간 안에 새로 출판되고 절판되기 때문에 사실 도서 목록은 매우 유동적이다. 이 목록에 없어도 다른 좋은 책들이 많을 것이기에 이런 점을 염두에 두고 참고하시면 좋겠다. 또한 바뀌는 교육과정과 교과 내용에 따라 그에 맞게 연계하여 수업을 구성하시면 된다.

종종 퇴직하신 선배 교사들을 만날 기회가 가끔 있다. 여전히 현명하고 대화의 주제가 끊이지 않으며 즐거운 관심사를 갖고 있는 선배들의 공통점은 아직도 책을 손에서 놓지 않는다는 점이다. 언젠가 독서교육 연수에서 고등학교 국어 선생님이 이런 말씀을 하셨다.

"제 독서교육의 목표요? 아이들이 나이 들었을 때 돈이 많지 않아도 인생을 즐길 수 있는 길을 알려 주는 것입니다."

아이들의 학교 공부는 앞으로 10년 남짓이면 다 끝날 것이다. 하지만 배움은 거기서 그칠 수 없다. 사람은 배움에서 즐거움과 의미를 찾는 존재니까. 그 배움의 가장 큰 방법을 갖추고 세상에 나갈 수 있도록 도울 수 있다면 나의 역할에 보람을 느낄 수 있을 것 같다. 이 책은 그 방법을 고민하는 책이고, 지금까지 내가 발견한 최고의 방법이 바로 도서관 활용 수업이다.

"수업 주제에 따라 도서관 책 바구니를 구성해서 수업에 활용해 보세요. 도서관이 보물 창고임을 느끼실 겁니다!"

1장에서 나열한 사례들은 오직 이 말 한마디를 위한 것이다.

주제별 어린이책 활용 수업

1장에서는 도서관의 책들을 활용하여 교과와 연계한 책 바구니 수업 사례들을 소개했다면, 2장에서는 주제별 수업 자료로 어린이책을 활용한 사례들을 다루었다. 1장에서 소개한 책 바구니 수업은 학급 학생들 전체가 읽을 만큼의 분량으로 책을 준비해서 진행하는 수업이라면, 이번 장에서 소개하는 수업은 교사만 책을 가지고 있어도 책을 참고하여 진행할수 있는 수업이다. 교사 개인 소장 책을 활용하는 경우도 있지만 수업 자료로 활용 가능한 모든 책을 소장할 수는 없으니, 수업 준비를 위해 학교도서관에서 책들을 살펴보고 활용할 수 있다. 그런 의미에서 이런 수업도도서관 활용 수업이라 할 수 있다. 학교도서관이 교수학습지원센터의 역할을 충분히 한다면 교사가 수업 준비를 위해 학교도서관에서 자료를 찾아보는 경우는 더욱 늘어날 것이다.

교과서 말고도 찾아보면 다양한 수업 자료가 있다. 수업 주제에 적절한형태와 내용의 자료를 찾아 수업과 연결하는 것이 교사의 중요한 전문성중 하나가 아닐까? 아무래도 교사가 주로 사용하는 매체나 관심 있는 분야의 자료를 수업에 적용하게 되는데, 나의 경우엔 그런 수업 자료가 바로 '어린이책'이었고, 이를 효과적으로 적용할 때가 많았다. 그러므로 교사로서의 나는 어린이책을 사랑하는 순수 독자이면서 동시에 젯밥에 눈독 들이는 관찰자이기도 하다.

"이거 이런 수업에서 쓰면 좋겠는데?"

하지만 그 두 가지는 별개가 아니고 연결되어 있다. 나에게 좋았던 책이어야 수업에 활용할 마음이 들기도 하고, 신기하게도 교사가 진심인 책에 아이들도 빠져드는 것을 많이 봐 왔기 때문이다.

어린이책의 내용을 수업에 활용할 주제는 무궁무진하다. 어쩌면 수업의 모든 주제가 가능하다고 볼 수 있을 것이다. 그때그때 순간적으로 아이디어가 떠올라서 수업에 적용해 놓고는 잊어 버린 경우도 많은데, 몇 가지 기억에 남는 수업들을 소개해 보고자 한다.

자기 이해와 감정

⚲ 자기표현 하기

자기소개를 하는 방법은 여러 가지가 있다. 돌아가며 말하기, 글을 써서 발표하기, 활동지에 꾸며서 게시하기 등의 방법이 있다. 이런 일반적인 방법도 좋지만 뭔가 생각할 자료를 학생들에게 교사가 제시하고, 학생들이 그것을 통해서 자신에 대하여 생각해 본 후 그 결과물을 친구들에게 소개한다면 좀 더 의미 있는 활동이 되지 않을까? 그런 생각들을 이끄는 매개가 되는 책들도 있는데, 개인적으로는 『다다다 다른 별 학교』(윤진현, 천개의바람)를 꾸준히 활용하고 있다.

이 책을 읽어 보고 감탄한 다음, 그해에 바로 교실에서 활용해 보았다. '별에서 왔다'는 작가의 착상이 바로 감탄의 포인트였는데, 자신의 특성을 간접적으로 드러내는 말이면서도 모두가 반짝이는 소중한 존재라는 것을 은연중에 강조할 수 있는 말이다. 먼저 자기 자신에 대해 이해할 수 있고 그 결과물로 자기소개까지 할 수 있으니 아주 효과적으로 연결하여 수업에 적용할 수 있겠다고 생각했다. 처음 수업에 적용한 것은 2학기였는데 다음 해부터는 학년 초에 활용해 봐야겠다고 마음먹었다. 사실 언제 활용하든 시기는 크게 상관없지만, 이왕 활동하는 김에 자신을 소개하고 친구들끼리 서로를 알아 가는 데 의의를 둔다면 3월이 좀 더 적당하지 않을까 싶다.

3월 미술 수업에서 활용했을 때에는 일단 그림책을 읽어 준 다음, 이렇게 활동 안내를 했다.

"우리도 우리 반의 다다다 다른 별 학급 책을 만들어 봅시다. 한 장한 장 여러분이 주인공이 될 수 있게요."

학생들에게 도화지와 각종 채색 도구를 나눠 주고 각자 자유로운 방법으로 자신에 대해 소개하도록 한다. "나는 ~별에서 왔어."만 통일해서 표현하도록 하고 그렇게 표현한 이유가 잘 드러나도록 한다.

"~별에서 왔니?"라는 말이 교사들에게는 딱 느낌이 오는 질문이지만 아이들에게는 어렵지 않을지 감을 잘 잡을 수 있을지 걱정했는데, 별로 걱정할 일이 아니었다. 아이들은 자신들의 별을 잘 표현했다. 교사가 아이들의 이야기를 잘 모아서 제본만 하면 우리 반의 『다다다 다른 별 ○○반』 그림책이 탄생한다.

이 그림책 안에는 아이들 자신의 취향이나 관심사, 성격 등이 담기곤

한다. 한 아이는 자신을 '기다려 별'에서 왔다고 표현했다.

"느릿느릿한 나는 기다려 별에서 왔어. 나는 생각이 빨리 안 나서 그런지 꼼꼼해서 그런지 항상 느릿느릿, 나를 기다려 줘."

이 아이는 미술이나 글쓰기 등의 표현활동을 시간 안에 끝낸 적이 거의 없던 아이다. 그런데도 쉬는 시간까지 몰입해서 결국은 완성도가 뛰어난 작품을 제출했다. 아이를 답답해 하던 어머니는 이 작품을 학부모 상담 때 보여 드리자 눈물을 흘리셨다. 아이들이 자기표현을 제대로 했다면 상담 자료로도 충분히 활용할 수 있다.

보물 창고 도서관에서 찾은 어린이책 활용 수업

다다다 다른 별 학교 윤진현/천개의 바람

"너는 대체 어느 별에서 왔느냐?"

교사들의 머릿속에 하루에도 몇 번씩 떠오르는 질문일 것이다. 작가님에게 무한한 친근감을 느낀다. 우리네 교실이란 데가 온갖 별에서 온 그대들의 집합소인 것을 어찌 아시고 이렇게 재미난 책을 쓰셨단 말인가? 이분의 『위대한 가족』도 2학년 아이들에게 재미나게 읽어 준 적이 있다. 가족 소개 차시의 동기유발로 활용해서 알찬 활동으로 이어 갔던 고마운 책. 작가님의 그림엔 한 장면에도 수많은 이야기가 들어 있다. 그림에 대해선 아는 게 없지만 이렇게 구석구석 볼 게 있고 색감도 좋으며 그림체가 귀여워서 맘에 쏙 든다. 이 책의 전체 내용은 복잡하지 않다.

교실에 들어선 선생님이 깜짝 놀랐어.

"어이쿠! 너희들 대체 어디서 왔니?"

"우리요? 다 다른 별에서 왔죠."

우리는 돌아가며 자기가 온 별을 말했어.

다음 장부터는 14명의 아이들이 각각 자기가 온 별을 얘기하는 것이다. '작아도 별'에서 온 아이는 아주 작은 것들과 친구인 아이다. 그림 속엔 무당벌레, 개미, 달팽이 등이 각자의 얘기를 하고 있다. 우리 반 곤충박사 녀석이 생각나네.

'생각대로 별'에서 온 아이의 생각 주머니엔 온갖 신나는 상상이 가득하고, '물음표 별'에서 온 아이의 머리에선 물음표가 끝없이 뿜어져 나온다. 이런 식으로 반듯반듯 별, 눈물나 별, 숨바꼭질 별, 짜증나 별, 거꾸로 별, 장난쳐 별 등에서 온 아이들이 자기 이야기를 한다.

난 이 책을 3장도 넘기기 전에 재밌는 활동 아이디어가 떠올랐다. '다다다 다른 별 ♡♡교실' 책을 만드는 거다. 각자가 ☆☆☆별에서 온 자신을 한 장에 소개하고 꾸미고 그걸 모아 제본해서 우리 반 책으로 만드는 거다.

우리 반엔 정정당당 별에서 온 아이도 있고, 열등감 별, 내로남불 별, 양보 별, 친절 별, 꾸벅꾸벅 별, 만담 별, 예술가 별, 살얼음 별, 알토란 별 등에서 온 아이들이 있지만 이건 내 생각이고 스스로가 고백하는 출신 별들은 어떠할지 기대가 된다.

선생님을 눈빛 따스한 사람으로 그려 주신 것 또한 감사드린다. 우리는 알고 있다. 아이들은 백인백색 각자의 별에서 왔다는 것을. 하나같이 소중한 누군가의 아들딸이라는 것을.

⚇ 감정과 마음

감정의 중요성이 학교교육에서도 많이 강조되고 있다. 2학년 1학기 국어 교과서에는 '마음을 표현해요'처럼 온전히 감정을 다룬 단원이 있고, 이것은 뒤에 나오는 '마음을 짐작해요'와 연결되어 글쓴이의 마음을 짐작하며 글을 읽게 한다. 그리고 '다른 사람을 생각해요'로 이어져 상대방의 감정을 고려해 말하기까지 발전된다. 바로 다음 주제인 '바른 언어'로 연결되는 것이다.

아이들의 생활지도가 갈수록 어려워지는 데는 바로 이 감정의 알아차림과 대처 방식의 미숙함이 큰 몫을 차지할 것이다. 그래서 이 주제는 되도록이면 학년 초에 다루고, 아이들과 충분한 이야기와 활동을 나누는 데 중점을 둔다. 감정을 다룬 책들은 아주 다양한데, 그중 수업에 활용한 몇 권의 책들과 활동을 소개하고자 한다.

━ 우리들의 감정 사전 만들기

『아홉 살 마음 사전』(박성우, 창비)은 나오자마자 폭발적인 반응을 얻은 책이다. 일단 이 책의 일부를 PPT로 만들어 학생들에게 보여 주면서 감정 낱말 맞추기를 해 보았다.

보물 창고 도서관에서 찾은 어린이책 활용 수업

마지막에는 상황적 풀이를 아이들이 다시 쓰도록 해서 '나만의 감정 사전'을 만드는 것까지를 목표로 했다. 각자 만들어도 괜찮지만 2학년 아이들과 하기에는 쉽지 않아서 한 쪽씩 맡아서 만들고 이어 붙여서 학급 책으로 만들었다.

상황적 풀이를 주 내용으로 하니 어떤 상황에서 그런 감정을 느끼는지에 대한 솔직한 고백이 나오기도 한다. 예를 들면 '친구가 나보다 줄넘기를 잘해서 샘이 난다' 같은 식이다. 교사로서는 학생을 파악하는 데 도움이 되기도 하고, 아이들에게는 서로 공감하는 매개체가 되기도 했다. 그래서인지 이 학급 책은 연중 아이들이 꾸준히 가져다 보는 인기 책이 되었다.

중학년 이상이면 더 풍성한 내용이 나올 것 같고, 나아가 자신의 감정과 표현 방식을 고려한 '○○○ 사용 설명서'를 만들어 보는 것도 괜찮은 활동이 될 것이다.

― 감정의 종류와 조절 방법 알기

『어린이 감정 요리법』(마크 네미로프, 아이맘)에는 11가지의 감정을 '행복한 핫도그', '부끄러운 스파게티', '화난 사과' 식으로 음식에 빗대어 표현하고 있다. 그리고 그것을 어떻게 요리하면 좋은지 요리법을 소개한다. 이 책에서의 요리법은 결국 그 감정의 조절법인데, '요리법'이라는 표현이 아이들에게 좀 더 친숙하고 거부감 없이 다가갈 수 있는 말이라는 생각이 들었다. 우리 반은 이 책의 요리법만 읽었지만 만약 다시 이 책을 활용하여 활동해 본다면 이 '요리법'에 초점을 맞추어서 책에 나오지 않는 다른 요리법을 제안하는 활동도 좋을 것 같다.

우리 반은 학기초에 이 책을 읽고 활동지로 간단한 활동을 했다. '가장 싫은 감정과 상황을 표현하기', '가장 행복할 때 3가지 적기'였는데, 이것으로 이야기를 나누는 것만으로도 간단한 상담의 효과가 있었다. 학부모 상담 때 학부모들에게 보여 드리는 포트폴리오에도 이 활동지를 넣었는데 학부모들은 "아이가 이런 상황을 싫어하는군요.", "엄마가 안아 줄 때가 가장 행복하다니, 몰랐어요. 앞으로 많이 안아 줘야겠어요." 등의 이야기를 하기도 했다.

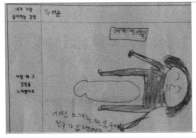

돌봄교실에서 가장 늦게까지 있던 아이였다. 내용을 가만히 살펴보니 친구들이 하교한 후 한적한 오후에 학교 화장실에 갔다가 느낀 감정을 적은 것이었다. 대화를 나누며 그 감정에 공감해 주었다.

저학년임에도 불구하고 학기초에 다른 아이들처럼 쉽게 다가오지 않던 아이였다. 좀처럼 말이 없었고 '무슨 불만이 있나?' 싶은 생각이 들 정도로 늘 뚱한 표정이었다. 그런데 아이가 작성한 활동지를 보고 "형이 그러면 안 되지!"라고 말해 주었더니 "그러니까요!!"라며 갑자기 말문을 트기 시작했다. 이후로 이 아이와 의사소통을 잘하고 지냈다.

고기 먹을 때 가장 행복하다는 아이의 솔직한 표현에 웃음이 났고, '학원 안 갈 때'라는 답변은 다른 아이들도 많이 공감했다.	엄마, 아빠와 같이 있지 못하는 상황에 있던 아이였는데, 이렇게 쓴 것을 보고 울컥했다. 하지만 아이는 열심히 학교생활을 했고, 다음 학년으로 올라가서도 잘 지내고 있었다. 지금도 잘 지내리라 믿는다.

'요리법'이라는 제목이 뜻하는 것처럼, 이 책의 포인트는 감정의 '조절'에 있기 때문에 앞서 소개한 활동에서 한 차시 더 나아가 조절법에 대하여 자기만의 방법을 소개하거나 교사가 조언을 해 주는 등의 생활지도로 이끌어 가는 수업을 추가해도 좋겠다.

― 다른 사람의 마음 짐작하기

너무나 유명한 백희나 작가의 『알사탕』(백희나, 책읽는곰)은 그냥 읽어 줘도 좋고 학급문고에 꽂아 놓기만 해도 아이들이 즐겨 찾으며 읽는 책이다. 좋은 작품의 특징이 그렇듯, 이 책도 다양한 해석이 가능하고 무한

161

히 생각의 가지를 뻗어 나갈 수 있다. 2학년 1학기 국어 '마음을 짐작해요' 단원과 연계하여 '속마음'에 초점을 맞춰 수업에 활용해 보았다.

아빠와 둘이 사는 동동이는 친구도 없고 너무 심심한데 어느 날 문구점에서 받은 사탕을 한 개씩 먹을 때마다 누군가의 속마음이 들리기 시작한다는 내용이다. 그 속마음이 때론 웃기고 때론 찡하며 감동적이기도 하다.

'내 주변 사람들의 속마음은 어떨까?'라고 짐작해 보는 활동으로 수업을 구성해 보았다.

✨ 그림책 『알사탕』 읽고 내용 이야기하기

- 선생님과 함께 그림책 『알사탕』을 실감 나게 읽으면서 그림도 감상해 봅시다.
- 동동이가 첫 번째 알사탕을 먹자 어떤 일이 일어났나요?
  - 알사탕과 무늬가 같은 소파의 목소리가 들렸어요.
- 동동이가 다음에 고른 알사탕을 보니 이번엔 누구의 목소리가 들릴 것 같나요?
  - 구슬이요. 등
- 마지막 먹은 무늬 없는 알사탕에서는 아무 소리도 나지 않았어요. 이번에 동동이는 어떻게 했나요?
  - 친구한테 먼저 놀자고 말을 걸었어요.
- 뒷면지와 뒷표지에서 알 수 있는 내용은 무엇인가요?
  - 동동이는 친구와 함께 즐겁게 놀아요. 등

그림책에서 동동이는 사탕을 먹을 때마다 소파, 구슬이, 아빠, 할머니 등의 속마음을 듣게 된다. 만약 우리도 사탕을 먹는다면 누구의 속마음이 들릴지, 그 누구는 나에게 어떤 말을 할지 상상해 보도록 했다.

- 여러분도 듣고 싶은 누군가의 속마음을 상상해 봅시다.

  (가족, 친구, 동물, 식물, 무생물 등 자유롭게 상상해 본다.)

- 그 누군가의 속마음을 들으려면 어떤 사탕을 먹으면 될까요?

  (대상의 특징을 살려 사탕의 무늬를 상상해 본다.)

- 그 누군가는 여러분에게 무엇이라고 말할까요?

  (말할 내용을 상상해 본다.)

도화지를 종이컵 크기로 둥글게 오려 놓았다가 나눠 주고, 상상한 사탕을 그려 보는 활동을 했다.

✧✍ 상상한 내용으로 그림책의 한 장면 만들기

- 사탕 모양의 둥근 종이에 사탕의 무늬를 그려 봅시다.
- 그 사탕을 입에 넣었을 때 들려올 소리를 상상해서 써 봅시다.

  (알사탕 하나씩을 먹으면서 상상하고 쓴다.)

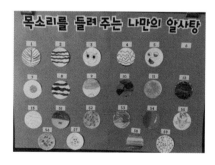

그린 사탕을 판에 모아 붙이고 함께 살펴보았다. 사탕의 모양을 보고 궁금한 사탕을 골라 그 이야기를 들어 보았다.

2학년 아이들이 상상한 속마음의 대상으로는 동물이나 식물, 자신이 갖고 있는 물건 등이 많았지만, 학년이 올라갈수록 가족이나 친구 등 주변의 사람들이 주로 대상이 되지 않을까 짐작해 본다. 앞서 소개했던 수업에서 특히 기억나는 사탕은 '가시 무늬 사탕'이었다. "이 사탕을 먹으면 누구의 속마음이 들리나요?"라는 질문에 아이는 "가시돌이요."라고 대답했다. 키우던 고슴도치를 어떤 이유 때문에 계속 데리고 있을 수 없는 상황에 있던 아이는 고슴도치의 속마음을 이야기하며 울먹였다. 어찌 보면 아이들이 자신의 감정을 꺼내야 하는 수업이라서 자칫 난감해질 수도 있기 때문에 운영의 묘가 많이 필요한 수업이다. 그래도 다른 이의 입장에서 그 마음을 생각해 보는 활동은 꼭 한 번 해 볼 만하다.

후속 활동으로 아이들이 표현한 속마음의 내용을 시로 써 보도록 했다. 앞서 그렸던 사탕을 시 종이에 붙이고 나머지 지면에는 시를 쓰도록 했는데, 교사로서 너무 욕심을 부렸나 싶은 생각도 들었다. 2학년 아이들 중에는 바뀐 입장에서 글을 쓴다는 것을 아예 이해하지 못하는 아이들도 몇 있었다. 이런 아이들에게는 그냥 편하게 글을 쓰도록 했다. 저학년 활동으로는 조금 무리가 될 수도 있지만, 중학년 이상이면 더 재미 있는 작품들이 많이 나올 것 같다. 작품을 묶어 우리 반 시 그림책으로 만들었다.

사탕에 숨겨진 누군가의 마음, 그리고 그 마음을 풀어낸 시. 두 가지 가 결합되어 특색 있는 시집이 되었다.

— 감정 수업 총집합

감정을 다루는 책들이 점점 늘어나던 중에 종합 버전이라고 할 만한 책 을 발견하고 매우 반가웠다. 바로 『열한 살 감정툰』(옥이샘, 창비)이다. 감 정 수업의 필요성도 갈수록 커지는데 이 책은 저자가 교사라 그런지 수 업을 염두에 두고 만들었다는 느낌이 든다. 실제로 이 책이 나온 후 저 자는 수업 자료를 제작하여 자신의 블로그에 탑재하였다. 온작품 읽기 로 수업을 해도 좋고 교사가 필요한 부분만 발췌하여 재구성해도 좋겠 다. 우리 반(4학년)은 마침 예산이 있어 학생 수대로 책을 구입해서 읽었 다. 만화라 아이들에게 접근성이 좋고 읽는 데 시간도 많이 걸리지 않아 수업에 활용하기 적절했다.

이 책은 감정의 종류에 따라 총 5장으로 구성되어 있다. 좋은 감정, 분한 감정, 괴로운 감정, 두려운 감정, 거슬리는 감정 5가지 중 좋은 감정을 제외하고 나머지는 흔히 우리가 '부정적인 감정'이라고 말하는 것들이다. 어찌 보면 아이들에게 부정적인 감정을 훨씬 많이 접하도록 하는 셈인데, 사실 인생이 그렇지 않은가. 굳이 '고해'라는 말까지 들먹이지 않더라도 말이다. 저자는 책에서도 수업 자료에서도 이런 감정들이 드는 것 자체는 문제가 없으며, 알아차림과 조절, 감정 표현이 중요하다고 강조한다. 우리 반 수업에서도 이런 부분을 강조하면서 여러 가지 활동을 했다.

책을 읽어 가며 기본적으로 '공감' 활동을 했고 최종적으로는 '표현'하는 활동을 해 보았다. 표현활동은 연극과 그리기로 했는데 그리기는 이 책 자체가 '툰'이므로 자연스럽게 귀결되는 활동이었고, 연극은 아이들이 아주 흥미로워 하는 활동이었다. 중간중간 장이 끝날 때마다 한 가지 감정을 모둠별 상황극으로 만들어 표현하도록 했고, 관객들은 그 감정을 맞추어 보는 활동을 했다. 부담을 줄이기 위해 시간을 많이 주지 않고 즉흥적으로 발표하게 했더니 돌발 상황들도 생겼지만, 오히려 그런 것들이 더 웃음을 자아냈다. 아이들은 상황극에 공감했고, 교사로서는 아이들의 감정을 이해하는 기회가 되었다. 아이들이 그린 툰은 묶어서 우리 반 감정툰 책으로 만들었다.

— 참고 서평

열한 살 감정툰 옥이샘/창비

활용도가 아주 높을 것 같은 귀한 책이다. 그동안 나를 포함한 많은 교사들이 수업이나 특별활동에 여러모로 유용하게 써먹었던 책의 계보를 잇는 느낌이랄까? 『아름다운 가치사전』(채인선) - 『아홉 살 마음 사전』(박성우) - 그리고 이 책이다.

옥이샘은 초등교육계의 고마운 인재다. 그림을 잘 그리는 능력도 참 부럽다. 저자는 한때 만화가를 꿈꾸던 사람이라고 하니, 표현력이 뛰어날 뿐만 아니라 이미 고유의 캐릭터와 그림체를 구축했다. 아이들이 참 좋아하는 그림체이고 표정도 풍부하다. 바로 이 책을 만들기에 딱 적당하다. 감정툰!

다섯 개의 영역으로 다양한 감정을 풀었다. 다섯이라고 하면 떠오르는 게 있을 것이다. 영화 「인사이드 아웃」의 주인공들! 기쁨이, 버럭이, 슬픔이, 소심이, 까칠이. 같은 분류와 같은 주제로 이루어져 있기 때문에 영화 수업과 병행해서 지도해도 좋겠다. 솔직히 그 영화가 쉽지 않다고 생각해서 아직 도전을 못해 봤지만, 이 책과 병행해서 본다면 아이들이 좀 더 편하게 이해하고 자신에게 적용점도 쉽게 찾을 수 있겠다.

영화와의 연계도 좋지만 그와 상관없이 책 자체만으로도 좋다. 매 영역마다 5~10개의 감정들을 만화로 풀었다. 만화 뒤에는 '이런 뜻이에요', '이럴 때 쓸 수 있어요', '넓혀 보세요'라는 제목으로 심화 페이지가 이어 나온다. '이런 뜻이에요'는 낱말 자체의 뜻을 기본적으로 익히기에 좋고, '이럴 때 쓸 수 있어요'는 다양한 사례를 통해 더욱 명료화하기에 좋다. '넓혀 보세요'는 저자가 제시해 준 '활동'인데, 개인 책을 소장한 아이들은 책에 직접 해도 되지만 교실에선 활동지를 따로 제작해서 하면 좋을 것 같다.

가장 좋았던 점은 저자가(교사가) 가진 감정에 대한 생각을 여러모로 차근차근 알려 준다는 것이다. 「인사이드 아웃」의 주제처럼 감정에는 각자의 역할이 있으며 그 자체로 좋거나 나쁘지는 않다. 다만 우리는 그 감정을 슬기롭게 표출하고 조절해야 할 필요가 있다. 모든 갈등과 다툼이 거기에서 비롯되기 때문이다. 교실이야말로 바로 감정의 북새통이다. 이 현장에서 부정적인 감정의 표출들이 난무하면 교사는 현기증을 느끼고 교실은 평화롭지 못한 공간이 된다. 이 책의 조언들은 모든 교실에서 꼭 필요한 조언들이다.

감정에 무방비로 휩쓸리지 않고 감정을 잘 조절하기 위한 첫 단계는 바로 '알아차림'이다. 이 책은 그 중요성을 잘 설명해 주었고 이 책 자체가 그 '알아차림'을 돕는 내용으로 되어 있다.

『아홉 살 마음 사전』처럼 이 책도 특정 연령대를 제목에 넣었다. 11살, 4학년. 가장 적정 연령대인 것 같긴 하지만 『아홉 살 마음 사전』이 그랬듯이 이 책도 전 학년에 모두 통용될 수 있겠다. 운영의 묘는 적절히 필요하다.

② 소중한 말

⚲ 이 말만은 안녕

처음 '말'에 대한 주제의 책들을 살펴봤을 때는 5학년 담임일 때였다. 그해 우리 학년에는 입에 비수라도 품은 듯 마구잡이로 휘두르는 말로 다른 이에게 상처를 주는 아이들이 꽤 있었고, 이것 때문에 학년 선생님들 모두가 1년 내내 긴장을 풀지 못하고 생활지도에 어려움을 겪었다. 마침 그 당시 교육과정에는 국어 교과에 언어 예절에 대한 단원이 학기마다 들어 있었던 걸로 기억한다. 최근 교육과정에도 학년마다 한 단원씩은 언어 예절, 공감 대화에 대한 단원이 들어 있다.

현재는 절판되었지만, 『바른 언어 습관이 쑥쑥 말풍선 왕국에 놀러와!』(안영은, 토토북)의 일부를 스캔하여 PPT로 만들어 아이들에게 보여

169

Chapter 2 · 주제별 어린이책 활용 수업

주었다. 발명가인 뾰족뾰족따끔따끔콕콕 씨가 훌륭한 로봇들을 만들었지만 능력 있고 일 잘하는 로봇들의 입에서 나오는 말은 날카롭고 뾰족하고 상처 주는 말이라서 여러 가지 문제들이 일어난다. 그것을 깨닫게 된 뾰족뾰족따끔따끔콕콕 씨는 결국 발명품들의 언어를 바꾸게 된다는 내용이다. 저학년 수준의 그림책이었지만 수업 시간에 활용하는 것은 고학년까지도 가능했다. 아이들이 꽤 흥미 있고 진지하게 보았고 다음 활동으로 자연스럽게 이어 갈 수 있었다.

이 책에서 이어진 활동은 '이 말만은 안녕!'(우리 반 친구들이 가장 상처 받는 말)이었다.

우리 교실에서 서로에게 상처나 불쾌감을 주는 추방해야 할 말
5가지를 골라 주세요.(가장 먼저 추방해야 할 말부터 순서대로)

1	
2	
3	
4	
5	

위와 같은 학습지 활동을 한 후에 각자가 생각한 추방해야 할 말 5가지를 모아 모둠에서 통계를 내어 '우리 반 친구들이 가장 상처받는 말'을 정하고 이 말만은 하지 않기 운동을 펼쳤다. 그림책으로 시작한 이 일련의 활동은 서로에게 상처를 주는 말을 확인하고 서로 조심하며 권

보물 창고 도서관에서 찾은 어린이책 활용 수업

고하는 수준까지 나아가 나름 효과를 거두었다. 그 당시 아이들이 뽑은 말들이 조금 의외였는데, 1위가 '관종'이었다. 다음은 "응 아니야~" "안 물~" 같은 무시하는 말들이었다. 아이들은 거친 욕보다도 자신을 무시하는 말에 큰 상처를 받는구나 싶었다. 물론 이런 결과는 해마다 구성원들에 따라 다르게 나올 것이다.

⚇ 배려하는 말

상대방의 기분을 고려해서 말하기를 지도할 때는 『나는 사실대로 말했을 뿐이야!』(패트리샤 맥키삭, 고래이야기)를 한번 다뤄 보는 것도 좋겠다.

　이 책의 주인공 리비는 거짓말을 해서 엄마한테 혼난 후에 절대 거짓말을 하지 않겠다고 결심하는데, 주변 사람들과의 관계가 더욱 악화된다. 그 이유는 요즘 쓰는 말로 '팩폭'에 해당하는 "너 양말에 구멍 났다." 라든가 "아주머니 정원은 밀림 같아요." 등등의 말 때문이다. "진실을 말하는 게 나쁠 수도 있나요?"라는 리비의 의문에 답하는 이 책의 조언은 학급의 아이들에게도 중요한 조언이 될 수 있다.

　"사실대로 말하더라도 문제가 될 수 있단다. 때가 적당하지 않거나, 방법이 잘못되었거나, 나쁜 속셈일 경우에 그렇지. 그러면 사람들 마음을 상하게 할 수 있어."

　"원래 좋은 약은 입에 쓴 법이지. 하지만 사실대로 이야기하더라도 애정을 가지고 부드럽게 말해 주면 삼키기가 훨씬 더 쉬울 거야."

그림책이라는 매개 없이 이런 내용을 지도한다고 생각하면 아득하다. 그래서 어린이책은 정말 고마운 수업 자료다.

⸙ 할수록 좋은 말들

『말하면 힘이 세지는 말』(미야니시 다쓰야, 책속물고기)을 읽어 주고 아이들이 생각하는 '힘이 세지는 말'을 발표해 보도록 하면 칠판 한가득 이야기가 나온다. 한 명이 하나씩 맡아서 그림으로 표현하고 각각의 그림들을 이어 붙인 후 표지를 만들어 붙이고 제본 테이프로 마무리하면 큰 힘 들이지 않고도 '우리 반 그림책' 한 권이 완성된다. 이 우리 반 그림책을 학급문고 한편에 놓아 두면 아이들이 닳도록 가져다 본다. 아이들의 작품으로 이 작업을 몇 번 하고 나면 아이들이 모든 작품 활동에 훨씬 정성을 들이는 모습을 볼 수 있다. 자신의 작품이 별 의미도 없이 묻혀 버리는 교실에서는 작품에 쏟는 아이들의 정성이 점점 떨어지게 된다. 그걸 방지하는 여러 방법 중에서 가장 효과를 보았던 방법이 이렇게 학급 책을 만드는 것이었다. 자신의 작품이 일회성으로 사라지는 게 아니라는 점, 책의 일부가 되어 읽힌다는 것을 경험한 아이들은 자기 작품에 최대한 공을 들인다.

    이런 수업 활동에 활용할 수 있는 책들로는 『세상에서 가장 힘이 센 말』(이현정, 달달북스), 『너에게 주는 말 선물』(이라일라, 파스텔하우스), 『다정한 말, 단단한 말』(고정욱, 우리학교)도 있다.

⚬ 말을 시각적으로 표현하기

『말의 형태』(오나리 유코, 봄봄출판사)는 '감각적'이라는 점이 다른 책들과의 차별점이다. "만약 말이 눈에 보인다면 어떤 모습일까?"라는 상상을 형상화한 작품이기 때문이다. 이 책을 읽고 같은 상상을 아이들에게 제안해 보고 아이들의 작품을 가지고 이런저런 이야기들을 나눠 보면 어떨까? 단순히 '고운 말을 써요', '배려하며 말해요'라고 가르치는 것보다 상상과 감각을 동원하여 이런 생각을 하도록 하는 공부가 훨씬 예술적이고 아이들의 마음속에 오래 남을 것이다.

한창 원격수업을 하던 때에 이 책을 읽어 주고 활동을 해 보았다. 온라인 보드에 그림을 그리고 어떤 말을 형태로 표현한 것인지 발표하면서 말이 가진 힘에 대한 생각을 나누었다.

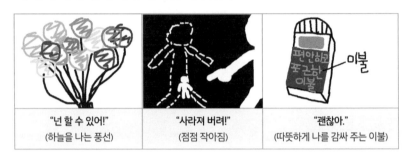

"넌 할 수 있어!"	"사라져 버려!"	"괜찮아."
(하늘을 나는 풍선)	(점점 작아짐)	(따뜻하게 나를 감싸 주는 이불)

⚇ 이해, 공감, 격려하는 말

이해, 공감, 격려하는 말하기 수업에는 『하늘을 나는 사자』(사노 요코, 천개의바람)를 활용했다. 이 책에 나오는 사자는 우리가 흔히 아는 사자의 이미지와 다르다. 이것저것 요구하는 고양이들 앞에서 힘들어 한숨을 쉬면서도 모든 것을 다 해 주는, 말하자면 '호구' 같은 캐릭터다. 그러다 사자는 쓰러져 돌이 되어 긴 세월 동안 깨어나지 못했는데, 사자를 다시 일으킨 건 한 아기 고양이의 "피곤했을 거예요."라는 한마디였다.

이 책을 과연 아이들이 좋아할까 살짝 걱정했는데, 읽어 주기가 끝나자 아이들이 약속이나 한 듯이 박수를 쳤다. 아이들은 아마도 다시 비상하는 사자의 모습에서 안도감과 기쁨을 느꼈으리라.

이 책과 함께 서준호 선생님이 개발하신 '토닥토닥 카드'를 결합시켜 수업을 해 보았다. 토닥토닥 카드는 위로, 공감, 격려가 되는 문구 45장으로 구성된 카드다.

우선 그림책을 읽어 주고 내용을 파악해 본다.

✧⚓ 그림책 읽고 내용 파악하기

그림책 『하늘을 나는 사자』를 함께 읽어 봅시다.

- 사자는 무엇이 가장 힘들었을까요?
- 힘들게 일하는데 아무도 알아 주지 않았습니다.
- 왜 쓰러져 일어나지 못했을까요?
- 힘들다는 말도 못하고 끝까지 일만 했기 때문입니다.
- 사자는 누구의 어떤 말에 힘을 내고 일어났나요?
- 아기 고양이가 "분명 피곤했을 거예요."라고 했습니다.

내용을 파악한 다음 토닥토닥 카드를 활용한다.

✧⚓ 토닥토닥 카드 선물 받기

지금부터 선생님이 여러분을 위로하거나 격려하는 카드 한 장씩을 책상 위에 놓아 줄 겁니다. 내 책상에 놓인 카드에 어떤 말이 쓰여 있으면 좋겠는지 간절한 바람으로 상상해 봅시다.

하나 둘 셋 신호와 함께 카드를 뒤집어 봅시다.

- 내가 듣고 싶던 말이 적혀 있나요?
- 어떤 말이 적혀 있나요? 돌아가며 읽어 봅시다.
- 괜찮아, 잘했어, 너를 믿어, 좋아질 거야, 넌 소중해 등

느낌을 이야기해 봅시다.

- 나한테 다가온 말을 읽는 순간 어떤 느낌이 들었나요?
- 위로받는 느낌이었습니다, 힘이 나는 것 같았습니다 등

책을 읽고 공감한 아이들은 진지하게 듣고 싶은 말을 떠올리는데, 이 때 발견한 흥미로운 사실은 카드에 쓰인 말이 자신의 기대와 크게 어긋 나는 경우가 거의 없다는 것이다. 카드의 문구 자체가 모두 위로, 격려의 문구이기도 하고, 수업 전에 우리 반 학생 수에 맞추어서 적절한 카드를 좀 더 정선해서 골라 놓기도 했기 때문이다.

✨🎤 친구들과 카드 주고받기 놀이

• 교실을 자유롭게 다니다가 새로운 친구를 만납니다. 가위바위보를 하고 이긴 친 구부터 상대편의 카드를 보고 거기에 적힌 말을 넣어서 친구에게 격려의 말을 해 줍니다.
  - 지현아, 네가 속상할 때 나는 네 편이 될게. 힘내.
   (카드 문구 : 네 편이 될게)
  - 재희야, 너는 참 좋은 사람이야.
   (카드 문구 : 좋은 사람이야)
• 서로 이야기를 주고받은 후에는 카드를 서로 교환하고 고맙다고 인사한 후에 헤 어집니다. 다른 친구를 만나서 똑같이 활동합니다.

어떻게 보면 장난으로 흘러가기 쉬운 활동일 수도 있지만, 분위기를 만드는 데 크게 힘들다는 느낌은 들지 않는다. 어른인 교사들도 이런 활 동에 참여하고 나서는 생각보다 몰입된다고 하는 걸 보면 분명 말에는 큰 힘이 담겨 있는 것 같다. 아이들의 소감도 그러했다.

"카드에 쓰여 있는 말 그대로 해 주는 거라는 걸 알지만 그래도 기분 이 좋았어요."

마무리로 '내가 가장 원하는 한마디'를 적어서 내고 수업을 마무리한다.

아이들이 마지막에 남긴 '나에게 가장 필요한 말'은 교사인 나에게도 각성이 되었고, 학부모 상담 때 전해 드려도 도움이 된다. 학부모들은 아이들이 남긴 말을 매우 진지하게 받아들이며 깊이 생각하시기도 한다.

⦿ 위험한 말

출간된 해 이후로 한 해도 빠짐없이 수업에 활용한 책이 바로 『그 소문 들었어?』(하야시 기린, 천개의바람)이다. 주로 줄거리 간추리기(요약) 수업에 활용한 후 몇 가지 키워드로 이야기를 나누고 독서 감상문 쓰기로 이어 갔다.

사악한 금색 사자는 왕이 되고 싶었지만, 선량한 은색 사자가 동물들의 마음을 얻고 있는 상황. 여기에 금색 사자는 살짝 균열을 냈다. 이런 저런 헛소문들을 넌지시 퍼뜨리는 것이다. 대부분의 동물들은 은색 사자에 대한 신뢰가 있었지만 헛소문에 1단계로 반응하는 입방정들이 있게 마련이다. 이들의 활약으로 소문은 발을 단다. 이때부터는 속수무책이다. 힘과 속도를 얻게 된 헛소문에는 브레이크가 없다. 결국 금색 사자가 왕이 되었고 나라의 운명은…….

고학년이 된 아이들의 말 중에서도 '생각 없는 뒷담화', '헛소문'의 위력은 대단하다. 이 책은 그걸 짚어 준다. 내가 이 책을 보고 눈이 번쩍 뜨여서 수업 자료로 소장하게 된 건 아픈 기억 때문이다.

어떤 해에 아이들이 엄청나게 말이 많았는데, 아름답고 생산적인 말보다는 그 반대인 경우가 많았다. 남의 말을 아무렇게나 하고 '아님 말고' 식이라 늘 나를 걱정시키더니 급기야 학년 대회에서 1등상을 받은 아이를 의심하는 헛소문을 퍼뜨리는 것을 발견했다. 담임들이 기겁하여 수습에 나섰지만 이미 금 간 마음의 상처가 없던 게 될 순 없었다. 모든 아이들이 이렇지는 않지만 인생사에서 자주 벌어지는 일이기도 하다.

학급에 특별한 문제가 생기지 않아도 예방주사 개념으로 이 책을 꼭 활용한다. 이 책을 7~8부분으로 나누어서 읽어 준 후에 부분별 간추리기를 하고, 연결해서 전체 내용을 요약하는 연습까지 한다.

보물 창고 도서관에서 찾은 어린이책 활용 수업

6학년과 수업할 때는 이야기의 구조(발단, 전개, 절정, 결말)에 따라 내용을 나누는 활동을 하기에도 적절했다. 다음은 원격수업을 할 때 구글 페이지로 안내했던 수업 내용의 일부다.

😊 이야기의 구조에 따라 나누기

요약한 내용을 이야기의 구조에 따라 나눠 볼까요? '이야기의 구조'는 **발단, 전개, 절정, 결말**로 되어 있다고 배웠죠?

아래 내용을 다시 한 번 읽어보세요.

- **발단** : 이야기의 인물과 배경이 소개되고 사건이 시작되는 부분
- **전개** : 사건이 본격적으로 발생하고 갈등이 일어나는 부분
- **절정** : 사건 속의 갈등이 커지면서 긴장감이 가장 높아지는 부분
- **결말** : 사건이 해결되는 부분

(사건이 해결된다는 것은 반드시 좋은 해결을 의미하는 것은 아닙니다. 해피엔딩도 있지만 그렇지 않은 엔딩도 많으니까요. 이 책도 해피엔딩은 아니죠.)

그럼 어느 부분이 발단, 전개, 절정, 결말이라고 생각하는지 여러분의 공책 왼쪽에 적어보도록 하겠습니다. 다른 색깔 펜을 사용해도 좋겠습니다.

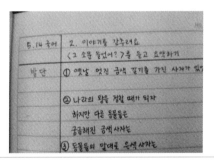

이 책을 읽으며 아이들에게 질문한 키워드들이 좀 어렵다는 생각은 들었지만, 함부로 하는 말에 대한 경각심을 주는 데는 성공했던 것 같다. 아이들도 책의 내용과 주제에 많이 공감했다.

:: 『그 소문 들었어?』을 읽고 쓴 독서 감상문 ::

옛날에 멋진 금색 갈기를 가진 사자가 있었는데 부자여서 동물들을 초대하여 금색 갈기를 자랑했습니다. 이 나라 왕이 죽을 때가 되자 새 왕을 정하라고 해서 금색 사자는 당연히 자기가 왕이 될 거라 생각했습니다. 그러나 다른 동물들은 마음씨가 곱고 힘이 센 은색 사자를 왕 후보로 생각했고 궁금해진 금색 사자는 은색 사자를 찾아갔습니다. 동물들의 말대로 은색 사자는 다른 동물들을 잘 도와줬습니다. 금색 사자는 왕이 되지 못할까 봐 은색 사자가 한 착한 일들을 나쁜 일로 바꾸어 소문을 퍼뜨렸습니다. 처음엔 소문을 믿지 않던 동물들도 점점 소문을 믿게 되고 은색 사자를 무서워했습니다. 은색 사자는 오해가 풀릴 거라 생각하고 가만히 있었습니다.

결국 금색 사자가 왕이 되었는데 제멋대로 다스려서 나라는 황폐해졌습니다. 동물들은 거짓 소문을 듣고 믿은 것을 후회하였습니다.

"정말 금색 사자만 잘못한 걸까?"라는 말이 나옵니다. 제 생각에 처음 잘못을 시작한 것은 금색 사자이고 믿은 건 동물들이고 가만히 있었던 건 은색 사자였으므로 금색 사자만 잘못한 것은 아닌 것 같습니다. 나라가 황폐해졌는데 은색 사자는 이제 어디로 갈 것인지 궁금합니다. 중요한 것을 정할 때는 신중해야 하고, 중요한 일이 다가오면 그 태도를 명확히 보여야 한다는 것을 알았습니다.

'그 소문 들었어?'는 나에게 도움과 교훈을 준 좋은 책인 것 같다. 나도 소문에 대한 안 좋은 추억이 있었는데 그 일 덕분인 것도 같고 이 책 덕분인 것도 같은데, 소문을 함부로 사용하면 다른 사람에게 상처를 줄 수 있다는 것을 배웠다.

'그 소문 들었어?'의 내용은 대충 이렇다. 왕 자리가 비었는데 금색 사자가 왕이 되려고 착한 사자에 대한 나쁜 거짓 소문을 퍼뜨려서 금색 사자가 왕이 되어 나라와 동물들이 망하는 이야기다. 결국 새드엔딩이다.

왜 해피엔딩이 아닌지 알 것 같다. 이건 함부로 소문을 사용하다 결국 나라까지 변하고 파괴될 수 있다는 것을 알려 주기 위해 쓴 것 같다. 소문이 때론 무기가 될 수 있다는 것을 알았다. 나는 친구에 대한 나쁜 소문을 들으면 소문내지 말고 좋은 소문만 쏙쏙 걸러서 이야기할 것이다. 거짓 소문은 당연히 만들지 않고.

⚲ 때로는 필요한 말

『말들이 사는 나라』(윤여림, 위즈덤하우스)는 기존의 '고운 말 쓰기' 교훈과는 시각이 조금 다르다. '착한 말'을 써야 한다는 당위에서 벗어나 어떤 '나쁜 말'은 경우에 따라 해야 될 때도 있다는 생각이 들어 있다.

'말'들이 사는 나라가 있었는데 그 말들의 이름은 감사말, 친절말, 사과말, 용서말 등이었다. 동음이의어의 효과를 멋지게 살린 아이디어다. 그래서 일단 동음이의어를 배우는 단원에서 도입으로 읽어 주며 겸사겸사 내용으로 이끌어 보았다.

동음이의어가 재미를 주는 외형적 요소라면 이 책의 진수는 '말'에 대한 작가의 철학이다. 착한 말이 대다수인 말나라에 '투덜말, 심술말, 화난말'이라는 나쁜 말 세 마리가 살았는데, 그들의 부정적 에너지는 모두를 힘들게 했다. 그래서 나중엔 다들 슬슬 피하게 되었다. 화가 난 세 말은 마을을 떠나 버렸고 평화가 찾아왔다. 여기서 끝나는 평범한 결말도 가능하지만 이 책은 여기서부터 제대로 시작된다.

작은 구름요정이 말나라를 찾아와 처음에는 좋은 관계를 맺었는데 점점 포악한 지배자가 되어 갔다. 나쁜 말을 할 줄 모르는 착한 말들은 괴로운 굴종 속에서 하루하루를 살아간다. 여기에 그들이 돌아왔다! 심술 나서 떠나 버렸던 나쁜 말 세 마리. 그들은 여전히 투덜대며 입성했고 그들의 예상치 못한 반격에 당황한 구름대왕은 점점 작아져 버렸다. 이제 나쁜 말들과 착한 말들은 힘을 합쳐 구름요정을 몰아낸다.

"여기는 말들이 사는 나라예요.

나쁜 말을 쓰는 법을 배운 착한 말들이랑

착한 말을 쓰는 법을 배운 나쁜 말들은

재미나게 놀다가 싸우기도 하고,

싸우다가 화해하고 재미나게 놀아요.

따그닥따그닥 말들은

오늘도 즐거워요."

아이들에게는 고운 말만 쓰라 가르치지만 사실 그것은 현실적이지 않다. 그러니 이 책을 읽고 아이들과 어떤 이야기를 나누면 좋을까? 착한 말들의 말에서 끝까지 취해야 할 것은 정중함이 아닐까. 그리고 나쁜 말들의 말에서 가져와야 할 것은 솔직한 자신의 감정 표현과 정확한 요구다. 여기엔 거절, 분노, 항의 등도 포함된다. 그러나 이것이 말꼬리 잡기나 진흙탕 싸움이 되지 않으려면 정중함을 갖추는 것이 좋다. 이와 같이 섬세한 접근이 필요하지만 착함과 나쁨의 단순한 흑백논리에서 벗어난 이 '말' 이야기가 무척이나 반갑다. 매년 읽어 주고 있지는 않지만 상황과 구성원에 따라 필요할 때가 있을 것 같아서 잘 챙겨 두고 있는 책이다. 혹시 우리 반의 '착한 말'들이 거절을 몰라 마음이 황폐해지고 있다면 넌지시 읽어 주고 이야기 나누어도 좋을 것 같다.

말의 형태 오나리 유코/봄봄출판사

국어 교과에서 예전과 달라진 점 중의 하나는 '말의 힘'이라든지 '말의 영향' 등의 주제를 통해 '말하는 태도'를 따로 다루는 단원이 늘어났다는 것이다. 옛날에야 언어폭력이란 말도 거의 쓰지 않았고 언어 태도를 국어 수업에서 따로 다룰 필요를 크게 느끼지 못했겠지만 지금은 저학년부터 '고운 말을 해요', '다른 사람을 생각해요' 등의 제목으로 언어 예절을 다루는 단원이 있다. 필요성이 부각되었기에 더 강조된 단원이 아닐까 싶다. 사람들의 감수성은 민감해진 데 비해 언어의 폭력성은 전혀 줄지 않았다. 결과적으로 말로 인한 상처와 갈등은 더 심화되고 있는 듯하다.

그래서 나는 몇 권의 책을 챙겨 두었다. 『세상에서 가장 힘이 센 말』이라든가 『말풍선 왕국에 놀러 와!』 『나는 사실대로 말했을 뿐이야』 같은 책들이다. 여기에 하나를 추가할 수 있을 것 같다. 좋은 주제로 이끌 수 있을 뿐 아니라 그 자체로도 매우 아름답고 감각적인 책이어서 더 귀하게 느껴진다.

유아, 어린이가 읽을 책인데 제목을 『말의 형태』라고 한 것이 괜찮을까 생각했다. '형태'라는 말이 너무 딱딱하고 어렵지는 않을까. '모양' 정도로 하면 그래도 이해가 쉽지 않을까? 하지만 번역가나 편집인들이 내가 한 고민을 안 했을 리는 없으니 뭔가 이유가 있을 거라 생각한다. 아이들에게 읽어 줄 때 "형태가 뭐예요?" 하면 "응, 모양이랑 같은 말이야."라고 답해 주면 될 것 같다.

작가는 상상한다. 말에 형태가 있다면 어떨까? 그리고 이런 문장으로 시작한다.

"만약

말이 눈에 보인다면

어떤 모습일까?"

이어지는 상상은 참 감각적이었다. 그 장면이 연상되기도, 촉감이 느껴지기도 했다.

"혹시,

아름다운 말은 꽃이 아닐까.

형형색색 꽃잎이 되어

입술에서 팔랑팔랑 떨어져 내릴 거야."

이와 같이 문장 자체도 감각적인데, 물을 많이 써서 번짐 효과를 사용한 수채화 또한 느낌이 뚝뚝 떨어졌다. 가장 느낌이 강렬한 상상은 이런 것이다.

"누군가를 상처 주는 말이

못처럼 생겼다면 어떨까.

말할 때마다 뾰족한 못이

입에서 나가 상대방에게 꽂히는 것이

눈에 보인다면."

그렇다. 정말 저렇다면 우리가 하는 말은 달라질 수 있겠지. 그 외에도 작가가 만든 '형태'는 정말 그 말의 내용과 잘 어울려서, 감탄하며 책장을 넘기게 되었다. 그것만으로도 이 책은 감상하기에 참 좋은 책이다.

조금 더 욕심을 내서 아이들에게서 많은 생각을 끌어낼 수도 있을 것 같다. 우리가 하는 수많은 말들이 형태를 갖고 있다면, 그건 어떤 모양일지 이야기를 나눠 보고 이 책처럼 그림을 그려 볼 수도 있겠다. 합해서 우리 반만의 『말의 형태』 책을 만들 수도 있다. 아마도 저학년일수록 기발한 발상이 많이 나올 거라 예상한다.

그려 보는 것에서 그치지 않고 "왜 이 말에 이 그림을 그렸어?"라고 물어본다면 아이들의 경험, 그로 인해 형성된 생각들까지도 짚어 볼 수 있을 것 같다. 아이들끼리 서로 공감하고 남의 생각을 통해 배울 수도 있을 것이다.

중반부를 넘어가면 이런 질문도 나온다.

"말이 보이지 않아서

좋은 점은 무엇일까.

말이 눈에 보여서

기쁜 점은 무엇일까."

말의 모습이 보이는 것과 보이지 않는 것, 어떤 것을 고르겠냐고 묻는다면 나는 아마도 보이지 않는 걸 고를 것이다. 당연히……?

내 말이 갖고 있는 모양, 말 너머에 존재하는 그 실체. 그건 꺼내 놓기 어려울 때가 훨씬 많기 때문이다. 좋은 모양일 때도 없는 건 아니겠지만.

3

가족과 사회

○ 다양한 가족

'가족'은 1, 2학년 주제 중심의 통합 교과서에 등장하는 주제이다. 꽤 오래전의 기억이지만, 『수업, 비평의 눈으로 읽다』(이혁규, 우리교육)에 나오는 여러 수업 가운데에서 가족을 다룬 수업이 참 신선했다. 가족의 상처를 건드리지 않는 우회적 활동이 참 좋은 아이디어라고 생각했다. 자기 가족의 형태를 직접적으로 소개하는 것이 아니고, 잡지 등에서 인물들을 골라 가족을 구성하고 자신들이 구성한 가족을 소개하는 식의 활동이었다. 이후 2학년을 맡아 통합 교과서를 받아 보고는 '교과서 쓰신 분들이 그 책의 수업을 염두에 두신 게 아닐까?'라는 생각이 들 정도로 그러한 활동을 하기 좋게 구성되어 있었다. '가족의 형태'와 관련한 수업에 『이웃집에는 어떤 가족이 살까?』(유다정, 위즈덤하우스)를 활용했다.

우리 반은 '책 읽는 교실'이라는 4인 1조 돌려 읽기 프로그램을 진행하고 있어서 그중의 한 권으로 읽었지만, 두껍지 않은 책이니 교사가 보여 주는 수업으로도 충분히 가능하다.

이 책은 구구절절 설명이 길지 않고 내용이 간결한데, 그 여백을 효과적으로 채워 주는 존재로 고양이 '미오'가 있다. 도도한 고양이 미오는 이제 길거리 생활을 청산하고 싶어 자신이 살 가정을 물색하기 시작한다. 고양이 미오가 들여다본 각 가정의 모습. 그게 이 책의 내용이다. 내용에 맞추어 이런 활동을 할 수 있다.

✧🏠 활동 1. 가족의 형태 살펴보기

- 『이웃집에는 어떤 가족이 살까?』에 나오는 고양이 미오입니다. 미오 옆에 말 주머니가 놓일 거예요. 누구네 집에 가서 생각한 것인지 책에서 찾고 맞추어 보세요.

  - 할아버지, 할머니, 아빠, 엄마, 삼촌, 고모, 형, 동생… 방에 아기도 있잖아!
    ⋯▸ 들이네 가족

  - 이 가족은 모두 셋! 그런데 엄마랑 아빠랑 둘 다 회사 다녀서 무척 바쁜가 봐. 여기 살다간 매일 나 혼자 밥 먹어야 되는 거 아냐? ⋯▸ 현지네 가족

  - 할머니와 둘이 살고 있구나. 할머니와 손녀가 오순도순 얘기하는 모습이 참 다정해 보여. ⋯▸ 수미네 가족

  - 원래는 엄마와 둘이 살던 가족이었어. 그러다가 다른 가족과 합쳐져서 새 가족이 만들어졌지. ⋯▸ 재민이네 가족

  - 아빠는 한국 사람인데, 엄마는 필리핀 사람이야. ⋯▸ 소정이네 가족

다양한 가족의 형태가 존재하고, 그것이 당연하다는 사실만 이해하면 충분하다고 생각한다. 가족의 형태에 붙는 이름을 한 번 언급하는 정도는 괜찮지만 굳이 강조해서 지도할 필요는 없다고 생각한다.

몇 년 후 교육과정이 한 번 더 개정되고 다시 2학년을 맡았는데, 교과서의 이 주제가 등장하는 단원에 고양이 '까망이'가 등장했다. 이런저런 가정을 찾아가 본다는 설정도 비슷했다. 덕분에 이 책을 수업에 활용하기는 더 좋아졌다. 최종 활동으로 앞서 언급한 책『수업, 비평의 눈으로 보다』에 나오는 활동으로 마무리했다.

✦⚗️ 활동 2. 가족 만들기

- 모둠별로 행복한 가족을 만들어 보겠습니다. 가족의 구성원은 모두 다릅니다. 모둠 봉투에 들어 있는 사람들을 모두 도화지에 붙이고 가족의 역할과 자랑거리를 협의해서 정해 봅시다.
  - 모둠별 봉투 뽑기
  - 인물의 역할과 이름 정하기
  - 가족의 자랑거리 쓰기
  - 발표하기

가족 단원을 배우는 동안 여러 형태의 가족에 대한 그림책을 한 권씩 읽어 주었다. 굳이 "이 그림책은 무슨 가족에 대한 내용이다." 하는 식으로 용어를 강조하진 않았다. 한 권씩 읽는 과정을 통해 가족의 형태는 다양할 뿐, 좋고 나쁨, 정상과 비정상 등으로 나눠지는 것이 아니라 모두가 소중하다는 것을 알게 되기를 바랐다.

* 『**위대한 가족**』(윤진현, 천개의바람)

'우리 집과 가족을 소개해 봅시다'라는 차시 활동에 앞서 읽으면 좋을 책이다. 이 책에는 6인 가족이 동물 캐릭터로 나온다. 아빠는 사자, 엄마는 코끼리, 큰형은 캥거루. 이런 식으로 가족 구성원의 특징과 개성을 동물 캐릭터로 재미있게 표현했다. 스토리도 재미있고 주제도 좋다. 이 책을 읽고 같은 제목의 미니북을 만들어 자기 가족 소개를 해도 좋다. 평범하게 소개해도 되고 이 책처럼 동물 캐릭터로 해도 된다고 하면 그림을 좋아하고 아이디어가 좋은 아이는 아주 재미있게 책을 만든다. 결과물이 좀 편차가 크긴 했다.

* 『**엄마가 만들었어**』(하세가와 요시후미, 천개의 바람)

아빠가 돌아가신 한부모가족. 아빠 노릇까지도 해 주려는 엄마. 씩씩하지만 때론 허당 같기도 한 엄마와 그것을 받아들이는 아들의 모습이 흐뭇하다. 결핍이 결핍 아닌 게 될 수는 없지만 서로 보듬으면 그 구멍은 작아진다. 긍정적 마인드(어쩌면 쿨한 태도?)도 무척 중요하다. 등장인물의 이런 태도와는 별개로, 몇 번을 읽어도 읽을 때마다 울컥하게 되는 책이 있는데 내게는 이 책이 그렇다. 아들이 "아빠를 만들어 줘!" 라고 볼멘소리를 하는 대목과 마지막에 양복을 입고 공개수업에 참여한 엄마가 귓속말로 "엄마가 만들었어."라고 하는 대목. 씩씩한 모자의 모습이 그냥 그대로 아름답고, 이웃인 것처럼 친근하게 느껴지는 그림책이다.

*『뒷집 준범이』(이혜란, 보림)

단칸방에 할머니와 단둘이 사는 준범이네는 말하자면 조손가정이다. 준범이를 키우려면 할머니는 일을 나가야 하고, 그러면 준범이는 어두컴컴한 방 안에서 혼자 논다. 준범이가 창문을 열면 내다보이는 이웃에는 시끌벅적한 아이들이 산다. 어느 날 창문으로 보이는 얼굴을 향해 한 아이가 손을 내밀었다. "너도 같이 놀자!" 그리곤 잠시 후, 현관문이 쿵쿵 울린다. "준범아 노올자~"

그때부터 컴컴한 단칸방은 아이들의 놀이방이 된다. 창문을 통해 먹을 것을 넣어 주시는 강희 엄마 등 이웃 어른들이 있기에 이 상황은 따뜻하다. 이웃사촌이 있다면 외롭지 않을 아이들이 많을 텐데, 나 자신도 강희 엄마 같은 사람이 되지 못해 조금은 미안한 이야기. 하지만 아이들은 재미있게 읽었다.

*『초코 엄마 좀 찾아 주세요!』(게이코 가스자, 보물창고)

외톨이 아기새 초코의 이야기를 통해 입양 가정을 보여 주는 책. 자기랑 닮아 보이는 동물들을 찾아가 자기 엄마냐고 묻는 초코가 너무 귀엽고도 애처롭다. 엄마를 끝내 못 찾고 슬퍼하는 초코에게 닮은 곳이 한군데도 없는 곰 아줌마가 엄마가 되어 준다. 곰 아줌마 집에 따라가 보니 하마, 악어, 돼지 아이들이 있다. 마지막에 곰 아줌마가 이 아이들 모두를 안고 있는 장면을 보고 학생들에게 한 낱말로 표현해 보라고 했더니 여러 가지가 나왔다. 행복, 포근함, 사랑, 기쁨, 따뜻함 등등. 꼭 핏줄로 맺어져야만 가족이 아니며 세상에는 초코처럼 외로운 아이도 생기지만 곰 아줌마 같이 이들을 품고 가족이 되어 주는 훌륭한 엄마들도 많다는 이야기를 했다. 입양이라는 말도 자연스럽게 아이들의 입에서 나왔다. 이 책은 지금은 절판되었다.

*『이모의 결혼식』(선현경, 비룡소)

다문화가족 이야기는 몇 권이 더 있는데 이 책이 무난했다. 내 가족이 다른 나라 사람과 결혼하면 다문화가족이 되는 것. 그다지 멀지도 이상하지도 않은 이야기이다.

*『**숲 속 사진관**』(이시원, 고래뱃속)

부엉이네 사진관은 가족 전문 사진관이다. 많은 동물들이 가족 사진을 찍으러 온다. 각 동물들이 사진관을 찾아오고, 한 장을 넘기면 다음 장에 그들의 가족 사진이 나오는데, 넘길 때마다 아이들이 까르르 좋아한다. 마지막으로 판다가 "나도 가족 사진 갖고 싶어요."라며 조용히 다가왔는데, 1인 가족이니 독사진 아니겠는가? 그런데 셔터를 누르려는 순간, 앞에 찍었던 모든 가족들이 합세해 함께 찍는다. 멋진 가족 사진이다. 이 책으로 우선 1인 가족에 대한 이야기를 나누었다. 현대에는 혼자 살아가는 사람들도 많지만 핏줄로 연결되지 않아도 이렇게 가족이 될 수 있다고. 이 책의 후속작인 『숲 속 사진관에 온 편지』도 좋다.

*『**새로운 가족**』(전이수, 엘리)

9살 때 영재발굴단에 나왔다는 전이수 작가의 작품 세계는 놀랍다. 그중에서도 이 작품은 입양된 자신의 동생과 가족 이야기를 창의적인 이야기와 색다른 그림으로 표현하고 있다. 장애가 있는 입양 동생, 그 동생으로 인한 불편함을 처음에는 참지 못하던 주인공. 그 주인공이 가족의 참된 의미를 깨닫게 되기까지의 과정이 어린이가 쓰고 그렸다고 하기에는 믿기 어려울 정도의 깊이로 표현되어 있다.

*『**우리 가족이야**』(윤여림, 토토북)

다양한 가족의 모습을 보여 주는 이 책은 참 매력적이다. 에피소드별로 한 가족씩 소개하는데 그게 다 연결되어 한 바퀴 돌아 제자리로 돌아오는 구성으로, 마치 세상 모든 가족은 이렇게 둥글게 연결되어 있다고 말해 주는 것 같다.

⚇ 가족 관계

부모와 자녀의 관계를 다룰 때는 아주 유명한 그림책 『엄마를 화나게 하는 10가지 방법』(실비 드 마튀이시윅스, 어린이작가정신)을 활용해 보았다. 이렇게 반어적인 제목으로 독자에게 재미와 각성을 주는 책들이 이 책 말고도 여러 권 있는데, 같은 작가가 쓴 『아빠를 화나게 하는 10가지 방법』, 『동생을 화나게 하는 10가지 방법』, 『선생님을 화나게 하는 10가지 방법』 등이 있다. 또 『친구를 모두 잃어버리는 방법』(낸시 칼슨, 보물창고)도 비슷한 방식으로 오래 활용한 책이다.

이 책의 제목을 패러디하여 『부모님을 기쁘게 하는 6가지 방법(부제 : 이것이 효도다)』이라는 제목으로 책 만들기 활동을 해 보았는데, 꽤 재미있는 시간이 되었다. 활동 결과물을 가정으로 보내서 부모님의 간단한 소감을 받아 오도록 했더니 부모님의 생각과 자녀의 생각이 같은 경우도 있지만 전혀 다른 경우도 있어 한참 웃기도 했다. 예를 들면 "혜진이가 설거지 도와주는 걸 효도라고 생각한다니 엄만 너무 고맙다." 식의 답변도 있었고, "혜진아, 그렇게 생각해 주는 건 고마운데 엄마는 혜진이가 설거지보다도 그 시간에 책을 보면 좋겠어." 식으로 답변을 써 주신 경우도 있었다. 어떤 답변이든 부모와 자녀 사이에 소통이 이루어졌다는 데 의미가 있다.

형제 관계를 다루는 주제로 들어갈 때는 『난 형이니까』(후쿠다 이와오, 미래엔아이세움), 『우리 집엔 형만 있고 나는 없다』(김향이, 푸른숲주니어)를 함께 읽고 자신의 경험과 연관 지어 상대방의 입장을 생각해 보는 수업도 의미 있었다. 형제 관계에 대한 문제를 건드려 주면 교실은 벌집을 쑤셔 놓은 상태가 되곤 한다. 형인 아이들이나 동생인 아이들이나 똑같다. 저마다 자신의 억울한 입장을 토로한다. 이럴 때 공감할 수 있는 책을 함께 읽고 아이들의 토로를 들어 주는 것만으로도 꽤 억울함을 해소

보물 창고 도서관에서 찾은 어린이책 활용 수업

해 주는 효과를 볼 수 있다.

동화책이라서 읽어 주는 데 시간은 좀 걸리지만 아이들이 아주 흥미 있어 하는 책도 있다. 『레기, 내 동생』(최도영, 비룡소)이다. 형제 관계(언니, 동생)를 본격적으로 다룬 책이어서 아이들은 폭발적으로 공감했다. 학급에 외동인 아이들도 꽤 있지만 그 아이들도 흥미롭게 듣는다. 나와 다른 경험을 하는 사람들의 이야기를 듣는 것, 말하자면 간접경험이 독서의 역할이기도 하니까 말이다.

읽어 가며 다음과 같은 대목에서 주인공의 마음을 써 보는 활동을 했다. 언니, 동생 둘 다 적도록 했기 때문에 내가 아닌 입장에서도 생각해 봐야 한다.

이 책의 여러 장면에서 주인공의 마음을 짐작하여 그 마음에 떠오른 생각들을 적어 봅시다.

장면	주인공은 어떤 생각을 하고 있을까?
(1. 레미? 레기!)에서 그릇을 깨뜨린 동생이 혼나지 않고 오히려 언니가 혼났을 때 언니(리지)가 하고 있는 생각	
(2. 레미가 있던 자리)에서 어느 날 아침 몸이 움직여지지 않고 내 몸이 쓰레기가 된 걸 알게 됐을 때 동생(레미)이 하는 생각	
(5. 소망산, 소망 바위)에서 쓰레기로 변한 동생을 배낭에 넣고 산을 올라가며 언니(리지)가 하는 생각	
(9. 찌그러진 깡통)에서 잠든 언니를 깡통으로 만들 때 동생(레미)이 하는 생각	

다 읽고 나서는 양쪽 입장에서 상대방에게 보내는 편지를 써 보게 했다. 자신의 힘든 점을 이해시키는 내용과 함께 상대방의 힘든 점을 이해하는 내용도 많았다.

언니와 동생의 입장이 되어 서로에게 하고 싶은 말을 써 보세요.

언니(리지)가 되어 동생(레미)에게	동생(레미)이 되어 언니(리지)에게

조부모님의 사랑과 더불어, 노인 공경에 대해 생각해 볼 수 있는 책으로는 『오른발 왼발』(토미드 파올라, 비룡소),『우리 할아버지』(존 버닝햄, 비룡소), 『할아버지의 이야기 나무』(레인 스미스, 문학동네) 등이 있다. 요즘 아이들 중에는 취학 전 할머니, 할아버지의 양육을 받았거나 지금도 받고 있는 아이들, 전적으로 조부모님이 보호자인 경우 등등 조부모님과의 관계가 깊은 경우가 많다. 반면 조부모님이 양육에 참여하지 않으신 경우에는 명절에나 겨우 보는 식으로 관계가 소원하기도 하다. 어떤 경우든 조부모님을 기억해 보는 독서도 의미 있다. 도덕 시간에 그림책을

활용하는 방식도 참 좋았는데, 예를 들면 3학년 도덕 '사랑이 가득한 우리 집' 단원에서 읽어 주기에 적절했다.

─ 참고 서평

레기, 내 동생 최도영/비룡소

변신 모티프는 동화에 자주 등장한다. 누구나 해 봤을 법한 상상이기 때문이 아닐까. 내가 ☆☆로 변한다면, 저 사람이 ♡♡로 변한다면. 한 번쯤 그런 상상 안 해 본 사람은 없을 것이다. 그런데 이 책에서는 글쎄, 쓰레기! 으흠, 이런 상상도 충분히 가능하며 여러 사람이 많이 해 봤을 법한 상상이다. 그런데 그걸 작품으로 쓰다니. 그리고 문학상까지 받다니. 비슷한 상상을 해 보셨으나 유치한 상상으로 치부하셨던 분들은 좀 억울할 것도 같다. 콜럼버스의 달걀이라고 할까?

그러나 단순히 그렇게 말하기엔 이 책의 매력이 많다. 일단 재미있고, 자매 양쪽 모두의 입장에 절절히 공감할 수 있으며, 보통의 결말보다는 반전이 한 번 더 있다는 점 등이다.

언니 리지는 열 살, 동생 레미는 아홉 살이다. 겨우 한 살밖에 차이 나지 않지만 언니로서의 설움은 에누리가 없다. 레미는 잘못을 해 놓고도 아양과 눈물과 애교로 상황을 모면하며 물귀신처럼 언니를 끌고 들어가 결국에는 언니가 혼나는 걸로 상황이 종료된다. 얼마나 미치고 팔짝 뛸 노릇인가? 형제 관계 관련 그림책을 읽어 주면 주로 첫째들의 설움이 봇물처럼 터져 나온다. "저만 혼나요~", "얄미워 죽겠어요~" 이 책도 첫째들의 폭풍 공감을 받을 것 같다.

울분에 복받친 리지는 동생이 자는 동안 '마법 수첩'에 동생 이름인 '레미'를 살짝 지워 '레기'로 만들고 앞에 '쓰'자를 붙인다. '내 동생 쓰레기'

아침에 언니는 고약한 냄새에 눈을 떴고 2층 침대에 동생 대신 누워 있는 쓰레기봉투를 발견했다. 이를 해결해 나가는 자매의 좌충우돌 이야기. 마지막에 반전까지!

재미있게 읽었고, 서평도 썼고, 심지어 그 책이 학급문고에 꽂혀 있는데도 요즘 들어 책 읽어 주기가 뜸했다. 늘 설레야 하고 새로워야 하는 게 교사구나 하는 생각을 하게 된다. 내가 시들면 아무것도 안 된다. 심지어 내가 축적해 놓은 것조차 나의 것이 아니다. 그런 의미에서 이 책은 나에게 새로움을 주었다. 당장 월요일에 이 책을 읽어 주기 시작해야지. 중간중간 참지 못하고 튀어나오는 아이들의 '자기 이야기'를 적당히 들어 주면서.

올해 우리 학년 아이들은 외동보다도 2자녀가 많고 다둥이(3자녀)도 꽤 된다. 부모님은 거의 맞벌이고 대다수가 돌봄교실을 이용한다. 오빠는 우리 반, 동생은 병설유치원인 남매가 있는데 아이들이 일찍 등교하다 보니 출근하며 자주 만난다. 남매의 이별이 견우와 직녀 수준이다. 우리 집 남매 어릴 때가 생각나며 코끝이 찡해진다. 바쁜 엄마 아빠 아래의 자녀들은 이렇게 그들만의 눈물겨운 동지애를 나누기도 한다. 이들을 다룬 작품도 나오면 좋을 것 같다. 한편으로 다둥이들의 첫째는 놀라운 리더십을 발휘하는 경우도 있지만 대체로 설움에 젖어 있는 경우가 많다. 이들의 이야기를 들어 주는 시간이 필요하다. 이 책은 좋은 매개체가 되겠다. 또한 동생이라고 설움이 없는 건 아니다. 부모에 따라서는 첫째한테 전권을 위임하고 동생을 서럽게 하기도 한다. 이 책도 처음에는 언니의 울분에 공감하지만 뒤로 갈수록 동생의 입장도 이해가 된다.

그러고 보니 형제 관계의 양상도 참으로 다양하다. 문학은 사람 사는 이야기일 터, 형제 관계를 다룬 이야기는 앞으로 한참 더 많이 나와도 되겠다. 기대가 된다.

지역문제와 주민 참여

4학년 1학기 사회에는 '지역 문제와 주민 참여' 단원이 나온다. 초등학교 교사로 이러한 내용의 수업을 많이 시도하고, 시도한 사례마다 책으로 남긴 선생님도 계신데, 이분의 수업 사례로 나온 책들로는 『우리가 박물관을 바꿨어요』(배성호, 초록개구리), 『안전지도로 우리 동네를 바꿨어요』(배성호, 초록개구리), 『초딩 자전거길을 만들다』(박남정, 소나무)(이 책은 배성호 선생님의 사례를 바탕으로 다른 작가가 동화 형식을 빌어 쓴 책이다.) 등이 있다.

이 책들은 모두 지역의 문제에 학생들이 관심을 갖고 해결을 위해 민원을 제기하며 애쓰다가 결국 문제를 해결하게 된 실제 사례들을 다루고 있다. 지역문제와 주민 참여에 대하여 학생들이 직접 체험한 내용이다.

이 책들의 사례처럼 학생들과 직접 체험을 해 보면 가장 좋겠지만, 성격상 일을 크게 벌였다가 수습을 못하면 어떡하나 걱정하는 소심한 교사들은 엄두를 내기 어려울 것이다. 또 학교마다 지역마다 상황이 다르기도 하다. 그러니 직접 경험해 볼 상황이 안 된다면 책을 통해서나마 간접 체험을 하면 어떨까 생각했다. 그러기에 가장 재미있게 읽을 수 있는 책은 무엇일까 고르다가 『똥 학교는 싫어요!』(김하연, 초록개구리)를 골랐다. 마침 학년에서 신청한 예산이 있어서 한 학급 분량의 책을 구입하여 바구니에 담아 학급별로 필요한 시간에 가져다 읽으며 온작품 읽기로 진행할 수 있었다.

경남에 '대변초등학교'라는 학교가 실제로 있었는데, 이 학교 어린이들이 학교 이름을 바꾸기 위해 애쓰다가 결국 학교 이름을 바꾸어 낸 실화를 바탕으로 쓰인 책이다. 소재가 흥미롭고 공감되어서 아이들의 몰입도가 아주 높았다. 이 책을 함께 읽으며 지역의 문제를 해결하는 과정을 흥미롭게 살펴볼 수 있었다. 마침 이 사례가 우리 학년이 사용하는 사회 교과서에도 소개되어 더 연계하기에 좋았다. 사회 수업과 병행해서 진행했기 때문에 차시별로 학습지를 만들어서 활동했다.

똥 학교는 싫어요1 (처음~32쪽)
(김하연 지음, 초록개구리)

4학년 ( )반 이름( )

★ 이 책이 중요한 배경이 되는 학교 이름에 대하여 정리해봅시다.

학교 이름	
학교 이름의 유래와 역사	

★ 가장군 초등학교 축구 대회가 열렸던 날, 승재가 되어 그날의 일기를 써 봅시다.

똥 학교는 싫어요4 (81~112쪽)
(김하연 지음, 초록개구리)

4학년 ( )반 이름( )

★ 학교 이름을 바꾸는 생각보다 훨씬 복잡했습니다. 어떤 일들이 진행되었나요?

※ 정책을 결정하기 전에 다양한 의견을 듣는 공개회의를 □□ 라고 합니다.

※ 학교 이름 변경과 관련이 있는 공공기관은 □□ 입니다.

※ 학교 이름을 바꾸는 절차를 정리해 봅시다.
① 의견을 모으기 위해 □□ 을 1년 동안 한다.
② 세 군데의 □□ 에 교명 변경 신청을 한다.
③ □□ 에서 교명 변경 신청이 적정한지 심사한다.
④ 허가가 나면 □□ 의 교체를 바꾼다.

★ 홍보활동을 위해 학생들은 많은 노력을 했습니다. 내용을 찾아 적어봅시다.

※ 그 지역에 찬성한다는 뜻으로 자신의 신문을 접어고 이름을 적는 것	
※ 홍보활동을 대한항에서 한 이유는 무엇일까요?	
※ 만약 내가 우리 지역에서 서명을 받는다면 어느 곳이 좋을까요?	

★ 서명을 받으려 한다온 사람들의 다양한 반응을 두 가지 골라 적어봅시다.

똥 학교는 싫어요5 (113쪽~끝)
(김하연 지음, 초록개구리)

4학년 ( )반 이름( )

★ 반대하는 사람들을 설득하기 위해서 노력한 일들을 찾아 적어봅시다.

누가	어떻게

★ 학생들과 같은 분들의 노력으로 빛을씨에도 모호되고, 생각보다 빨리 교명 변경 이름을 받아냈습니다. 새 이름을 지은 과정을 정리해 봅시다.

이름 공모	
투표	
회의로 결정	

★ 지역 음제를 해결하려면 서로 다른 의견을 모으는 과정이 필요로합니다. 이를 위해서는 시간을 들여 □□ 와 □□ 으로 의견을 조정해야 합니다.

★ 다양한 의견을 하나로 모을 때 □□ 을 하기도 합니다. 많은 사람들이 원하는 것으로 결정하는 □□ 을 따르되 소수의 의견도 존중해야 합니다.

똥 학교는 싫어요6 (다 읽고)
(김하연 지음, 초록개구리)

4학년 ( )반 이름( )

★ 결국 승재의 공약대로 학교 이름을 바꿀 수 있게 되었습니다! 승재가 학생들에게 메시지를 보낸다면 어떤 말을 해줄까요?

★ 이 책을 읽고 책을 읽고 느낀 점을 적어봅시다. 학생들이 느끼는 불편함이 해결된 과정에 주목을 살펴서 내 생각을 적어보세요.

★ □□ □□ □□ 해결하려면, 지역 문제 확인 → 문제 발생 원인 파악
　⇒ 문제 해결 방안 탐색 → 문제 해결 방안 결정 → 문제 해결 방안 실천과 과정이 필요하다.

★ 지역의 음제를 해결하는 과정에서 지역 주민이 중심이 되어 참여하는 것을 □□ 라고 한다.

똥 학교는 싫어요! 김하연/초록개구리

4학년 사회 '지역 문제와 주민 참여' 단원과 관련하여 아이들과 함께 읽을 책을 고르고 있다. 초록개구리 출판사의 '내가 바꾸는 세상' 시리즈 중 한 권이면 어떤 책이든 적당할 것 같다. 그래도 아이들이 흥미를 느끼고 재미있게 볼 수 있는 책이면 더 좋겠다 생각하던 중에 이 책이 나와서 얼른 구입해 보았다. 주민 참여에 대한 책으로는 시리즈의 다른 책들 중 더 적합한 주제가 있지만 아이들의 심금(?)을 울리기에는 이 책이 가장 좋겠다. 함께 읽으며 아이들 사이에서 화제가 될 것 같다. 너무나 공감할 수 있는 이야기라서. 더구나 똥 이야기라서.

시리즈의 다른 책들과 마찬가지로 이 책도 실화에 근거한 이야기다. 학교 이름 때문에 놀림과 스트레스를 받던 아이들이 어른들과 힘을 합해 학교 이름을 바꾼 사례다. 학교 이름이 대변초등학교. 요즘 애들 말로 "이거 실화냐?"다. 아이들한테 말해 줘야겠다. "이거 실화야!"

이름이 좀 듣기 민망하거나 웃긴 학교가 종종 있지만 이건 그중 최강이 아닌가? 이 학교의 학생들은 여러 가지로 스트레스를 많이 받는다. 현장학습 가는 버스 유리창엔 교명을 크게 써 붙이게 되어 있는데 그걸 보고 웃는 사람들의 반응이 너무 괴롭고, 학교별 행사 때 학교가 소개되면 어김없이 좌중은 폭소를 터뜨린다. 웃는 사람 입장에서야 재미있겠지만 당사자들은? 또 소속 학교를 밝혀야 할 상황이 많은데 누구도 그냥 듣고 넘기는 법이 없으니 아이들 입장에서는 정말 적지 않은 스트레스였을 것 같다. 아이들 입장에서 가장 참을 수 없는 것은 '놀림'이었다. 조롱과 수치심은 인간이 가장 견디기 어려운 것 중의 하나인데 아이들은 특히 더하다. 이 책의 사례에서 보면 학교 대항 축구 경기에서 상대 팀의 놀림에 평정심을 잃은 선수들은 경기에 집중하지 못하고 대패하고 말았으며, 뮤지컬 발표회에 참여한 아이들은 시작부터 주눅이 들어 제대로 기량을 펼쳐 보지도 못하고 무대를 내려와야 했다. 그러던 중 전교 어린이 부회장 선거에 입후보한 승재의 후보 연설에서 이 문제가 처음 수면으로 떠오른다. "학교 이름을 바꾸도록 노력하겠습니다."라는 공약이 등장한 것이다. 그 공약에 공감한 많은 아이들이 승재를 뽑아 주었다. 이후 승재를 비롯한 전교 어린이 회장단, 그리고 담임선생님과 교장선생님까지 힘을 합쳐 교명 변경을 이루어 내기까지의 과정이 이 책의 내용이다. 교명 변경은 생각보다 쉽지 않았다. 대변초는 54년의 역사와 전통을 마을과 함께

해 온 학교였기에 졸업생들과 지역 주민의 의견도 중요했다. 다행히 동창회장님이 아이들 편이 되어 주었으나 반대 의견도 만만치 않았다. 교육청에서 제시한 절차도 꽤나 복잡했다. 하지만 아이들은 하나하나 이루어 나갔다. 수많은 서명을 받아 내고 편지를 쓰고 인터뷰를 하고. 교명 변경 허가를 받은 후에는 새로운 이름을 정하기 위한 투표를 하고. 결국 아이들은 대변 대신 '용암초등학교'라는 새로운 학교 이름을 얻게 되었다.

교사이고 어른인 나도 이렇게 뭘 바꾸려는 시도를 해 본 적이 별로 없었기 때문에 교명 하나 바꾸는 게 이렇게 복잡한 일인지 잘 몰랐다. 무엇이든 유지되어 오던 것을 바꾸는 것은 쉽지가 않은 것 같다. 그래서 불편하거나 괴로워도 참고 지내는 경우가 많다. 용기가 없어서, 총대 메기가 귀찮아서, 연대가 어려워서, 설득할 힘이 없어서 등등 여러 가지 이유로 말이다.

이 책은 아이들 독자 입장에서는 정말 깜짝 놀랄 만한 대변초등학교라는 이름을 소재로, 우리 주변의 불편함을 합법적인 절차에 의해서 주도적으로 해결하는 과정을 잘 보여 준다. 이 단원을 통해서 시리즈의 다른 책들(『우리가 박물관을 바꿨어요』, 『안전지도로 우리 동네를 바꿨어요』)을 집필하신 배성호 선생님처럼 수업을 해 보면 참 좋겠지만, 당장 실천하기는 어려우니 이 책과 함께 아이들과 다양한 가능성에 대한 이야기를 해 보려고 한다. 그러다가 우리에게도 할 일이 생긴다면 용기를 내 볼 수도 있고.

4

환경과 생명

○ 수질오염

기껏 애써서 준비했는데 학생들의 반응이 별로라 당황스러운 수업이 있는가 하면, 큰 기대 안 했는데 의외로 학생들이 몰입하는 수업도 있다. 2학년 여름 단원에 '물가 친구를 도와주고 싶어요'라는 차시가 있었는데, 수질오염으로 고통받는 수중생물들에 대한 내용을 다루는 짧은 차시다. 1차시밖에 배정되어 있지 않아 그냥 살짝 살펴보는 정도의 깊이로 다루는데, 수업을 진행하다 보니 국어와 통합해서 3차시 분량의 수업이 되었다.

먼저 환경 그림책 시리즈 중 하나인 『초록 강물을 떠나며』(유다정, 미래아이)를 준비했다. 사진 자료들을 적절한 구성으로 배치한 PPT를 먼저 보는데 폐수에 죽어 간 물고기들의 사진을 보고 아이들이 경악하더니 이내 수업에 빠져들었다. 이어서 읽어 준 『초록 강물을 떠나며』(유다정, 미래아이)는 녹조 때문에 더 이상 살 수 없게 된 수달 가족이 강을 떠나는 이야기다. 아이들이 너무 심각해져서 감정만 자극한 것은 아닌지 살짝 걱정될 정도였다. 그런데 수질오염의 원인(폐수, 생활하수, 농약, 쓰레기 등)을 살펴보고 실천 방안을 나눌 때에는 아홉 살 아이들의 입에서 꽤 실제적인 말들이 많이 나왔다. 이야기를 나누다 보니 수질오염뿐 아니라 전반적인 환경문제를 다루게 되었고 플라스틱 문제에 대한 이야기도 많이 나왔다. 한 아이는 "고장 났다고 생각해서 버릴 물건이라도 다르게 쓸 일이 없나 생각해 보면 어떨까요."라는 말을 해서 크게 칭찬해 주었다. "우린 너무 쉽게 사고 쉽게 버리는데 ☆☆이의 말은 정말 중요한 말이에요."

이런 내용까지 확대되면 철학 동화 『오, 멋진데!』(마리 도를레앙, 이마주)와 연결해 봐도 좋을 것 같다.

아이들과 이야기 나누는 데만도 꽤 많은 시간이 지나 편지 쓰기 활동은 국어 시간으로 넘겼다. 먼저 물속 생물 중 하나가 되어 인간에게 편지를 써 보는 활동을 했다. 그 편지들을 모두 모아 대봉투에 넣고 섞어 뽑기를 하고 뽑은 편지에 답장을 썼다. 한꺼번에 2편의 편지를 쓰는데도 아이들은 힘들다는 말 없이 열심히 썼다. 첫 번째 편지는 편지지를 인쇄해서 주었고 두 번째 편지는 줄만 그어져 있는 '테두리 스스로 그리기용' 편지지를 주어, 직접 만들어 쓰도록 했다. 해마다 해 본 활동인데 편지지를 컬러로 인쇄해 주는 것보다 아이들이 직접 만든 편지지가 훨씬 예쁘다. 아이들이 물속 생물 입장에서 쓴 편지, 그 편지를 받아 인간의 입장으로 쓴 답장 속에는 아이들의 진심이 담겨 있었다. 마음이 담기지 않은 수업은 공허한데, 이때의 수업은 기억에 많이 남는다.

사람들에게 저는 강에 사는 수달입니다. 저는 사람들이 버린 쓰레기 때문에 고통을 겪고 있습니다. 코에 빨대가 박혀 있는 수달도 있고 배 속이 아예 플라스틱으로 꽉 차 있는 수달도 있습니다. 여러분은 너무 많은 플라스틱을 버리고 있어요. 이 행동만 고쳐 주신다면 감사하겠습니다. <div align=right>수달 올림</div>	물가 친구 수달에게 수달아, 그렇게 속상한 너의 마음을 알겠어. 나도 나중에 물가에 놀러갈 때 쓰레기가 둥둥 떠다니면 쓰레기통에 넣고 만약 내가 쓰레기를 버리게 된다면 분리수거를 잘해서 버릴게. 그런데 내가 TV에서 봤는데 네 친구 거북이가 무슨 쓰레기를 먹고 죽은 걸 봤어. 바다 어딘가에 쓰레기 섬이 있는 것도 봤고. 정말 미안해. 엄마 아빠께도 네가 슬퍼한 말 전할게. 다시 한번 너무 미안해. <div align=right>인간 ○○ 올림</div>

🧍 대체에너지

사회 교과에서는 '지속 가능한 발전'이라는 주제를 다루기도 하는데, 여기서 많이 등장하는 내용이 '재생에너지와 적정기술'이다. 이 내용과 관련하여 『세상을 행복하게 하는 작은 노력 적정기술』(임정진, 미래아이), 『전기가 나오는 축구공』(서지원, 와이즈만북스)을 학생들과 함께 읽고 수

203

업에 활용해 봤다.

이 책들은 그림책이라 스캔해서 PPT에 넣어 그대로 사용이 가능했다. 관련 동영상도 검색하면 자료들이 무척 많아서 그림책-동영상을 오가면서 흥미 있는 주제 학습이 되었다. 다만, 이런 기술들이 실제로 삶을 개선하는 데, 그리고 지속 가능한 발전을 이루는 데 도움이 되지 못했다는 비판도 있는 것으로 안다. 이 책들의 사례 하나하나에 대한 절대적 신뢰보다는 지속 가능한 발전에 대한 다양한 탐색에 방향성을 두고 지도하는 것이 좋겠다. 어쨌든 현재와 같은 에너지 소비 구조로는 '지속 가능한 발전'은 절대 불가능한 바, 우리가 가르치는 아이들이 살아갈 시대는 새로운 에너지에 대한 연구와 실현이 반드시 이루어져야만 한다. 그런 의미에서 책을 읽고 새로운 에너지를 탐색해 보는 활동도 해 보았다. 아이들은 많은 전문 지식을 갖추고 있지 않기 때문에 장난 수준으로 보일 수도 있겠지만 이러한 탐색이 진지한 연구로 이어지고 현실로 이루어지는 시대가 언젠가 오지 않을까.

여러 생물들의 겨울나기

2학년 겨울 단원에서는 '생물들의 겨울나기'가 비중 있게 다뤄진다. 동영상 등 다른 자료들도 많지만 그림책도 활용도가 높다. 한쪽 자료에만 치우쳐 활용하기보다는 병행하는 것이 상승효과가 있을 것이다.

『겨울에도 괜찮아!』(모니카 랑에, 시공주니어)는 겨울나기를 다룬 내용 범위가 넓은 책이다. 동물들의 겨울나기 전반을 다룬다. 겨울잠뿐 아니라 따뜻한 곳을 찾아 먼 거리를 이동하는 철새, 털갈이를 하는 동물 등 다양한 겨울나기 방법을 파악하기에 좋다. 그림이 사실적으로 그려져 있어 과학 그림책으로 적절하다는 장점도 있다. 외국 작가의 책이라 우리 땅에서는 볼 수 없는 낯선 동물들이 많이 나오는데, 이런 동물들도 아이들에게 흥미롭겠지만 저학년에게는 좀 더 익숙한 동물들이 많이 등장하는 것이 좋을 것 같기도 하다.

『신비한 겨울 숲의 동물들』(캐런 브라운, 사파리)은 불빛 그림책이다. 전에 다른 불빛 그림책을 상당한 가격을 주고 샀었는데 이 책은 일반 그림책 가격인 데다 생각보다 효과도 좋았다. 휴대폰 손전등을 켜서 책장 뒤에 대면 굴속에서 겨울잠을 자고 있는 곰 가족도 나오고 개구리도, 여우도 나온다. 판형도 넉넉한 편이어서 아이들을 모아 놓고 보여 줄 수 있다. 도입으로 활용하기에 적절하다.

『아늑한 마법』(숀 테일러 외, 다림)은 '숲속 동물들의 겨울잠 이야기'라는 부제가 붙어 있는데, 동물들의 겨울나기 중 겨울잠을 다룬다. 겨울나기 전반의 내용은 아니지만 교과 연계 독서를 할 때 꼭 교과 내용 전반을 다뤄야 하는 건 아니라고 생각한다. 일부의 내용만으로 동기유발이 되어도 좋고 부분적인 배경지식을 갖는 것만으로도 충분히 의미가 있다. 이 책은 정보 그림책이 갖는 딱딱함을 극복하고, 딱딱함은커녕 아늑함을 준다. 제목부터가 '아늑한 마법'이지 않은가. 맨 뒤 몇 장의 정보 면을 빼면 그냥 이야기 그림책으로도 손색이 없겠다.

여름에 할머니 댁에 놀러간 아이는 자연에서 많은 것들을 본다. 할머니 댁에서 비밀스러운 숲속의 빈터까지. 숲속에서 보낸 시간은 아늑했다. 겨울이 되어 다시 할머니 댁을 찾은 아이는 숲속 빈터에 다시 가 보지만 그곳은 여름의 그곳이 아니었다. 고요하고 텅 빈 곳. 그곳에서 아이는 할머니께 '지금은 보이지 않지만 어디선가 겨울잠을 자고 있는 동물들'에 대한 이야기를 듣는다. 마지막 정보 페이지엔 동물 종류별로(포유류, 파충류, 양서류, 어류, 조류, 작은 동물들) 겨울잠 자는 방식들이 그림과 함께 소개되어 있어 정보 책으로서의 역할을 톡톡히 한다.

아이와 할머니가 등장하고, 풍성한 여름 숲에서의 느낌과 텅 빈 겨울 숲에서의 느낌을 잘 그려 낸 따뜻하고 감각적인 책이다. 어린아이들에게는 지식도 말랑하게 접할 수 있도록 해 주는 것이 좋겠다. 책을 통해 더 깊이 알고 싶어지고 호기심이 생겨난다면 거기에서부터 자기주도적 학습과 확장이 시작될 것이다.

『아늑한 마법』(숀 테일러 외, 다림)을 읽고는 다음과 같이 활동지에 내용을 정리해 보았다.

동물들은 겨울을 나기 위해 겨울잠을 자기도 하지요. 다음 동물의 겨울나기 방법을 찾아 쓰세요.

순	동물		겨울잠을 자는 장소와 방법
1	겨울잠쥐		
2	박쥐		
3	곤충	사슴벌레	
		나비, 나방	
		어미집게벌레	
4	개구리		
5	곰		

동물들의 겨울잠을 비유하는 말을 생각해 보고 '겨울잠은 □다' 활동을 했다.

이 책에서는 동물들이 겨울잠을 '아늑한 마법'이라고 표현했어요. 여러분은 동물들의 겨울잠을 무엇이라고 표현하고 싶나요?

동물들의 겨울잠은 (   )이다.

왜냐하면 _____

_____ 이기 때문이다.

그림책을 잘 활용하면 교과서를 넘어선 풍성한 내용의 학습이 가능하다.

─ 참고 서평

오, 멋진데! 마리 도를레앙/이마주

이 책의 제목과 표지를 주의 깊게 살펴보면, 눈치 빠른 분들은 주제를 짐작하실 것이다. 그러나 나는 눈치와는 거리가 먼 사람이라 책의 중반에 이르러서야 아하~! 하고 고개를 끄덕였다.

시장에서 어떤 상인이 온갖 물건들을 쌓아 놓고 팔고 있다. "자, 사세요! 외투, 대접, 단추, 소시지, 화병, 소파, 양탄자, 구두, 빗자루, 거울……" 이런 식이다. 하지만 장사는 잘되지 않고 물건들은 외면당한다. 누구나 갖고 있는 새로울 것 없는 물건들이었기 때문이다. 어느 날 상인은 기막힌 마케팅 전략을 생각해 냈다. 물건의 용도를 특이하게 바꾸는 것이었다. 그리하여 이렇게 외치게 된다.

"자, 사세요! 구두잔, 가방모자, 양탄자우산……"

비로소 사람들은 돌아보게 되고, 심지어 열광하게 된다. 새로운 유행이 된 이러한 경향은 곳곳에 새로운 패션을 몰고 온다. 항아리나 냄비를 모자로 쓰기, 전선이나 호스를 목걸이로 감기, 주전자 팔찌 차기 등이다. 여기까지 봤을 때도 나는 '나름 신선하네. 발상의 전환을 말하려는 건가?' 라고 생각하고 있었다. 그러나 사람들의 행위는 그 차원을 넘어서고 있었다. 신발에 차를 담아 마시고, 줄줄이 소시지로 줄넘기를 하고, 옷장이나 욕조에서 잠을 자고, 닭이나 청소기를 반려동물처럼 끌고 다니는 모습은 불편하고 기괴하기까지 한데, 사람들은 멋지다는 이유로 그것들을 감수하고 있었다. 모든 것이 뒤죽박죽이 될 즈음, 새로운 마케팅 천재가 나타났다.

"식사를 할 수 있는 식탁이 있어요. 요리용 냄비가 있어요. 자르는 데 쓰는 가위가 있어요."

사람들은 또 이것에 열광하며 우르르 몰려들었다. 말하자면 그는 새로운 유행을 창조한 것이고 유행에는 주기가 있다는 법칙까지 우리에게 보여 주고 있는 것이다. 그 사이에서 사람들은 사고, 쟁이고(혹은 버리고), 또 산다. 새로운 마케팅 천재는 또 나타날 것이고 오늘의 신상은 내일의 구닥다리가 될 것이다. 현대인의 소비 행태를 짧은 글과 멋진 그림으로 이토록 재미있게 꼬집을 수 있다니!

우리 집은 겨우 생활하는 공간 빼고는 다 짐이다. 그런 주제에 난 콘도 같은 집에서 살기를 꿈꾼다. 한 친구 집에 가 봤는데 그 집이 가장 콘도에 가까웠다. "어떻게 이렇게 깨끗해?" 그러자 친구의 대답.

"몇 달에 한 번 한 트럭씩 버려. 그날은 몸살 나지."

몸살이 나도록 버리든가, 그게 싫으면 나처럼 이고지고 사는 것이 현대인의 생활이란 말인가! 책 뒷장에는 강수돌 교수의 해설이 들어 있다.

"더 많이 사면 더 행복해질 것 같다고요? 시간이 지나면 물건의 본래 의미는 사라지고 그 물건들이 쓰레기가 되어 온 집안을 점령할 것입니다. 이제 우리는 무엇을 해야 할까요? 잠시 멈추고 생각을 해야 합니다. '과연 이것이 내게 꼭 필요한 걸까?'"

'난 이런 소리 듣기는 좀 억울한데. 나처럼 돈 쓰는 취미 없는 사람도 드문데.'(게을러서 쇼핑을 매우 싫어함)라는 생각이 고개를 들지만, 따져 보면 내가 생산한 쓰레기도 상당량일 거다. 우연히 집어든 책이 이렇게 매력적이라니 오늘 난 운이 좋았다. 아이들과 함께 읽기에도 좋겠다. 저학년은 저학년대로 고학년은 고학년대로 이야깃거리가 꽤 있겠다.

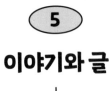

이야기와 글

⚇ 옛이야기

옛이야기 책은 꽤 많은 수업에서 활용할 수 있다. 옛이야기 자체를 다루어도 좋지만 다른 영역에서 자료나 소재로 활용할 수 있는 가능성이 무한하다. 그중 연극과 문화 다양성으로 접근한 경우를 소개해 본다.

― 옛이야기를 활용한 연극 수업

학기말 좀 여유 있는 시간에 모둠별로 연극을 준비해 보는 건 어떨까. 요즘은 연극 단원도 있으니 그 시간을 활용해도 좋겠다. 대본 작업부터 대사 연습, 소품과 배경 만들기 작업까지 하면 상당히 많은 시간 동안 모둠원끼리 협력해야 한다. 옛이야기 책에서 골라 그걸로 대본 작업

을 하면 크게 실패하지 않고 대략 무난하게 진행할 수 있다.(중학년까지
는 그러한데 고학년 정도면 현대물을 다루고 싶어할 수도 있다.) 정식 연극을 해
봐도 좋지만, 대사 외우기나 무대장치에 걸리는 시간을 단축하려면 그
림자 연극으로 만들어도 괜찮다. 다른 연극과 마찬가지로 그림자 연극
도 여러 가지 역할 분담이 가능해서 무임 승차자 없이 학생들 모두 자
신의 특기를 살려 고루 참여할 수 있다는 장점이 있다. 극본 쓰기(각색하
기), 인형 만들기, 배경 그리기 등의 준비 작업이 있고 공연 때도 목소리
연기, 인형 조작 등으로 역할을 나눌 수 있어서 참여에 부담감이 좀 줄
어든다.

그림자 연극에는 장비가 필요한데, 나는 주로 OHP를 사용한다. 이
것이 이제는 새로운 기자재에 밀려 구시대의 유물이 되어 버려서 학교
마다 거의 폐기하고 한 대도 없는 경우가 대부분이다. 평소에는 아쉬울
게 없지만 그림자 연극을 할 때는 딱 아쉽다. 수소문 끝에 겨우 구한 한
대를 고장 날까 봐 아슬아슬한 마음으로 조심스레 사용하고 있다.

경험상 그림자 연극은 2학년부터 고학년까지 모두 재미있게 참여한
다. 언젠가는 4학년 아이들과 그림자 연극을 만들고 2학년 동생들을 초
청해서 보여 주기도 했다. 우리끼리 1차 공연을 하고 손님을 초청하여 2
차 공연을 한 것인데 이 과정에서 긴장도 하면서 잘하려고 애쓰는 아이
들의 모습이 참 예뻤다.

　　그림자 연극을 할 상황이 여의치 않다면, 영상 동화 만들기를 해 봐도 좋다. 어느 해 학예회 때 영상 동화를 이용한 방송극을 했다. 일종의 낭독극이라고 할 수 있는데, 무대의상도 필요 없고 연습을 많이 안 시켜도 되어서 수업 결손 없이 부담 없게 준비할 수 있는 프로그램이었다.

✧🖌 영상 동화 만들기

① 전래동화 그림책 한 권을 고른다.

② 아이들 수만큼 장면을 나누어 대본 작업을 한다.

③ 한 장면씩 맡아서 그린다.

④ 아이들 그림을 연결하여 동영상으로 만든다.

⑤ 목소리를 녹음하여 입히거나, 무대용이면 직접 나와 목소리 연기를 한다.

그때 만들었던 대본을 소개하면 다음과 같다. 두 출판사의 같은 그림책 내용을 적당히 섞어 만들었는데, 거의 그림책 내용 그대로라 학급 인원수에 맞게 나누는 것만 신경 쓰면 된다.

:: 팥죽 할머니와 호랑이 ::

<앞표지>

2학년 친구들과 선생님들, 그리고 부모님들 안녕하세요? 지금부터 저희 2학년 2반이 준비한 팥죽 할머니와 호랑이 영상 동화를 시작하겠습니다.

① 옛날옛날, 깊고 깊은 산골에 팥죽 할머니가 살았어요.
맛난 팥죽을 팔팔팔 잘도 끓여서 팥죽 할머니예요.

② 산밭에 아지랑이가 피어오르는 어느 봄날, 할머니는 팥 밭을 맸어요.
팥 밭 한 고랑을 매고는 "애고, 힘들어."
팥 밭 한 고랑을 매고는 "애고애고, 허리야."
팥 밭 한 고랑을 매고는 "애고애고애고, 힘들어."

③ 그때, 집채만 한 호랑이가 어슬렁어슬렁 나타난 거예요!
호랑이 : 어흥!
할머니 : 아이쿠! 사람 살려!
호랑이가 입을 떡 벌리며 말했어요.
호랑이 : 어흥! 배가 고프니 할멈을 잡아먹어야겠다!
할멈 : 호랑아, 제발 살려 다오. 흑흑흑.
호랑이: 할멈, 살고 싶으면 나랑 밭매기 내기하자. 할멈이 이기면 내가 이 밭을 다 매주고, 내가 이기면 할멈을 잡아먹고. 흐흐흐.

④ 할머니는 할 수 없이 호랑이와 밭매기 내기를 했어요.
할머니가 풀 한 포기를 뽑는 동안, 호랑이는 팥 밭 한 고랑을 뚝딱 다 맸어요.
할머니가 풀 두 포기를 뽑는 동안, 호랑이는 팥 밭 두 고랑을 뚝딱 다 맸어요.
할머니가 풀 세 포기를 뽑는 동안, 호랑이는 팥 밭 세 고랑을 뚝딱 다 맸어요.

213

⑤ 호랑이는 내기에 이기자 할머니에게 와락 달려들었어요.

호랑이 : 어흥! 이제 잡아먹어야겠다!

할머니가 벌벌 떨며 말했어요.

할머니 : 호랑아, 호랑아, 이렇게 팥을 많이 심었는데 내가 없으면 누가 이 팥을 가꾸겠니? 이 팥을 잘 가꾸어서 가을이 되면 맛있는 팥죽을 쑤어 주마. 맛난 팥죽이나 실컷 먹고 나서 나를 잡아먹으렴.

호랑이 : 팥죽을 해 준다고? 좋아, 그럼 그때 가서 잡아먹어야겠다. 어흐엉.

호랑이는 산속으로 사라졌어요.

⑥ 가을이 왔어요.

할머니는 여름 내내 가꾼 팥을 거두었어요.

⑦ 펄펄 눈이 내려 산도 들도 새하얗게 덮인 동짓날이 되었어요.

할머니는 가마솥에 가득 팥죽을 끓이면서 꺼이꺼이 울었어요.

⑧ 그때, 알밤이 데굴데굴 굴러왔어요.

알밤 : 할머니, 할머니, 팥죽 할머니, 뭣 때문에 우는 거유?

할머니 : 이 팥죽 먹고 나면 호랑이가 꿀꺽 잡아먹는다니, 에구에구 어찌할꼬.

알밤 : 맛난 팥죽 나 한 그릇 주면 못 잡아먹게 해 주지.

할머니가 팥죽 한 그릇을 퍼 주자, 알밤은 후루룩 다 먹고는 아궁이 속에 쏙 숨었어요.

⑨ 다음엔 자라 한 마리가 엉금엉금 척척 기어왔어요.

자라 : 할머니, 할머니, 팥죽 할머니, 뭣 때문에 우는 거유?

할머니 : 이 팥죽 먹고 나면 호랑이가 꿀꺽 잡아먹는다니, 에구에구 어찌할꼬.

자라 : 맛난 팥죽 나 한 그릇 주면 못 잡아먹게 해 주지.

할머니가 팥죽 한 그릇을 퍼 주자, 자라는 후루룩 다 먹고는 물동이에 풍덩 숨었어요.

⑩ 다음엔 개똥이 질퍽질퍽 탁탁 들어왔어요.

개똥 : 할머니, 할머니, 팥죽 할머니, 뭣 때문에 우는 거유?

할머니 : 이 팥죽 먹고 나면 호랑이가 꿀꺽 잡아먹는다니, 에구에구 어찌할꼬.

개똥 : 맛난 팥죽 나 한 그릇 주면 못 잡아먹게 해 주지.

할머니가 팥죽 한 그릇을 퍼 주자, 개똥은 후루룩 다 먹고는 부엌 바닥에 벌렁 드러누웠어요.

⑪ 다음엔 뾰족뾰족 송곳이 깡충깡충 콩콩 뛰어왔어요.

송곳 : 할머니, 할머니, 팥죽 할머니, 뭣 때문에 우는 거유?

할머니 : 이 팥죽 먹고 나면 호랑이가 꿀꺽 잡아먹는다니, 에구에구 어찌할꼬.

송곳 : 맛난 팥죽 나 한 그릇 주면 못 잡아먹게 해 주지.

할머니가 팥죽 한 그릇을 퍼 주자, 송곳은 후루룩 다 먹고는 부엌 바닥에 꼿꼿이 섰어요.

⑫ 그 다음엔 돌절구가 덜렁덜렁 쿵쿵 걸어왔어요.

돌절구 : 할머니, 할머니, 팥죽 할머니, 뭣 때문에 우는 거유?

할머니 : 이 팥죽 먹고 나면 호랑이가 꿀꺽 잡아먹는다니, 에구에구 어찌할꼬.

돌절구 : 맛난 팥죽 나 한 그릇 주면 못 잡아먹게 해 주지.

할머니가 팥죽 한 그릇을 퍼 주자, 돌절구는 후루룩 다 먹고는 부엌문 위에 숨었어요.

⑬ 이번엔 멍석이 데굴데굴 척척 굴러왔어요.

멍석 : 할머니, 할머니, 팥죽 할머니, 뭣 때문에 우는 거유?

할머니 : 이 팥죽 먹고 나면 호랑이가 꿀꺽 잡아먹는다니, 에구에구 어찌할꼬.

멍석 : 맛난 팥죽 나 한 그릇 주면 못 잡아먹게 해 주지.

할머니가 팥죽 한 그릇을 퍼 주자, 멍석은 후루룩 다 먹고는 부엌 앞에 주르륵 펼치고 누웠어요.

⑭ 다음엔 지게가 겅중겅중 껑충 달려왔어요.

지게 : 할머니, 할머니, 팥죽 할머니, 뭣 때문에 우는 거유?

할머니 : 이 팥죽 먹고 나면 호랑이가 꿀꺽 잡아먹는다니, 에구에구 어찌할꼬.

지게 : 맛난 팥죽 나 한 그릇 주면 못 잡아먹게 해 주지.

할머니가 팥죽 한 그릇을 퍼 주자, 지게는 후루룩 다 먹고는 마당 감나무 옆에 척 숨었어요.

⑮ 자, 다음엔 누가 올까요? 아뿔싸, 저게 누구예요!

드디어 집채만 한 호랑이가 저벅저벅 쿵쿵 찾아왔네요.

호랑이 : 어흐엉, 팥죽도 먹고 할멈도 잡아먹으러 왔다!

할머니 : 호랑아, 호랑아, 날씨가 너무 차니 아궁이에서 몸부터 녹여라.

호랑이 : 맞아맞아, 입이 얼어서 먹지도 못하겠다.

⑯ 호랑이는 어슬렁어슬렁 부엌으로 들어가서 아궁이 불 앞에 쪼그리고 앉았어요. 그때 아궁이 재 속에 쏙 숨어 있던 알밤이 껍질을 뻥 터뜨리며 튀어올라 호랑이 눈에 박치기를 먹었어요.

호랑이 : 어이쿠, 눈이야!

⑰ 호랑이는 물동이에 얼굴을 첨벙 처박았어요. 그러자 자라가 코를 꽈작 깨물었어요.

호랑이 : 어이쿠, 내 코야!

⑱ 깜짝 놀란 호랑이는 뒤로 물러서다가 개똥에 쭐떡 미끄러져서 벌러덩 쿵 넘어졌어요. 그때 송곳이 발딱 일어서서는 "예끼놈!" 하며 호랑이 똥구멍을 콱 찔러 버렸어요.

⑲ 깜짝 놀란 호랑이가 소리를 지르며 밖으로 뛰어나갔어요. 그런데 부엌 문을 나서자마자 돌절구가 떨어지며 호랑이 머리를 쿵 쳤어요. 호랑이는 앞마당 위에 펼쳐진 멍석 위에 털썩 떨어졌어요. 멍석은 호랑이를 뚜르르 말아 꼼짝 못하게 했어요.

⑳ 지게는 호랑이를 멍석째로 덜렁 지고 겅중 겅겅중 달려가서는 깊고 깊은 강물에 풍덩 던져 버렸답니다.

㉑ 이렇게 해서 할머니는 호랑이에게 잡아먹히지 않았답니다. 깊고 깊은 산골에 사는 팥죽 할머니는, 맛난 팥죽을 팔팔팔 잘도 끓여서 두루두루 나눠 주며 오래오래 행복하게 살았답니다.

<뒷표지>

재미있게 보셨나요? 저희 2학년 2반의 영상 동화 팥죽 할머니와 호랑이를 마치겠습니다. 감사합니다.

요즘은 극단들이 '낭독 공연' 형태로 무대에 서기도 한다. 우리 동네 도서관 동아리 발표회 때 연극 동아리에서 이런 공연을 하는 것을 보고 '어, 생각보다 재미있네?' 했던 적이 있는데 정식 연극이 부담스러운 교실에서는 이런 형태의 공연을 적극 활용하면 좋을 것 같다. 『온작품을 만났다 낭독극이 피었다』(박지희·차성욱, 휴먼에듀) 책을 쓰신 박지희, 차성욱 선생님의 사례가 선구적인데, 유튜브에서 동영상으로도 볼 수 있다. 연극 수업의 초보 단계에서 옛이야기는 접근하기가 무난하지만, 옛이야기뿐 아니라 연극 수업에 활용할 수 있는 소재는 무한하다. 최종적으로 온작품 읽기와 연계하면 가장 좋을 것이다.

최근에는 많은 작가들이 연극 수업을 위한 대본집을 내 주시기도 하는데, 매우 고마운 시도라고 생각한다. 그중 최근에 나온 『연극이오, 연극!』(임정진·송미경, 올리) 5권 시리즈도 아주 반가웠는데, 모두 옛이야기를 각색한 대본이라는 특징이 있다. 이야기와 극본이 나란히 나오니 비교하는 재미도 있고 양쪽이 다 고유의 맛을 가지고 있어서 읽는 맛도 좋다. 특히 극본 부분을 앞서 말한 연극 대본으로 바로 사용할 수도 있고, 참고하여 활용할 수 있다. 아직 수업에 활용을 못해 봤지만 앞에서 설명한 그림자 연극을 할 때나 직접 연기하는 연극을 할 때, 초기 난관인 대본 작업에 큰 도움을 받을 수 있을 것 같다.

— 세계의 옛이야기 비교하기

이전 교육과정 때 3학년 2학기 사회 단원 '다양한 삶의 모습들' 도입부에서 콩쥐팥쥐와 신데렐라를 비교하는 내용이 나와 깜짝 놀랐던 적이 있다. 비교문학의 내용까지 교과서에 들어왔다니! 사실 옛이야기를 깊이 파고들자면 쉽고 단순하게 할 수 있는 이야기가 아니라서 접근이 어렵긴 하지만, 비슷한 모티프의 이야기들이 전 세계에 존재하고, 세부 화소들은 조금씩 다른 것을 파악하며 각 문화는 이렇게 공통적인 점과 다른 점이 있다는 정도로만 다루어 주어도 좋을 것 같다.

학생들에게 교과서에 나왔던 『콩쥐팥쥐』(송언, 애플트리태일즈)와 『신데렐라』(샤를 페로, 비룡소) 이 두 권 외에 먀오족의 콩쥐팥쥐 이야기인 『오러와 오더』(이영경, 길벗어린이)도 같이 읽어 주었다. 문화의 다양성과 공통성에 대한 주제가 나오면 세계의 옛이야기들을 비교하며 읽어 보는 활동도 흥미로울 것이다.

⑧ 이야기 만들기

뒷이야기 이어 쓰기 등 이야기를 창작해 보는 수업을 할 때가 있다. 4학년 1학기 국어에는 전체가 이야기 창작인 단원도 있다. 오래전부터 아이들과 즐겨해 오던 수업이라서 이야기 만들기에 적절하게 활용했던 책들과 활동들을 소개해 보고자 한다. 최근에는 아이들 글을 모아 책으로 출판해 주시는 선생님들도 많지만, 소박한 결과물이라고 해도 나름 수업의 과정에 의미를 두고 진행한다면 얼마든지 흥미롭게 할 수 있는 활동이다.

― 이야기를 만들기 전에

창작 활동에 앞서 읽어 주면 좋은 그림책들이 있다. 쉽고 재미있는 그림책이지만 그 안에는 창작 과정에서 유의해야 할 점들이 담겨 있다. 이야기 만들기에 지침이 될 사항들을 알려 주는 그림책으로,『토끼 뿅이 동화 쓴 날』(후나자키 요시히코, 천개의바람)과『내가 쓰고 그린 책』(리니에르스, 책속물고기)을 활용할 수 있다.『토끼 뿅이 동화 쓴 날』에서는 작품을 구상하러 시골로 온 동화 작가 아저씨에게 토끼 뿅이 자기가 쓴 이야기를 봐 달라며 가지고 온다. 끄적끄적 쓴 터무니없는 글들은 아저씨의 첨삭으로 점차 동화로 완성되어 간다. 말하자면 둘이 함께 쓴 동화. 이 과정에서 이야기 만들 때 고려해야 될 점들을 짚어 줄 수 있다.『내가 쓰고 그린 책』은 색연필을 선물받은 에밀리아가 이야기를 만들고 그리는 과정을 나타낸 책이다. 화면 한쪽에서는 작가가 이야기의 완성에 필요한 것들을 안내해 준다.

이처럼 이야기 만들기에 지침이 될 사항들을 알려 주는 그림책도 있고, 창작 활동의 자료로 바로 사용할 수 있는 그림책도 있다.

— 이야기 만들기 자료

『해리스 버딕의 미스터리』(크리스 반 알스버그, 문학과지성사)는 엄청난 영감을 준 그림책이다. 연계성이 전혀 없는 14점의 그림과 각 그림에 딸려 있는 짧은 한 문장이 전부인 책이다. 그림을 가만히 들여다보면 그 안에서 무한한 이야기가 꿈틀거리는 느낌이 든다. 작가의 설명인즉 이렇다. 물론 이것도 작가가 지어낸 이야기다.

"어린이책 출판사에서 일했던 피터 웬더스의 집에 초대받아 간 크리스 반 알스버그는 커다란 퍼즐 판의 작은 조각 같은 그림 열네 점을 보게 된다. 삼십 년 전, 해리스 버딕이라는 남자가 웬더스를 찾아왔다. 그는 자기가 이야기 열네 편을 썼으며, 각 이야기마다 딸린 그림도 많다며 책으로 낼 만한지 봐 달라고 했다. 피터 웬더스는 그림을 본 순간 매혹되고 만다. 웬더스가 그림이 들어간 글도 읽어 보고 싶다고 하자 해리스 버딕은 다음 날 아침 원고를 가져오겠다며 그림 열네 점을 남기고 사라진다. 그러나 다음 날도, 그 다음 날도 해리스 버딕은 나타나지 않았다. 해리스 버딕은 미스터리를 남긴 채 영원히 사라진 것이다."

만약 해답이 있기만 하다면, 거기서 찾을 수 있겠지.

진짜였어. 소년은 생각했다. 진짜 있었어.

이 책을 위와 같이 한 장면씩 PPT로 만들어 제시했다. 다 보여 준 후에는 가장 인상적인 장면을 하나씩 골라 이야기를 만들 수 있다. 해당 장면은 기승전결 어디에 오게 해도 상관없다. 단, 그림이 흑백이고 판타지의 느낌이 신비하다 못해 약간 어둡다고 느낄 수도 있어서, 고학년 이상에 어울리는 자료일 것 같다. 중학생들과 수업을 해도 재미있겠다고 생각했다. 아쉽게도 이 그림책은 지금 절판 상태다. 그런데 다행히도 이 책을 가지고 쓰여진 이야기책이 있다. 바로 『해리스 버딕의 14가지 미스터리』(스티븐 킹 외, 웅진주니어)이다.

앞의 그림책 14장면을 14인의 작가가 하나씩 맡아서 각각의 상상력과 창의력으로 완성한 이야기책이다. 이 책을 먼저 보여 주지 않고, 앞의 활동을 한 후에 "유명한 작가들은 어떻게 썼을까요? 나의 이야기와 비교해 볼까요?" 하며 읽어 주는 게 좋다. 물론 아이들은 그 큰 차이(?)에 머리를 감싸쥐고 좌절하지만, 그것 자체가 좋은 동기유발이다.

이 책은 작가 구성부터 놀랍다. 스티븐 킹은 영화 「쇼생크 탈출」의 원작자이며 수많은 인기작들을 만든 작가이고, 『웨이싸이드 학교 별난 아이들』(루이스 새커, 창비)을 쓴 루이스 새커, 『사금파리 한 조각』(린다 수

박, 서울문화사)의 린다 수 박, 『에드워드 툴레인의 신기한 여행』(케이트 디카밀로, 비룡소)의 케이트 디카밀로까지! 이 책을 다룬다면 이와 같이 작가들에 대한 관심, 작품 소개로 이어 가는 것도 아이들을 문학에 푹 빠지게 만드는 한 방법일 것 같다.

어떻게 보면, 독자의 몫으로 남겨 두었으면 좋았을 상상력의 여지를 작가들이 채워 버렸다는 아쉬움을 가질 수도 있겠다. 하지만 상상력의 여지는 무한한 것 아닌가? 우리가 가르치는 아이들을 통해서 상상력의 씨앗은 또 어디서든 뿌려질 것이다. 우리가 상상력을 추구하는 건, 아니 인간이 상상력에 큰 가치를 두는 것은 그것이 세상을 살맛 나게 하기 때문이 아닐까? 상상력이 과학 문명을 발전시킨 면도 있고 간혹은 악의적인 상상력이란 것도 있겠지만, 대부분의 상상력은 이 세상에 의미를 불어넣고 수많은 이야기들을 만들어 내며 아름다움으로 세상을 보게 했다. 그래서 더욱 아이들 안의 상상력을 발견할 때 기특하고 기쁘다. 그리고 아이들 안의 상상력을 캐내는 이런 수업이 재밌다.

— 뒷이야기 이어 쓰기 자료

『와우의 첫 책』(주미경, 비룡소)은 이야기 창작 단원에서 거의 주교재처럼 사용했던 책이다. 뒷이야기 이어 쓰기를 할 때 특히 유용했다.

수록된 6편의 단편이 각각 개별 작품이라고 하기엔 인물과 소재가 살짝 겹치고, 연작이라고 하기엔 관련성이 별로 없는 것 같은데 심사평을 보니 '살짝 스치면서 조금씩 이어지는 이야기들'이라고 표현되어 있었다. 매이지 않고 자유롭게 썼다는 뜻이 아닐까? 하여간 느낌이 독특

했다. 수없이 쏟아져 나오는 창작물들 중에서 독특함을 갖추기는 쉽지 않으리라. 그래서 좋은 평가를 받는 것인지도 모르겠다.

　표제작인 「와우의 첫 책」은 개구리 와우가 작가로서 첫 작품을 쓰게 되는 이야기다. 와우에게 어느 날 '이야기'가 '찾아왔다'. 그건 작가 구렝 씨의 이야기였는데 책을 10권까지만 낼 수 있다는 숲 법에 따라 구렝 씨는 그 이야기를 와우한테 넘겨줬다. 와우는 숲에서 잡아먹히려던 위기 때마다 이야기를 들려줬고 그때마다 이야기는 생각하지도 못한 길을 찾아 새롭게 흘러갔다. 완성한 이야기를 구렝 씨에게 다시 돌려주러 간 와우는 "이건 자네 이야기야."라고 인정을 받는다. 드디어 와우의 첫 책이 나온다.

　이 이야기는 도입 부분만 읽어 준 후 나머지 이야기를 아이들이 창작해 보게 한다. 그리고 나서 나머지 부분을 읽어 준다. 즉, 내가 만든 이야기와 와우가 만든 이야기를 비교해 보는 것이다. 와우의 이야기(그러니까 작가가 쓴 이야기)가 물론 좋지만 아이들이 만든 이야기도 꽤 다양하고 흥미로웠다.

도입

옛날옛날에 너불이라는 뱀이 살았는데
어느 날 길을 가다가 사람 아이를 만났어.
그 아이가 글쎄 뱀이 되고 싶다는 거야.

2학년 남학생이 이어 지은 이야기

뱀은 말했어. "너는 뱀이 되면 안 돼!"

"왜?"

"너는 엄마와 아빠가 있어. 하지만 니가 뱀이 되면 사람 말도 못하고 엄마와 아빠도 만날 수 없어. 그래도 괜찮니?"

아이는 계속 망설였어. 그러더니

"그럼 엄마와 아빠도 뱀이 되면 되잖아."

뱀은 생각했어.

"하지만 내가 어떻게 저 아이와 엄마 아빠를 뱀으로 만들지?"

뱀이 생각하고 있는 동안 아이는 엄마와 아빠를 불러왔어. 뱀은 엄마 아빠를 보고 말했어.

"이 아이가 뱀이 되고 싶대요."

엄마가 말했어.

"뱀이 되고 싶다고? 뱀처럼 하고 싶은 거겠지!"

"아니야! 난 뱀이 되고 싶어!"

뱀은 물었어요. "넌 왜 계속 뱀이 되고 싶니?"

"나는 항상 학교에서 애들한테 맞고 놀림받고 괴로워. 그리고 엄마 아빠는 놀아 주지 않고 말을 들어 주지도 않잖아!"

엄마 아빠는 깜짝 놀랐어요.

"미안해. 엄마는 학교생활이 좋은 줄 알았어…."

그 뒤로 아이는 뱀한테 오지 않았어요.

4학년 여학생이 이어 지은 이야기

너불이는 물었어. "뱀이 되면 좋을 것 같니?"

사람 아이는 고개를 끄덕였어. 너불이는 고개를 가로저었어.

"그렇지 않아. 뱀이 되면 사람들이 무섭다고 도망을 치고 동물들은 다 내가 나쁘다고 해."

그러자 사람 아이가 말했어.

"제가 뱀이 되고 싶은 이유는 안 물어보세요?"

너불이는 잠깐 생각하더니 왜 뱀이 되고 싶은지 물었어.

"저는 옛날부터 사람들이 외모를 가지고 구박을 하였어요. 이제부터는 뱀이 되어 사람들에게 복수를 하고 싶어요!"

너불이는 알겠다고 하고 그 아이와 함께 너구리 마을을 찾아갔어. 너구리 마을은 너구리들이 요술을 부리며 병도 치료해 주고 변신도 시켜 주는 마을이야.

"아, 저를 변신시켜 주려고요?" 아이는 물었어.

"아니, 너에게는 약이 필요한 것 같아."

아이는 깜짝 놀랐어. "제가 병이라도 걸렸나요?"

너불이는 다시 말했어. "너는 마음의 병에 걸린 것 같아."

아이는 시무룩하게 말했어. "저는 약 말고 뱀이 되고 싶은데요…"

너불이는 이 약을 먹으면 자신의 외모가 아름답게 보이고 사람들이 더 이상 놀리지 않을 거라 말했어.

"정말요?" 아이는 뛸 듯이 기뻐하며 그 약을 먹었어.

아이가 거울을 보더니 진짜 자기가 아름다워 보인대.

사실 그 약은 너불이가 만든 가짜 약이었어.

아이는 그런 줄도 모르고 폴짝폴짝 뛰며 집에 갔지.

두 번째 단편 「콩 손님과 국수 씨」는 끝까지 다 읽은 후에 그 후의 뒷이야기를 지어 보게 했다. 그리고 활동 방식을 모둠이 함께 하는 것으로 바꿔 보았다. 모둠에서 한 문장씩 돌아가며 릴레이 이야기 만들기로 뒷이

야기를 만드는 것이다. 두 바퀴 돌면 끝나는 정도로 제한하고, 그래도 안 끝나면 세 바퀴 정도 돌라고 안내해 주었더니 적당한 길이에서 끝났다.

:: 킁 손님과 국수 씨 그 뒷이야기 ::

3모둠 친구들이 이어서

킁 손님의 정체는 도토리였다! (학생 1)

킁 손님은 도토리였는데 아파트가 생기며 킁 손님이 사라졌다. (학생 2)

한편, 국수 씨는 "왜 안 오지?"라며 킁 손님의 사정을 알지 못하고 있었다. (학생 3)

국수 씨는 이제 도토리가 다 떨어져서 도토리를 줍기 위해 산으로 들어갔다. (학생 4)

그 순간! 국수 씨의 앞에 킁 손님이 딱! 서 있었다. 킁 손님은 하늘 위로 올라갔다. 국수 씨는 마치 헛것을 본 것처럼 눈을 비볐다. 다행히 헛것이었고, 국수 씨의 앞엔 아파트가 서 있었다. (학생 1)

아직 안에 공사가 끝나지 않아서 들어가지 못했다. (학생 2)

그러다 국수 씨는 깜짝 놀랐다. 가게 문을 잠그지 않고 왔기 때문이다. (학생 3)

서둘러 가게로 와 보니, 도토리 1자루가 놓여 있었다.

'누구지?' (학생 4)

4모둠 친구들이 이어서

국수 씨네 가게가 대박 난 지 1년, 국수 씨는 갑자기 킁 손님이 생각났다. (학생 1)

사실 킁 손님의 정체는 다람쥐 마을에 사는 청솔모 도토롤 씨였다. (학생 2)

국수 씨도 킁 손님도 서로를 그리워했지만 킁 손님은 도토리가 떨어져서 국수 씨의 가게에 오지 못했다. (학생 3)

국수 씨는 도토리를 주우러 산에 갔다가 다람쥐 마을에 도착하게 되어 킁 손님을 찾았다. (학생 4)

킁 손님은 저 멀리 갔다는 말에 국수 씨는 어디론가 달려갔다. 그곳은 상수리나무가 옮겨 심어진 새로 생긴 펜션이었다. (학생 1)

저 멀리 킁 손님은 상수리나무의 도토리를 뚫어지게 보고 있었다. (학생 2)

국수 씨는 온 힘을 다해서 상수리나무로 달려가서 킁 손님에게 말을 걸었다. (학생 3)

"국수 한 그릇 드시고 가세요!" (학생 4)

보물 창고 도서관에서 찾은 어린이책 활용 수업

『최고의 이야기꾼 구니 버드』(로이스 로리, 보물창고)와『우화 작가가 된 구니 버드』(로이스 로리, 보물창고)는 이야기 창작의 길잡이가 될 만한 책이다. 그림책이 아니고 두 권 다 분량이 꽤 되기 때문에 읽기의 부담은 있지만, 책 읽어 주기를 정기적으로 하는 학급이라면 그 시간에 이 책을 미리 읽어 두어 무리 없이 수업에 활용할 수 있다.

『최고의 이야기꾼 구니 버드』가 먼저다. 구니 버드의 당돌하고 특이한 행동, 그리고 어느 반에나 있는 교사 뒷목 잡게 하는 아이들의 등장이 아이들의 웃음을 자아낸다. 특이한 전학생 구니 버드는 이야기 욕구가 왕성한 아이였고, 그때 마침 선생님은 이야기 만들기 수업을 진행하고 계셨기에 구니 버드가 들려주는 이야기를 통해 이야기의 기법이나 필수 요소, 독자의 관심을 끄는 방법 등에 대해 자연스럽게 지도하게 된다. 두 번째 책『우화 작가가 된 구니 버드』에서는 전편의 사건들이 동기 부여가 되어 학급 아이들이 모두 한 편씩 우화를 만든다. 이 두 권을 다 읽으면 좋은데 나는 끝까지 읽어 주진 못하고 두 번째 아이의 우화까지 읽어 준 다음 "우리도 이렇게 우화를 만들어 봅시다." 하고 시작했다. 이 책을 읽고 만든 우리 반의 우화 그림책은 복도에 전시해 다른 반 친구들까지 읽으며 인기를 누렸다. 그 과정은 다음과 같다.

― 나만의 우화 그림책 만들기

① 계획 짜기

[표현하고 싶은 주제(교훈)]

우화의 사전적 의미는 '인격화한 동식물이나 기타 사물을 주인공으로 하여 그들의 행동 속에 풍자와 교훈의 뜻을 나타내는 이야기'이다. 일부가 아닌 전체 이야기 창작에서는 초보 단계로 우화가 적당하다. 의인화한 동식물로 인물을 표현한다는 점과 교훈을 중심으로 서사를 만든다는 점에서 결과물이 무난하게 나오기 때문이다. 몇 가지 우화의 주제(교훈)를 살펴보고, 자신이 창작할 우화에 어떤 교훈을 담고 싶은지 이야기를 나눈다.

[주인공(어떤 동물로 할 것인지)]

그 교훈을 표현하기에 좋은 주인공을 정한다. 우화니까 동물이 주인공이 되는 경우가 일반적이다. 자기 서사를 이끌어 갈 동물을 무엇으로 정할까 궁리하는 아이들의 모습은 아주 즐거워 보인다. 동물 외에 식물이나 무생물, 꼭 원한다면 사람이어도 괜찮다고 안내한다.

[주변 인물(주인공 주변의 인물들)]

주인공만 나와서는 이야기가 진행되기 어려우니 어떤 주변 인물들이 어떤 역할로 등장할지도 정한다.

② 줄거리 개요 짜기

개요를 짜는데 아예 처음부터 책 만들기에 대비하여 책 쪽수에 맞춰 7장면 정도로 나누어 줄거리를 짠다.

③ 우화 그림책 만들기

표지 포함 8쪽의 그림책으로 만든
다. 4절 도화지를 길게 반으로 자르
고 이어 붙여서 8폭의 아코디언북
(병풍책)을 만든 후에 첫 칸을 표지
로 하고 나머지 7칸에 개요에서 작
성한 내용을 한 장면씩 쓰고 그린
다. 책 종류는 어느 것으로 해도 좋
지만 아코디언북으로 하면 다 펼쳐
서 벽에 게시할 수 있다는 장점이
있다.

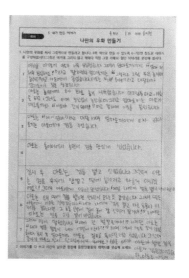

④ 친구들과 돌려 읽기, 주제 파악, 추천작 뽑기

학급 인원수가 많지 않으면 학급 전체가, 많으면 두세 팀 정도로 나누어 책상을 원형으로 배열한 후에 우화 그림책을 한 방향으로 계속 돌리면서 친구들의 작품을 읽는다. 이때 활동지를 작성하면서 읽는다. 읽은 작품의 주제(교훈)가 무엇일지 생각해서 써 보는 것이다. 활동을 마치고 활동지를 살펴보면 같은 작품을 읽고도 친구들마다 파악한 주제가 다양하다는 것을 알 수 있다. 이때 작품 주인이 생각한 주제는 무엇인지 발표시키고 비교해 보면 재미있어 한다. 원작자가 생각한 주제와 달라도 틀린 것은 아니라는 이야기도 해 준다. 작품이 작가의 손을 떠나면 해석은 독자의 몫이라는 말도 덧붙인다. 창작 과정도 재미있지만 사후 과정도 잘 진행하면 즐거운 시간이 될 수 있고 학생들은 그 과정에서 자기 작품에 더욱 애착을 갖게 된다. 마지막으로 모든 작품을 다 읽고 가장 추천하고픈 작품을 뽑는 시간을 가질 수 있다.

보물 창고 도서관에서 찾은 어린이책 활용 수업

최고의 이야기꾼 구니 버드 로이스 로리/보물창고

피존 선생님의 2학년 교실에 구니 버드라는 여자아이가 전학을 왔다. 옷차림부터 희한한(잠옷에 카우보이 부츠) 이 아이는 자신은 주목받는 걸 좋아한다며 교실 가운데 앉혀 달라고 당당히 요구한다. 마침 선생님은 '재미있는 이야기 만드는 법'을 가르치고 있었고 아이들은 구니 버드의 이야기를 듣고 싶어 한다. 구니 버드는 자연스럽게 이야기의 주인공이 되었다. 구니 버드는 매일 한 에피소드씩 이야기를 들려준다. 모든 이야기는 자신이 겪은 일이다. 그게 이야기가 될 수 있나 싶지만 될 수 있더라. 결국 모든 이야기는 우리가 살아가는 이야기가 아니던가? 다만 그게 '이야기'가 되려면 독자를 붙잡아 둘 뭔가가 있어야 한다. 그게 이야기꾼의 능력이고 이 아이는 그걸 가지고 있었다. 선생님은 살아 있는 교재로 가장 적절히 사용하셨고.

이 책에는 말놀이적 요소도 많이 들어가 있는데 모국어가 아닌 경우 그걸 온전히 살리긴 어렵다는 게 좀 아쉬운 점이다. 예를 들면 아이는 '프린스'(왕자)와 함께 '팰리스'(궁전)에 가서 다이아몬드 귀걸이를 받았다는 이야기를 하는데, 프린스는 사람 이름이고 팰리스는 아이스크림 가게 이름이었다는 것이 원작에선 재미있는 반전이 되지만 우리 아이들에게 고스란히 전해지진 않을 것 같다. 원어로 읽지 않는 한 이 정도 아쉬움은 어쩔 수가 없을 것 같다.

구니 버드의 에피소드들은 그대로 한 편 한 편이 단편 이야기가 되었고 선생님은 그 풍성한 이야기의 재료를 가지고 주인공과 부차적 인물이라든지, 건너뛰기와 회상하기 같은 이야기 진행의 기법 같은 것을 살짝살짝 지도하신다. 때로는 구니 버드 자신이 '이야기에 집중하게 하려면 긴장감을 유지해야 한다'는 사실을 스스로 깨닫기도 하고, 그럴 때 '갑자기'라는 말이 효과적이라는 나름의 비법을 알려 주기도 한다.

속편을 기대하게 되는 책의 결말도 정말 흥미롭다. 구니 버드만 이야기를 하란 법은 없지 않은가? 구니 버드와 아이들, 선생님은 그동안 들려줬던 이야기의 제목들을 새롭게 연결 지어 자신만의 이야기 제목을 하나씩 갖게 된다. 세상에 이렇게 많은 이야기가 있는데 또 나올 것이 있을까? 그런 걱정은 할 필요가 없는 것 같다. 신은 우리에게 무한한 샘도 몇 가지 주셨다. 그중의 하나가 이야기라고 생각한다. 이제 아이들이 샘을 파는 일만 남았을 뿐.

우화 작가가 된 구니 버드 로이스 로리/보물창고

지난번 책에선 구니 버드가 작가(스토리텔러)이고 아이들이 독자(청자)였다면 이 책에선 학급 아이들이 모두 작가와 독자가 된다. 지난번 책에서 구니 버드가 보여 준 일들이 동기 부여가 된 결과다.

선생님은 수업 시간에 이솝 우화 「개미와 베짱이」를 들려주셨다. 그리고 이야기에 담긴 '교훈'에 대한 지도를 하셨다. 그러자 아이들은 대단한 수업을 제안했고 그 수업을 시작했다. 모두가 '나만의 우화'를 만드는 것이다. 아이들은 그동안의 수업에서 이야기 만드는 법을 배워 알고 있지 않던가. 이를테면 이런 것들이다.

- 흥미로운 등장인물이 있어야 해.
- 등장인물들을 잘 묘사해서 진짜처럼 만드는 거야.
- 처음, 중간, 끝이 있어야 해.
- '갑자기'라는 단어를 넣어야 해.

아이들은 모두 자기 이름의 첫 철자로 시작되는 동물이 등장하는 우화를 쓰기로 했다. 그리고 그것으로 크리스마스 축제에 참여하기로. 비니는 곰Bear, 펠리시아는 홍학Flamingo, 첼시는 치와와Chihuahua 등 자기 이름에 맞는 동물을 찾아 아이들은 우화를 만들고 한 명씩 발표를 시작한다. 발표를 위해서 의상이나 소품을 준비하기도 한다. 친구의 우화를 들으며 학급 아이들은 그 안에서 교훈을 찾아낸다. 교훈은 때로 명확하기도 하고 해석에 따라 여러 가지로 나오기도 한다.

이 과정에서 아이들 개개인의 특성과 상황이 드러나기도 한다. 흔히 볼 수 있는, 어디로 튈지 모르는 정신없는 교실의 모습이다. 이런 아이들을 토닥이고 지그시 어깨를 눌러 진정시키기도 하며 앞으로 나아가는 피죤 선생님은 진정한 프로다. 아이들 주도적인 수업 같지만 보이지 않게 이끌고 있는 선생님의 역할이 매우 중요하다. 사실 구니 버드가 있었기에 가능한 일이기도 했다. 이처럼 프로 선생님과 특별한 아이가 만나면 신나는 프로젝트가 가능하다. 물론 그 특별한 아이를 알아보고 활용하는 것 또한 선생님의 중요한 역할이다.

아이들이 지은 우화들 하나하나가 소박하지만 그럴듯하고 의미 있었다. 처음부터 꽤 잘 쓴 우화를 발표하는 아이도 있었지만 방향을 잘못 잡아 헤매는 경우도 있었는데 발표 과정에서 친구들의 조언을 받아 수정해 나가기도 한다. 이런 과정이 모두 이 책을 읽는 어린 독자들에게는 자연스러운 배움이 되겠다.

이야기 만들기 수업에 활용할 책들이 많아 어떤 책을 주로 사용해야 할지 행복한 고민이 되는데, 이 책을 읽어 주고 우화를 만드는 것을 첫 단계로 해 보면 어떨까 싶다. 주인공 만들기(의인화한 동물 주인공이 첫 단계로 적당하다는 점에서 우화가 괜찮은 것 같다.), 교훈 담기(주제 설정) 등의 연습이 될 것 같다. 이후에 좀 범위를 넓혀 우화의 범주를 벗어난 이야기도 만들어 보면 좋겠다.

⚬ 글쓰기

글쓰기 수업을 하려다가 운 좋게도 책이 떠오르는 경우가 있다. 글쓰기는 도입과 발상이 중요한데 적절한 책이 그 역할을 훌륭하게 해 주기 때문이다. 책이 '떠오른다'고 표현한 것처럼 우연한 경우가 많았는데, 그렇게 우연히 떠오른 것치고는 수업 결과가 꽤 괜찮은 편이었다. 치밀한 계획에 의한 수업은 아니었지만, 교사라면 누구나 알다시피 우리에게 필요한 것은 치밀한 계획보다 시시각각 발휘되는 순발력이 아니던가.

━ 원격수업에서 글쓰기와 공유하기

오랜만에 6학년을 맡았던 해, 코로나로 아이들이 거의 등교하지 못했다. 아이들과의 원격수업은 강 저쪽에 밥상을 차려 놓고 건너편에서 바라보는 심정이었다. 제발 먹으라고 애원하고 밤새워 만찬을 차려 놓아도 맛있게 먹는 아이는 드물었고 대부분 먹는 시늉만 하거나 아예 거들떠보지 않는 아이들도 있었다. 그런 와중에 강 이편과 저편을 잇는 가느다란 밧줄 다리 같은 것이 있었다면 바로 글쓰기와 공유, 피드백이었다.

과제를 제출하는 방식은 교사만 볼 수 있는 비공개 게시판과 모두가 볼수 있는 공개 게시판이 있었는데 학생들의 글쓰기 결과물은 공개 게시판에 올리게 했다. '공유'의 필요성 때문이었다. 그건 원격이 아닐 때도 중요한 원칙이었다.

평소 행동이 빠르고 과감한 아이들이 이미 먼저 글을 올렸다. 소심하거나 더 잘 쓰고 싶은 욕심이 있는 아이들은 올라온 친구들 글을 한참 읽어 보다가 자기 글을 완성해 올렸다. 공감하는 글에는 댓글을 달았다. 교사는 모든 아이의 글에 댓글을 달았다. 이렇게 활동을 하다 보니, 다른 건 몰라도 글쓰기만큼은 온라인 활동이 더 효과적일 수도 있구나 싶은 생각이 들었다. 하긴 내가 어디에 글을 쓰고 있나 생각해 보면 당연한 일이기도 하다. 내가 공책에 글을 쓰고 있나? 아니다. SNS에 글을 올리고 댓글이 달리면 부리나케 읽어 보지 않던가. 온라인 서재에 서평을 쓰고 좋아요 숫자를 세어 보지 않던가. 그러니 온라인 글쓰기 수업에서 비로소 서로의 실재감을 느꼈던 것은 어쩌면 당연한 일이었는지도 모른다.

6학년 국어 교과서에는 '글 고쳐쓰기' 단원이 있다. 일단 뭘 써야 고칠 수 있으니, 지도하기가 몹시 까다로운 단원이다. 이런 생각 때문에 교과서에 제시된 고치기의 방법과 예시는 간단히 가르치고 글쓰기에 집중했다. 2시간씩 연차시로 묶어서 매 수업마다 글쓰기 주제를 주고 동기유발한 후, 글을 써서 올린 다음 친구들의 글에 고쳐쓰기에 대한 조언을 댓글로 달아 주는 방식으로 진행했다. 그때 동기유발을 '책'으로 했던 주제가 있었다.

먼저 '진정한 ○○살'이라는 주제다. 『진정한 일곱 살』(허은미, 만만한 책방)을 읽고 쓰는 주제였다. 나이만 바꾸면 학년마다 적용이 가능한 주제라 이 책을 많이들 활용하시는데 나는 6학년 수업에서 진행했다. 학년말이어서 '초등 졸업을 앞두고 나의 모습은 어떠해야 할까?'를 성찰해 보는 기회가 되길 바라며 적용해 보았다.

📋 오늘은 어떤 글을 쓸까요?

◆ 오늘은 나 자신에 대해 생각해보는 글을 쓰려고 합니다.
자기소개글을 쓰냐구요? 아닙니다. 그건 이미 학기초에 썼으니.
6학년, 열세 살, 초등 졸업을 앞둔 지금 이때에, 나의 모습은 어떠해야 할까? 에 대한 생각입니다.

제목은 <진정한 열세 살>입니다.

📋 그림책 소개

◆ 생각을 도와줄 만한 그림책을 함께 읽으려고 해요.
근데 어쩌죠? 이 책은 열세 살이 아니고 일곱 살의 이야기예요.
일곱 살들은 자신의 진정한 모습을 어떻게 생각하는지 재미있게 읽은 후에,
우리는 우리 나이에 맞추어서 생각하면 되지요.

구글 사이트로 수업을 제시하고 그림책은 영상으로 만들어 줌에서 함께 보았다.

원격수업에서 과제에 정성을 들이는 경우는 그리 많지 않아서 전체적으로 글 수준이 높지는 않지만 생각이 꽤 들어간 이런 정도의 글도 올라왔다.

:: 진정한 열세 살 ::

선생님이 올려 주신 책을 보고 진정한 열세 살은 어때야 할까에 대해서 생각해 보았습니다.

첫째. 진정한 열세 살이라면 판단할 줄 알아야 됩니다.

섣불리 생각해서도 안 되고, 섣불리 행동으로 옮겨서도 안 됩니다. 자신에게 돌아올 불이익을 생각해 보고 자신이 옳은 일을 하는 게 과연 맞는가를 되새겨 봅니다. 또한, 이 모든 것들은 열세 살들이 진정한 열세 살로 거듭나는 계단 하나하나를 밟는 것을 돕습니다.

둘째. 진정한 열세 살이라면 화가 났을 때 자신의 감정을 통제하는 법을 알아야 됩니다. 화는 누구나 납니다. 아마 세상에서 화를 내 보지 않은 사람들은 없을 것이고 또한, 저는 그래도 화가 난다는 것도 저희의 감정의 일부라고 생각하여 화가 나는 게 꼭 나쁜 것만은 아니라는 생각을 합니다. 하지만 너무 자주, 혹은 너무 지나치게 화를 낸다고 한다면 과연 자신에게 돌아오는 이익을 생각해 봅시다. 속이 후련한가요? 물론 그럴 수도 있습니다. 하지만 꼭 속이 후련해진다 해서 화를 매번 내는 것은 별로 좋지 않은 행동이기 때문에 화를 자주 내는 것보다 자신의 마음을 가라앉히고 평온해지려고 노력하는 것이 당신의 마음을 좀 더 순화롭고 온전하게 바꿔 주는 것을 도울 수 있습니다.

셋째. 진정한 열세 살이라면 자신을 끌어들이려는 속삭임을 무시할 줄 알아야 됩니다. 우리의 삶 속에선 달콤한 속삭임이 여러 번 들려옵니다.

예를 들어 '줌 수업 끝났는데 다른 수업은 하지 말고 나중에 할까?' 혹은 '부모님께서 얼른 자라고 하셨는데 이것만 보고 잘까?'라는 속삭임 말입니다. 어른들도 물론이고, 여러분도 한 번쯤 그런 속삭임을 들어 봤을 것이기도 하며, 그 속삭임은 대부분 이익은 얻지만 결코 옳지 않은 행동이라는 것에 문제점이 있습니다.

그리하여 우리는 그 이익 대신 미래의 자신이 좀 더 편할 것을 생각하거나 혹은 지금의 이익 대신 미래의 이익이 나을 걸 생각하고 지금을 참아 내는 것이 진정한 열세 살이 된다는 마지막 길이 아닐까 하고 생각합니다.

교사 댓글 글의 구성이 매우 좋습니다. 자신의 중심 생각을 3가지로 정하고 그 중심 생각을 전달하기 위해서 적절한 뒷받침문장들을 아주 효과적으로 사용했습니다. 내용 또한 설득력 있으며 또래 친구들이 한 번 읽고 생각해 볼 만한 내용들입니다. 수고했습니다.

다음은 '인류 최고의 발명품, 인류 최악의 발명품'이라는 주제였다. 이 글쓰기 주제가 왜 떠올랐는지는 정확히 기억나지 않지만, 수업을 하고 나서 내가 생각해도 꽤 좋은 주제였다고 셀프 칭찬했던 기억은 난다. 아이들의 생각이 다양하게 표현되었을 뿐 아니라 글도 재미있었고, 아이들의 상식이나 가치관도 살짝 엿볼 수 있었다. 또 친구들의 생각은 어떤지, 나랑 어떻게 다른지 관심을 갖는 아이들의 모습도 볼 수 있었다. 이때 수업에 활용했던 책들은 나온 지 꽤 된 책들이었다. 이미 절판된 책도 있어서 도서실에서 겨우 구해서 활용하기도 했다. 『세계를 바꾼 100대 과학 사건』(장수하늘소, 키즈조선)을 통해서는 최고의 발명품, 『위대한 발명품이 나를 울려요』(햇살과나무꾼, 사계절)를 통해서는 최악의 발명품에 대한 발상을 하도록 했다.

인류 최고의 발명품은?

◆ 이 질문에는 정답이 없습니다. 정답이 있다면 글을 쓸 필요도 없는거죠.
선사시대부터 지금까지, 인류는 무한한 발명품을 만들어왔습니다. 그러면서 문명이 발전된 것이죠.
그 중에서 최고의 발명품을 뽑으라면 여러분은 무엇을 뽑겠어요? 그렇게 생각한 이유는 무엇인가요?
선생님은 도서실에서 이런 책을 한번 찾아봤어요.

◆ 200쪽이나 되는 책에서 겨우 8쪽을 보여드렸어요.

여러분의 생각을 돕기 위해 소개한 것뿐이니 여러분은 스스로 생각해보면 됩니다.

생각은 눈동자만 굴려도 할 수 있어요. 우리 주변에 있는 모든 것들이 발명품이니까요.

예를 들어, 아기가 너무 무거워 팔이 아픈 어머니는 유모차가 최고의 발명품이라고 하겠죠.

오늘도 시간이 없어 도시락을 못 싸온 선생님은 컵라면이 최고의 발명품이라고 생각할지도 몰라요.^^

시원한 걸 좋아해서 겨울에도 찬물만 마시는 저 친구! 냉장고가 최고의 발명품이라고 생각할 거예요.

이 수업도 위와 같이 구글 사이트에 내용을 제시하여 진행했다. 올라온 아이들의 글을 종합해 본 결과 아이들이 인류 최고의 발명품으로 꼽은 것은 자동차, 휴대폰, 시계 순이었고 인류 최악의 발명품으로 꼽은 것은 담배, 핵, 일회용품 순이었다. 글 수준이 특별히 높아서라기보다는 아이들의 생각을 엿보는 재미가 쏠쏠했다.

:: 인류 최고의 발명품, 인류 최악의 발명품 ::

인류 최고의 발명품은 전화기라고 생각한다.

멀리 떨어져 있는데 대화를 한다는 것은 굉장히 힘든 일이다.

옛날 시대에는 사람을 시켜 편지를 주고받거나 아니면 직접 만나러 가야 했다.

발명가 안토니오 메우치가 알렉산더 그레이엄 벨보다 무려 21년 먼저 전화기를 발명하였지만 가난하여 특허를 임시 특허로 할 수밖에 없었다.

그 이후로 사람들은 전화기를 사용하여 먼 사람들과도 대화를 할 수 있게 되었다.

난 이러한 전화기가 인류 최고의 발명품이라고 생각한다.

인류 최악의 발명품은 담배이다.

왜냐하면 몸에 좋지도 않고 중독성이 높은 니코틴이 들어가 있어 한 번 피우면 계속 피우게 된다.

담배를 계속 피우게 되면 폐암, 방광암, 뇌졸중, 구강암, 버거씨병 등 몸에 굉장히 해로운 병들을 불러올 수 있다.

한 번 피우면 계속 피우게 되고 몸에도 안좋은 담배를 인류 최악의 발명품이라고 생각한다.

교사 댓글 자신이 생각한 물건에 대하여 검색해서 지식을 보충했군요. 그런 태도는 좋습니다. 덕분에 전화기의 역사나 담배의 피해에 대해서 독자들도 알게 되었네요. 두 가지 반대되는 주제를 적절히 배치한 구성도 좋습니다. 수고했어요.^^

― 논설문 쓰기

앞서 소개한 활동처럼 제목을 주고 했던 글쓰기 수업도 있었지만, 책을 활용하여 장르별 글쓰기를 할 수도 있었다. 대표적인 경우가 논설문이다. 고학년이 되면 논설문에서 '근거'를 다루는 것에 그치지 않고 그 근거의 타당성을 입증해 줄 '자료'의 중요성도 다룬다. 아이들은 어디에서 '자료'를 구할까? 검색창에 단어를 입력하는 걸로 시작하고 대부분 검색 결과 상위에 나오는 내용을 쭉 긁어 붙이는 방식을 쓴다. 물론 인터넷 검색은 나를 비롯한 어른들도 가장 많이 사용하는 이 시대의 필수 방법이다. 하지만 이에 앞서서 책에서 정보를 찾는 연습을 학교에서 많이 해 봐야 한다고 생각한다. 그래서 검색창에 단어를 넣는 그 쉬운 방법을 놔두고 책을 읽고 근거가 될 내용을 살펴보는 비효율적인(?) 일을 굳이(!) 시키기도 한다.

논설문의 초기 단계로 4학년 국어 교과서에는 의견 글쓰기, 제안 글쓰기가 나오는데 이때 지식 그림책을 읽어 주고 그 안에 나온 내용을 자료 삼아서 글쓰기를 하도록 해 봤다. 같은 책을 읽었고 어느 정도 방향성도 정해 주었기 때문에 비슷한 내용의 글들이 나온다. 하지만 초기 단계에서는 교사가 어느 정도 틀을 잡아 주는 일도 필요하다고 생각한다. 그 이후에 확장된 글쓰기가 가능하다.

4학년 1학기 국어 단원 '느낌을 살려 말해요'에는 '생태마을 보봉'이라는 본문이 나오면서 그 글을 읽고 읽는 사람을 정하여 글을 쓰는 활동이 제시되어 있다. 그 본문만 가지고는 학생들이 풍부한 내용으로 글을 쓰기 어려울 것 같고, 평소에 환경문제가 인류의 가장 시급한 당면 과제라고 생각하기도 해서 기후 위기 관련 지식 그림책을 읽어 주었다.

기후 위기 그림책으로는 『기후 변화 이야기-지구가 점점 뜨거워진다고?』(캐서린 바·스티브 윌리엄스, 노란돼지)가 있었다. 이 책은 그림책이면서도 기후 변화의 원인과 역사, 전망과 대책까지 아주 알차게 짚어 준 책이라서 읽어 주는 데만도 시간이 꽤 걸렸다. 읽고 나서 책의 흐름에 따라 주요 내용을 아이들과 함께 정리하며 칠판에 적어 주었다. 이런 작업은 학습 능력이 높은 학생들에게는 굳이 필요하지 않지만, 그렇지 않은 학생들에게는 초반에 반드시 필요하다. 뜬구름을 잡거나 뒷걸음하다 쥐 잡는 식의 결과물을 내지 않으려면 이렇게 꼭꼭 씹어 또박또박 다져 주는 활동이 얼마간은 필요하다. 아이들과 함께 정리한 내용을 자료 삼아 의견 글을 쓰도록 했다. 우리 반은 주 2편의 주제 글쓰기를 하는데 이렇게 수업 시간에 다룬 주제는 학교에서 시간이 될 때까지 쓰다가 남은 것을 집에서 써 오도록 한다. 이 주제로 썼던 날 학교도서관 수업이 있어서 도서관에 갔더니 몇몇 아이들이 검색대에 몰려 머리를 맞대고는 기후 위기 관련 책들을 찾아본 후 책을 대출하는 게 아닌가! 학급을 운영하다 보면 아이들이 변화하는 주요 포인트를 몇 군데 발견하곤 하는데 나는 이 순간을 그중의 하나로 꼽는다. 수업 주제와 관련된 도서 검색! 이것은 상당히 의미 있고 중요한 변화였다.

:: 기후가 변하면 우리 지구는 ::

최근 지구의 온도가 급격히 올라 우리 지구는 기후 위기에 빠져 있습니다. 그 이유는 사람들이 물건을 많이 생산하고 편하게 살기 위해 에너지를 많이 쓰게 되면서 온실기체를 많이 발생시켰기 때문입니다. 그리고 육식을 하기 위해 가축을 많이 키우고 있는데 그렇게 되면 숲이 줄어들고 메탄가스가 발생하게 됩니다.

온실기체로 인한 기후 변화 때문에 우리 지구에서는 바다가 뜨거워져서 바다 생태계의 균형이 깨지고 산호도 죽게 됩니다. 그리고 빙하가 녹아 해수면이 높아집니다. 빙하가 녹으면 북극곰과 펭귄이 살기가 힘들어지고 해수면이 높아지면 육지가 물에 잠겨서 섬 지역에 사는 동물과 사람이 위험해집니다.

기상이변도 다가옵니다. 어느 곳은 폭우가 오고 어느 곳은 극심한 가뭄이 와서 사막이 넓어집니다. 사막이 된 땅에서는 농작물도 자랄 수 없고 동물들이 먹을 식량도 사라집니다. 이렇게 계속되다 보면 기후 때문에 살던 지역을 떠나야 하는 기후 난민들도 늘어나게 될 것입니다.

그래서 우리들의 실천이 필요합니다. 이것에 관련된 이야기를 국어책에서 읽었습니다. 보봉은 독일에 있는 생태마을로 태양에너지, 녹색교통 등 환경정책이 잘 실현되고 있는 곳입니다. 이 마을에서는 이 지역을 어떻게 활용할지에 대해 토론한 결과, "자동차 사용을 줄이고 물을 아낄 수 있는 곳으로 만듭시다.", "콘크리트를 쓰지 않는 곳으로 만듭시다." 등의 의견이 나왔습니다. 이런 노력으로 보봉은 생태마을이 되었습니다. 보봉은 오랫동안 군대가 머무는 곳이었지만 주민들의 뜻과 의지로 지금의 보봉을 만들었습니다. 우리도 보봉 마을처럼 노력해서 기후 위기를 극복하면 좋겠습니다.

이어서 4학년 1학기 국어 '이런 제안 어때요' 단원을 공부할 때도 각자 자유로운 제안 글을 쓰기에 앞서 모두가 같은 주제로 연습해 보았다. 이번에도 환경문제와 관련해서 바다 쓰레기 문제를 다룬『할머니의 용궁 여행』(권민조, 천개의바람),『고래를 삼킨 바다 쓰레기』(유다정, 와이즈만북스) 두 권을 읽어 주었다.

『할머니의 용궁 여행』은 지식 그림책은 아니지만 관련 문제에 대한 동기유발에는 최고인 책이다. 옛이야기「별주부전」의 패러디로, 웃기고 재미나면서도 문제의 심각성은 충격적으로 전달하여 더욱 효과적이다.

그렇게 동기유발을 하고는『고래를 삼킨 바다 쓰레기』책에서 좀 더 정보를 얻은 다음에 글쓰기를 시작했다. 이전 수업처럼 내용을 정리해 주지 않았고 책을 다시 보기 할 수 없는 상황에서 글을 썼더니 책의 내용이 정교하게 반영되지는 않았다. 하지만 문제상황을 인식하고 해결 방법을 제안하는 데 길잡이는 될 수 있었다.

:: 바다를 지키는 방법(제안하는 글쓰기) ::

사람들이 버린 쓰레기들을 먹어서 물고기 같은 바다 생물들이 고통을 받다가 죽습니다. 그리고 그 물고기들이 어부한테 잡혀서 우리 몸속에 들어오면 우리의 건강에도 좋지 않습니다.

그래서 저는 바다 쓰레기를 줄이기 위해서 최대한 1회용품을 쓰지 말자고 제안하고 싶습니다. 예를 들어 종이컵, 나무젓가락 등이 있습니다. 이러한 1회용품 사용을 최대한 줄여 주세요.

책에 보니 안 아픈 물고기가 없을 정도여서 정말 큰일이라고 생각했습니다. 결국 사람에게도 돌아오기 때문에 바다 쓰레기는 꼭 줄여야 합니다.

의견 글쓰기에 좀 익숙해진 후에는 찬반 토론을 하고 주장하는 글을 써 보는 것도 좋다. 그림책으로 도입할 주제로는 '동물원'이 있었다. 『우리 여기 있어요 동물원』(허정윤, 반달)은 동물원에 갇힌 동물의 입장에서 생각해 볼 수 있는 그림책이다. 말하자면 동물원 반대 입장을 대변해 주는 책이라고 하겠다. 찬반 토론이니 찬성 쪽 입장을 대변하는 책도 있어야 공평하겠지만 그건 찾지 못했고, 이 책을 보여 주기 전에 동물원에 대한 경험과 추억을 끌어낸 다음 발표를 충분히 시켰다.

책을 읽어 주고 나서 '동물원은 필요한가?'라는 논제를 주고 입장을 정하게 한 다음 허니컴보드에 자신의 주장과 이유를 쓰고 칠판에 붙이게 했다. 찬성 측과 반대 측으로 분류해서 붙였다. 그림책을 읽은 직후라 반대 측이 더 많긴 했지만 찬성 측도 꽤 있었다. 양 팀으로 나누어 간단히 찬반 토론을 해 본 후에 글을 썼다. 칠판에 붙어 있는 같은 편의 근거, 상대편의 근거를 모두 참고하라고 일러 주었다.

:: 동물원은 필요한가? (주장하는 글쓰기) ::

<찬성>

동물원은 필요한가? 라는 안건에 나는 찬성한다. 동물원이 있어야 한다고 생각한다.

그 이유 중 첫째는 동물들이 야생에 있다면 먹이를 구하지 못하거나 잠을 잘 곳을 찾지 못하고 잡아먹혀 죽을 수도 있다. 하지만 동물원에 있다면 사육사들이 보살펴 주어서 배고프지 않고 목숨의 위협도 받지 않으며 잘 살아갈 수 있다.

두 번째로는 사람들을 위해서도 있어야 한다. 동물들을 보며 행복과 즐거움을 느끼는 사람들도 있는데, 동물원을 없애면 그 사람들의 행복이 줄어들 것이다.

찬성하는 친구들은 동물들의 자유를 위해 풀어 주어야 한다는 이야기를 많이 하는데 나는 좀 생각이 다르다. 동물원 안에 있다고 무조건 자유를 느끼지 못한다는 생각은 하나의 편견일 수도 있다고 생각한다. 동물원 안에서 자유를 느끼는 동물도 있을 수 있고 동물원 안에 있다고 반드시 슬프기만 한 것은 아니기 때문이다. 이렇게 나는 동물원은 필요하다고 생각한다.

<반대>

나는 동물원이 필요하지 않다고 생각한다. 왜냐하면 동물들도 자유가 필요하기 때문이다. 동물들은 야생에 있기를 원하는데 사람들이 마음대로 잡아서 동물원을 만드는 것이고, 동물들을 교육하는 시간에는 말을 듣지 않으면 때리고, 폭력을 사용해서 교육을 하는 것이기 때문에 동물들에게 동물원이 좋을 리가 없다고 생각한다. 동물들의 마음도 중요하다고 생각한다. 찬성하는 친구들은 동물원에서 좋은 추억을 만들 수 있다고 주장한다. 하지만 나는 좋은 추억은 다른 공간에서도 충분히 만들 수 있다고 생각한다. 그러므로 동물원은 없어졌으면 좋겠다.

― 감상문 쓰기

책을 활용하는 글쓰기에서 논설문 이외의 적절한 장르는 감상문이다. 감상문 중에서도 독서 감상문이 가장 흔하니 당연한 일이다. 수업에 바로 활용하기에는 긴 책보다는 그림책이 좋다.

원격으로 진행했던 감상문 수업을 하나 소개한다. 어느 날 우연히 집어든 『입 없는 아이』(박밤, 이집트)의 느낌은 거의 "심 봤다!" 수준이었다.

12살의 재인은 전학을 갔다. 선생님이 정해 준 자리의 폴이라는 짝꿍은 학교에 오지 않았다. 반 아이들에게 폴이 어떤 아이냐고 물었더니 '입 없는 아이'라고 했다. 재인은 걱정됐다. 차라리 짝꿍이 계속 오지 않았으면 했다.

그러다 재인은 꿈을 꿨다. 높은 성의 꼭대기 층에 한 여자가 묶여 있고 4개의 다른 색 방이 있었다. 여자는 간절히 부탁했다. "저 방들 중에서 반지를 찾아다 주면 난 자유로워질 수 있어요."

파란 방에서 만난 사람은 눈이 없었다. 아이는 자기도 모르게 "괴물!" 이라고 소리 질렀다. 그는 울었고, 아이는 미안했다. 노란 방에서 만난 사람은 귀가 없었다. (표지 그림이 그 사람) 아이는 '괴물'이란 말을 내뱉지 않았지만, 그는 울었다. 왜일까? 표정을 보았기 때문이다. 빨간 방에서 만난 사람은 코가 없었다. 아이는 괴물이란 말도 안했고 표정도 조심했다. 그랬는데도 그는 울었다. 도대체 왜?

"넌 내게 다가오지 못하잖아!"

아…… 한 대 맞은 느낌이었다. 그랬다. 그는 마음을 보았던 거다.

초록 방에는 입 없는 아이가 있었다. 재인은 다가갔다. '내 짝 폴이구 나.'라고 생각하면서. 그랬는데도 아이는 울었다. 그리고 손을 내밀었 다. 그 손은…… 손가락이 7개였다. 재인은 그 손을 잡았다. 같이 방을 나가 묶여 있는 여인에게 갔다. 반지는? 결국 여인은 자유를 얻어 기뻐 하며 감사했다.

꿈에서 깬 재인은 뭐가 달라졌을까? 오늘은 짝꿍이 올 것 같은 예감 에 학교로 달려간다. 문을 연 순간, 있었다. 짝꿍! 둘은 눈이 마주쳤 다. 폴은 어떤 아이였을까?

내 안의 편견과 차별을 이렇게 적나라하게 마주하게 되는 책은 처음 이다. 나는 누구를 보고 괴물이라며 호들갑을 떨 만큼 교양이 없다고 생 각하지는 않는다. 그렇다고 해서 상처를 주지 않았을까? 아니면 다가갔 을까? 그렇진 않았다. 내 안의 장벽은 다른 이에게 다가갈 수많은 길을 막아 버렸다. 물론 그때마다 이유(핑계)는 다 있었다. 하지만 진짜 이유

245

는 우월감이거나 편견이었겠지. 나의 경우 가장 큰 이유는 게으름이기도 했다. 생각하기 싫은 귀찮음 말이다.

이 책을 검색하러 인터넷 서점에 들어갔더니 북트레일러가 있어서 재생해 봤다. 길이가 길다 싶었는데 책 전체를 읽어 주는 영상이었다. 유튜브에도 올라와 있었다. 작가가 직접 읽어 주는 거라고 한다. 저작권 때문에 독서 수업하기 어려웠는데 아주 반가운 일이었다.

줌에서 이 영상을 함께 보고 아이들에게 유튜브 링크도 보내 주었다. 그리고 내용을 파악하고 감상 포인트를 잡을 수 있는 질문 몇 개에 답변을 한 후 글을 써 보도록 했다. 특별히 뒷이야기 이어 쓰기 방식으로 글을 써 보았다. 원격수업이어서 구글 사이트에 다음과 같이 수업 안내를 했다.

다음에서 보기: ▶ YouTube

≣ 생각해 봅시다

◆ 그림책 영상 잘 보았나요? 느낌이 어땠어요?
이 책의 작가님은 많은 생각을 이 그림책 안에 녹여넣은 것 같아요.
우리도 질문에 답을 하며 내 안에 있는 생각들을 끌어내 보기로 해요.
아래 구글 설문에 풀어가 내 생각을 표현해 보세요.
잘 생각나지 않으면 영상을 되돌려 보세요.

구글 설문 바로가기

보물 창고 도서관에서 찾은 어린이책 활용 수업

◆ 오늘의 감상활동은 이 그림책의 뒷이야기를 쓰는 거예요.

이 책은 일종의 '열린 결말'이라고 할 수 있습니다.

재인이 꿈을 꾼 다음날 학교에 갔더니 짝꿍 풀이 와 있었다.

그 아이를 보고 깜짝 놀랐다. 입이 있지 뭐야!

그리고 다음에 펼쳐지는 이야기는 여러분의 상상에 맡긴 거죠.

여러분에게 맡긴 그 상상을 이야기로 풀어보도록 해요.

모두 함께 읽고 비교해볼 수 있도록 자유게시판에 올리도록 하겠습니다.

이번에는 문장 수를 좀 줄여서 10문장 이상으로 하겠습니다. 10문장은 꼭 맞추도록 하고 그 이상은 여러분 자유입니다.

따옴표(" ")를 사용하여 대화를 그대로 살려서 쓰도록 하세요.

✉ 마무리

책 내용 중에 생각할 지점들이 많아서 그런지 꽤 완성도 있는 아이들의 글들이 올라왔다.

:: 입 없는 아이를 읽고 뒷이야기 쓰기 ::

재인은 반가운 마음에 폴에게 인사를 했다.

"안녕! 반가워. 나는 재인이야. 너가 폴이지. 그런데 너 학교는 왜 안 나왔어? 너가 학교 와서 정말 좋아. 우리 친하게 지내자."

반가운 마음에 재인은 소나기 오는 것처럼 말을 쏟아냈다.

"……어……안녕……나도 반가워 그냥……"

하지만 폴은 달팽이처럼 말이 느리고 겨우 말했다.

재인은 폴과 친해지려 노력했다. 하지만 폴과 친해지는 것은 정말 어려웠고 매일 만날 때마다 거리감이 있어 재인의 노력은 물거품이 되는 것 같았다.

그러다 재인은 폴에게 옆집 아저씨에 대한 불만을 얘기했다.

"옆집 아저씨는 아침마다 클래식 음악을 크게 틀어서 정말 힘들고 짜증 나."

평소라면 폴은 겨우 대답하거나 고개만 끄덕일 텐데.

"…내 생각에는…아저씨가 사람들에게 아침에…좋은 음악을…들려주고 싶어서 아닐까?"

재인은 폴에게 놀랐다. 폴이 처음으로 말을 길게 하고 나빴던 것은 좋게 말해서 옆집에 대해 다시 생각하게 되었다. 그리고 그날 이후부터 아침에 클래식 듣는 게 좋아졌고 무슨 클래식이 나올지 궁금해지기까지 했다.

폴과 재인이 다니는 학교 역사 선생님은 수업을 너무 지루하고 재미없게 하고 수업 시간도 쉬는 시간을 약간 넘겨서 끝내기도 해서 친구들도 역사 시간을 싫어했다.

역사 수업이 끝나고 재인은 하품을 하며 역사 선생님에 대한 불만을 얘기했다.

"정말 재미없는 수업을 길게 해서 짜증 나."

"…길게…해서…재미는 없지만…선생님은…우리에게 하나라도 더…가르쳐 주려고 하는 거…아닐까…선생님도 쉬는…시간이…줄어들잖아."

재인은 그때 알았다. 폴은 입이 없는 아이가 아니라 보물섬 지도를 가지고 있는 선장처럼 사람들의 단점이 아닌 장점을 찾아내는 능력자였다.

폴은 앞으로도 멋진 항해를 할 것이라고 재인은 생각했다.

교사 댓글 오…… 선생님이 한 생각을 넘어서는 뒷이야기라 깜짝 놀랐습니다. 우리 반 친구들이 이런 장면을 마음속에 그릴 수 있다면 여러분이 살아갈 세상을 많이 걱정하지 않아도 될 것 같아요. 아름다운 뒷이야기 잘 읽었어요.

─ 지식 글쓰기

지식 그림책을 읽고 지식 글쓰기에 도전해 보는 것도 좋은 시도라고 생각한다. 글의 종류로 따지자면 설명문이 되겠다. 초등 학문 이상을 한다고 할 때, 자신이 알게 된 바를 글로 설명하는 능력은 학업에서 꼭 필요한 능력이다. 초등 과정에서 이런 연습을 좀 해 놓는 것도 좋은 경험이라고 생각했다.

4학년 1학기 '지층과 화석' 단원을 공부할 때 재미있는 지식 그림책이 있어서 읽어 주고 바로 이어서 글쓰기 주제로 활용해 보았다. 제목은 『산으로 올라간 백만 개의 굴』(알렉스 노게스, 씨드북)이었다. 책을 읽고 글을 쓰게 했더니 독서 감상문의 형식이 된 경우가 많았지만 알게 된 지식을 자신의 말로 옮기려고 노력하는 아이들의 모습이 의미 있었다.

:: 굴 화석이 산에서 발견되는 이유 ::

오늘 과학 시간에는 선생님이 그림책을 읽어 주셨다. 제목은 『산으로 올라간 백만 개의 굴』이었다. 굴이 산에서 발견되는 이유를 알려 주는 내용이었다.

이 책의 줄거리는 어떤 산에 백만 개의 굴이 있다는 것이다. 그 굴은 화석이다. 그런데 굴은 바다에서 사는 생물 아닌가? 굴이 어떻게 산으로 올라갔을까?

결론부터 말하자면 이 산은 원래 바다였다. 바다 밑에 있던 땅이 지각변동에 의해 조금씩 올라오고 있었다. 그러다 완전히 솟아올라 산이 된 것이다. 그래서 그 산의 지층에서는 굴 같은 바다 생물들의 화석이 발견된다.

이 책은 지층을 음악으로 표현한 것이 예술적이고 재미있었다.

4학년 2학기 과학 마지막 단원은 '물의 여행'이다. 물의 순환 과정이 내용의 핵심이다. 이 과정을 글로 써 보는 것도 재미있을 것 같아 교과서 학습 외에 『물의 보이지 않는 곳을 들여다보았더니』(데즈카 아케미, 책속물고기)를 추가해서 읽어 주었다. 그림책이라 시각적으로 느낄 수 있다는 점도 좋고, 얇은 책이지만 교과서에서 보여 주지 않는 과정들까지 충분하게 보여 주고 있어서 글의 발상 단계에 큰 도움을 주었다.

교과서에서 물방울을 '아리'라는 애칭으로 부르고 있어서, '아리의 여행'이라는 제목을 제시해 주었다. 자신이 아리가 되어 물의 순환 과정을 표현하는 글을 쓰는 것이다. 내용상으로는 설명문이지만 의인화와 상상이 들어가니 훨씬 감각적인 글이 나왔다.

:: 아리의 여행 -물의 순환 이야기- ::

나는 강에서 떠내려와 바다로 갔어. 그러더니 갑자기 내 몸이 가벼워지면서 하늘로 올라갔어. 친구들과 모이자 내가 점점 무거워지더니 비가 되어 다시 강에 떨어졌는데, 정수장으로 갔어. 거기서 내 몸이 깔끔해져서 관을 통해 어떤 정체 모를 집에 도착했어. 어떤 사람이 갑자기 나를 "꿀꺽꿀꺽" 마셨어. 나는 그 사람의 몸속을 돌다가 몸에서 빠져나와 변기라는 곳에 버려졌어. 그리고 하수처리장으로 갔어. 내 몸에 여러 가지 물질이 섞여서 노란색이었는데 다시 투명한 색이 되었어. 그렇게 다시 흘러 강으로 가게 됐어. 앗! 갑자기 내가 아주 높은 곳에서 떨어졌어! 그 덕분에 전기가 생산되었대. 그게 바로 수력발전소야.

나는 다시 흙에 스며들어 지하수로 땅 밑을 돌아다녔어. 지하에서 마그마를 만나 나는 온천에 머무르게 됐어. 온천은 뜨끈뜨끈해서 좋았지. 하지만 난 다시 바다로 돌아가고 싶었어. 그래서 강을 타고 바다로 흘러왔어. 이렇게 오는 동안 아주 많은 시간이 지났지만 재미있었어. 여기에 좀 더 머무르다 난 다시 여러 가지 모험을 할 거야.

─ 미덕 글쓰기

도덕 시간은 주 1시간인데 그 시간을 전부 그림책으로 운영해도 좋지 않을까 하는 생각을 가끔 한다. 책이 부족하기는커녕 좋은 책이 너무 많아서 고민일 것이다. 교과서에 있는 단편적인 예화보다 완결성이 높고 수준이 높으며 예술성까지 갖춘 그림책이야말로 수업에 적용하기 안성맞춤 아닐까. 그리고 도덕 시간에 다루는 미덕들을 그림책들 안에서 다 찾을 수 있다.

실제로 모든 시간을 그림책으로 운영하지는 않았지만 가끔 그림책을 활용하면 좋은 도입이 되거나 내면화에 효과적일 때가 많았다. 그중의 한 권이 『친절한 행동』(재클린 우드슨, 북극곰)이라는 책이었다. 읽으면서 이야기 나눈 후 '친절'이라는 주제의 글쓰기로 이어가 보았다.

:: 친절이란 무엇일까 ::

친절이란 남에게 배려하는 마음이다. 친절한 행동을 예로 들면 장난감 양보하기, 아픈 친구 가방 들어 주기, 문 열어 주기 등이 있다. 친절한 행동을 하면 상대방도 기쁘고 나도 기쁘고 나중에 후회하지도 않는다. 만약에 상대방이 나에게 친절하게 다가오는데 내가 외면한다면 결국엔 미안해지고 나중에 후회한다. 그제서야 다가가려 해도 때는 이미 지난 것이다.

오늘 선생님이 읽어 주신 『친절한 행동』이란 책에서도 클로이가 마야라는 친구를 무시하다가 나중에 후회하면서 사과하고 싶지만 마야는 이미 다른 동네로 이사를 가서 때를 놓쳐 버렸다. 그러니 친절한 행동은 처음부터 하는 게 좋다고 생각한다.

이 책에서는 친절한 행동을 물결이 퍼지는 것에 비유했다. 내가 먼저 남에게 친절한 행동을 한다면 그 행동이 물결처럼 퍼져 나가 서로 배려하게 될 것이다. 그렇게 되면 모두가 서로에게 배려하는 사이좋고 아름다운 교실이 될 것 같다. 이제부터 바로 실천해야 되겠다.

오늘 도덕 시간에 선생님께서 『친절한 행동』이라는 그림책을 읽어 주셨다. 그 책에서는 '마야'라는 아이가 전학을 왔다. 하지만 다른 아이들은 마야와 놀려고 하지 않았다. 마야가 공깃돌을 가져와서 보여 주었을 땐 거절하며 자기들끼리 놀았다. 그때 난 마야가 불쌍했고 아이들이 밉다고 생각했다. 그 다음에도 아이들은 계속 마야에 대해서 수군거렸고 놀아 주지 않았다. 마야는 이제 더 이상 아이들에게 같이 놀자고 말을 걸지도 않고 혼자 줄넘기를 했다.

어느 날 선생님께서 커다란 물그릇을 가지고 오셔서 자신이 했던 친절한 행동을 이야기해 보자고 했지만 클로이는 한마디도 하지 못했다. 그 장면에서는 클로이가 마야에게 친절하지 못했던 사실을 자신도 느끼고 있는 듯했다. 기회가 된다면 마야에게 친절한 행동을 하고 싶어 했지만 마야는 영영 사라져 버렸다. 이 이야기에서 가장 기억에 남았던 말은 이것이었다. "친절이란 이런 거란다. 작은 친절이 물결처럼 온 세상으로 퍼져 나가지. 작은 친절이 조금씩 더 나은 세상을 만든단다." 예전에도 비슷한 말을 들어 본 적이 있지만 이 책을 읽고 나니 이 말이 더 잘 이해가 되었다.

마야가 가난해 보인다는 이유로 친구들에게 외면당하는 모습이 충격이었다. 이 책을 읽고 생각한 것이 있다. 친절을 베풀면 그 친절은 나에게 돌아오지만 친절을 그때 베풀지 않으면 기회는 없어지고 그 다음에 후회해도 소용이 없다. 슬픈 이야기였지만 많은 걸 느낄 수 있었다.

─ 자기 성찰 글쓰기

연중 주제 글쓰기를 운영하다 보면 자기 자신에 대한 주제를 내줄 때가 여러 번 있다. 나의 장점과 단점이라든지, 나의 뇌 구조 설명하기, 나의 미래 모습 등등. 우연히 한 그림책을 읽다가 '내 안의 다른 나'라는 주제가 떠올랐다. 바로 『천 명의 대니』(시스카 후민느, 우리학교)가 그 책이다.

이 책은 상황에 따라, 장소에 따라, 누구와 함께 있는지에 따라 다른 모습이 나오는 한 아이(대니)를 통해 한 사람 안에 여러 모습이 내재되어 있음을 알려 준다. 누구나 그렇다는 사실은 어떤 아이에게는 안심과 위안이 될 수도 있고, 타인을 이해하는 실마리가 될 수도 있다. 이 책을 읽고 '내 안의 다른 나'라는 주제로 글을 써 보았더니 아이들은 상황에 따른 자신의 모습을 잘 설명했다. 교사가 학생을 파악하는 데 도움이 된 글도 있고, 학부모 상담 때 함께 읽어 볼 만한 글도 있었다.

:: 3명의 나 ::

나는 3명이다. 이게 도대체 무슨 말이냐면 첫 번째 나는 지극히 정상이다. 행복해 보이지도 않고 슬퍼 보이지도 않는 그냥 평범한 학생. 학교 가고 집에 오고 문제집 풀고 밥 먹고. 누구나 다 하는 이런 것을 하는 나는 '첫 번째 나'이다.

그리고 두 번째 나는 '화난 나'이다. 누군가가 날 놀리면 한 번 한숨 쉬며 넘어간다. 근데 선을 넘고 계속하면 화가 나 버린다. 그땐 진짜로 욕 한 번 하고 싶다.

그리고 세 번째 나는 바로 '슬픈 나'이다. 나는 화내고 나면 슬프다. 애초에 화가 난 이유가 슬퍼서인데 아무튼 그렇게 슬픈 나한테 엄마는 슬픈 이유를 말해 보라 하지만 난 말하지 못한다.

보통 내가 화를 내는 이유는 형 때문이다. 그런데 형은 나보다 힘이 세다. 그래서 나는 슬픈 이유를 말하지 못한다.

이렇게 그냥 나 말고 2명의 나를 더 소개해 봤다. 더 쓴다면 더 소개할 수도 있을 것 같다. 그만큼 내 안의 나는 많다.

자신에 대한 글쓰기 주제로 또 하나는 '나의 보물'이다. 해마다 '나의 보물 1호'라는 글쓰기 주제를 주곤 했는데 그림책 『나에게 진짜 보물이 있다면』(수산나 이세른, 우리학교)을 읽고 쓰면 더 글을 풍성하게 쓰겠다는 생각이 들어 소장했다. 이 책에서는 열여덟 명 아이들의 보물을 소개한다. '가족'이나 본인이 아끼는 소장품은 흔히 나오지만 '여유로운 시간'이나 '모험' 같은 것은 신선해서 막혀 있는 아이들의 발상을 깨울 수 있을 것 같다. 이 책을 읽고 완성한 글은 아이들의 성향이나 가치관을 어느 정도 반영하기도 한다.

:: 나의 보물 ::

오늘 선생님께서 보물에 대한 책을 읽어 주셨다. 그 책을 읽고 나의 보물에 대한 글을 쓴다.

3호부터 소개하겠다. 나의 보물 3호는 핸드폰이다. 왜냐하면 핸드폰은 연락도 되고 게임도 할 수 있으니까 만능이어서 내 보물 3호이다. 왜 3호냐면 더 소중한 것이 있기 때문이다. 나의 보물 2호는 가족이다. 가족은 날 키워 주고 돌봐 주고 낳아 주셨기 때문에 두 번째로 소중하다. 사실 1호로 할까 고민하다가 1호로 꼭 소개하고 싶은 게 있어서 2호로 했다. 대망의 1호는 나의 소중한 분홍색 곰 인형 '곰토끼'이다. 곰토끼는 1대가 죽어서 2대가 대를 잇고 있다. 1대는 '곰토끼 곰토끼'였고 2대는 '곰토끼 토끼곰'이다. 말 그대로 곰토끼이다. 토끼 모자를 쓰고 있는 곰 인형이다. 1대는 한 3~5살 때쯤 샀다. 그때부터 지금까지 나와 함께 하고 있는 보물 1호이다.

나의 보물은 심장이다. 왜냐하면 심장이 없으면 살 수 없고, 그러면 맛있는 것도, 재미있는 게임도, 세상에서 할 수 있는 것들을 못하기 때문이다. 그리고 내가 사랑하는 가족과 이별해야 하기 때문이다. 그러면 너무 슬플 거 같다. 나는 운동을 열심히 하고 내 몸을 지켜 건강한 심장을 만들 거다. 그래서 하고 싶은 일도 꼭 하고 맛있는 것도 먹고 가족과 행복하게 오래오래 살 거다.

━ 참고 서평

친절한 행동 재클린 우드슨 / 북극곰

깊은 후회와 안타까움은 때로 우리를 성장시키기도 한다. 그 무거움을 견뎌야 하는 벌이 남지만 말이다. 그걸 견디기 싫어 상황을 또 희화화하고 자기 정당화를 한다면 구원은 없다. 그저 그 후회 속에 푹 잠겼다 나오는 일이 필요하다. 과거를 돌려놓을 수는 없지만 '나'는 달라졌기에 같은 과오를 반복하진 않을 것이다. '그'에게 사과할 기회가 영영 오지 않을 수도 있겠지만 그 마음으로 이후의 사람들을 대하면 괜찮지 않을까. 그 마음이 언젠가는 그에게 가닿을 수도 있다. 저 먼 곳에서 그는 어느새 용서하고 있을 수도.

'친절한 행동'이라는 제목의 이 책에서 친절한 행동은 단 하나도 나오지 않는다. 어쩌면 그럴 수 있나 싶을 정도로 야속하게도. 여러 번 손을 뻗었지만 '나'도 그 누구도 그 손을 잡지 않았다. 손을 잡았어야 했다고 깨달았을 때, 그 손은 없었다. 기회란 언제까지나 있는 것이 아니었다.

'나'의 교실에 마야가 전학 왔다. 낡은 옷을 입고 어눌한 그 아이가 나를 향해 살짝 미소 지었을 때 나는 외면했다. 조잡한 장난감을 집에서 가져와 보여 주며 함께 놀자고 할 때마다 거절했다. 모처럼 예쁜 원피스를 입고 학교에 왔는데 '헌 옷 수거함'이라며 놀렸다. 이제 마야는 더 이상 놀자고 하지 않았다. 혼자 줄넘기를 하며 운동장을 돌고 또 돌았다. 그 다음 날부터 마야를 볼 수 없었다. '나'는 선생님이 보여 주신 동심원들을 보며 '친절'에 대해서 생각하게 되었는데 마야에게 단 한 번도 친절한 행동을 하지 않았다는 사실도 깨닫게 되었다. 이제 마야가 다가오면 웃어 줄 준비가 되었는데 이젠 마야가 없다. '나'는 연못에서 물결이 퍼지는 모습을 바라보고만 있다. 마야의 간절함이 이제 '나'의 간절함이 되었다. 기회가 사라져 버렸다는 것은 정말 슬픈 일이다.

내가 지금 알고 있는 것

너를 보낸 후에 알게 됐던 것

널 보내기 전에

모두 알았더라면

미리 알았더라면

우린 지금 혹시

차 한 잔을 같이했을까

신승훈의 노래 「나비효과」의 한 구절이 떠올랐다. 가사 전체의 내용은 이 책과 다르지만 이 대목이 입에 맴돈다. 미리 알았더라면. 기회가 다 지나가기 전에 친절한 행동을 할 수 있었더라면.

마야가 다시 등장하는 반전의 결말도 다행스럽고 좋았겠지만 이 아쉬움의 결말이 더 큰 울림을 줄 수 있을 것 같다. 신학기라 반 아이들과 학급규칙 만들기를 위한 사전 작업으로 우리 반이 어떤 반이길 원하는지 생각을 모아 보았다. 유목화해서 건진 키워드가 몇 개 있었는데 그중 하나가 '친절'이었다. 하지만 아이들은 의외로 친절을 구체적으로 설명하지 못했다. 보건실에 같이 가 준다, 지우개를 빌려 준다 정도. 이 책을 함께 읽으면 훨씬 더 생각을 넓힐 수 있을 것 같다. 헤아려 주는 것, 살피는 것, 손 내밀어주는 것, 내민 손을 잡아 주는 것, 무시하지 않는 것, 옆에 있어 주는 것, 같은 편이 되어 주는 것.

"친절이란 이런 거란다. 작은 친절이 물결처럼 온 세상으로 퍼져 나가지."

작은 돌을 물에 던져 동심원을 보여 주신 선생님의 말씀이다. 우리 반도 이 책을 읽고 이 친절이라는 물결에 대해서 생각해 봐야겠다.

천 명의 대니 시스카 후민느/우리학교

"내 속엔 내가 너무도 많아 당신의 쉴 곳 없네."

어떤 의미로 지어졌든, 이 가사에는 모든 이들이 공감하는 것 같다. 다른 깊은 의미도 있겠지만 말 그대로를 공감한다. 내 속에는 내가 너무도 많아.

이 그림책은 그 말을 아주 실감 나게 극대화하여 형상화했다. 천 명의 대니.

대니가 대개 보여 주는 첫 번째 모습은 친절하고 예의 바르고 타인에게 사랑받으려 하는 모습이다. 대니가 우리 반 아이라면 나는 이런 학생이 있다는 것을 다행으로 여길 것이다. 하지만 그게 다가 아니다. 작가는 이렇게 표현했다.

255

"대니들은 이게 공평하지 않다고 생각해요. 꿈틀거리며 밖으로 나가고 싶어 해요."

그 대니들은 사람과 상황에 따라 튀어나온다. 할아버지 앞에서는 행복한 대니가, 할머니 앞에서는 꼬맹이 대니가 나온다. 체육 시간에는 슈퍼맨 대니가 나오지만 읽기 시간에는 부끄러워하는 대니가 나온다. 퉁퉁 부은 대니도, 자랑하는 대니도 있다.

그런데 대니 안에 꿈틀거리는 모든 대니들이 다 드러나도 괜찮은 '세상에 단 한곳'이 있다고 작가는 말한다. 그곳은 바로 '집'이다. 집에는 대니를 이해할 수 있는 사람들이 있고, 맘 편히 나를 드러내도 될 장소가 세상에 한곳은 있어야 하기 때문이 아닐까? 하지만 누군가에겐 '집'이 저런 장소가 아닐 수도 있다. 그런 생각이 들면 조금 슬퍼진다. 집이야말로 나를 감춰야 하는 장소인 아이들도 있지. 그런 아이들의 표출은 다른 장소에서 이뤄질 테고. 아이는 충분한 이해를 받을 수 없을 것이다. 나 또한 타인들의 이런 모습을 밖에서 보면서 감당하고 싶은 마음은 별로 없다. 닥치면 어쩔 수 없이 해야겠지만.

천 명까지는 아니지만 내 안에도 다른 나들이 많이 살고 있다. 지금은 '직업인으로서의 나'가 나를 대표하고 있다. 당연한 일이라고 생각한다. 먹고살아야 하니까. 이 직업을 수행하다 보니 MBTI도 바뀌게 되었다. 대표적인 것이 P에서 J로 전환된 일인데, 자연스럽게 내버려 둔 나는 게으르고 편한 걸 추구하고 흘러가는 대로 놔두는 스타일인데, 그렇게 해서는 소심하고 욕먹기 싫어하는 내가 직업 세계에서 살아남기 어렵기 때문에 계획하고, 미리 해 놓고, 점검하는 '또 다른 나'가 전면에 나서게 되었다. 하지만 개인사로 돌아서면 이 '나'는 깊이 숨어들고 본래의 나가 등장하여 한껏 뒹굴며 게으름을 피우고 일은 미룰 때까지 미룬다.

평상시의 나는 되도록 좋은 말로 갈등의 불씨를 남기지 않지만, 뭔가 뇌관이 건드려지면 과도할 정도로 화를 내는 것도 나다. 따뜻하고 편하다는 소리도 듣지만 뭔가 어렵고 딱딱하다는 말도 듣는다. 이 모든 것들이 내 안에 있는 '천 명의 대니'다.

누구나 그 안에 천 명의 대니를 가지고 있기에 인간은 모두 천 개의 선택과 천 개의 행동을 할 수 있을 텐데, 그래도 결정적인 순간의 선택은 정해져 있는 걸 보면 각자가 가진 성향과 바운더리는 아무래도 있는 모양이다. 그걸 결정하는 중요한 요소가 나는 '가치관'이라고 생각한다. 오늘 나의 결론은 이것이다. 누구나 천 개의 나가 있다. 그걸 조율하고 행동을 선택하는 힘은 가치관이다. 그래서 아이들에게 바른 가치관을 심어주는 것이 어른들의 중요한 역할 중의 하나라고 생각한다.

2장에서는 화려하고 대단하지는 않아도 시도해 볼 만한 수업 몇 장면을 소개해 보았다. 소소한 수업의 장면이라 할 수 있지만 이 소소한 수업마저도 떠오르는 게 없다면 불가능할 것이다. 나는 교과서에만 한정되지 않는 자유로운 수업을 많이 하는 편인데, 교과서를 대신할 텍스트들은 모두 평소에 눈여겨보아 두었던 어린이책에서 나온다. 평소에 어린이책을 가까이하고 있지 않다면 딱히 떠오르는 게 없어서 확산이나 변형이 불가능했을 것이다. 교과서 그대로의 수업도 나쁘지는 않지만, 교사가 활용 가능한 텍스트를 많이 알고 있으면 훨씬 더 다양하고 자유로운 수업 전개를 할 수가 있다. 이렇게 수업에 활용하는 맛에 어린이책을 더 사랑하게 되는 것 같다.

개인적으로 어린이책을 많이 사는 편이기도 하지만 개인이 구입하는 책에는 한계가 있으니 교사들은 학교도서관과 친해지면 좋겠다. 도서관을 편한 마음으로 드나들 수 있을 때 이런저런 책들을 찾아보며 많은 궁리를 할 수 있었다. 교사들은 수업 준비를 하는 장소를 교실만이 아닌 도서관까지로 확장시키고, 도서관은 교수학습지원센터라는 정체성을 갖고 지원을 해 주면 이상적일 것 같다. 혼자 해 보는 생각이지만 초등학교의 도서관이 이런 역할에 좀 더 무게중심을 옮겨 가면 좋겠다. 이런 일은 눈에 잘 보이지 않는다. 하지만 어떤 행사들보다도 생명력을 가지고 꿈틀대는 일이 바로 이런 역할이 아닐까. 교육의 기본은 날마다 이루어지는 교실 수업 속에서 다져지는 것이니까. 수업을 구상하고 자료를 찾아보고 도서관에 머무는 시간, 이런 시간들이 모두 중요한 일을 하는 시간으로 인식되는 것이 당연해지면 좋겠다. 이런 책을 쓰는 나도

257

업무에 치일 땐 한동안 도서관 근처에도 가지 못한다. 아이들에게도 교사들에게도 학교도서관을 찾을 수 있는 시간과 마음의 여유부터 주어져야 이 모든 일들이 순조롭게 이뤄질 것이다.

하지만 모든 조건이 갖추어지기도 전에 교사들은 움직인다. 오늘도 수업 자료의 창고인 도서관에서 보물을 캐내고 있는, 쏟아지는 신간들 속에서 행복한 고민을 하고 있는 선생님들이 계실 것이다. 많이 하고 계시는 일을 마치 특별한 것처럼 소개한 것은 아닌가 부끄럽기도 하지만, 그 모든 선생님들을 대표해서 강조하고 싶다. 도서관에서 보물을 캐내는 일은 도서관 책의 활용도를 무한대로 높여 주는 일이자, 수업에 날개를 달아 주는 일이다. 이 책이 이미 어린이책 활용 수업을 하고 계신 선생님들께는 동지로서의 확신을, 시도해 보려는 선생님들께는 도전의 용기를 드릴 수 있다면 좋겠다.

보물 창고
도서관에서 찾은
어린이책
활용 수업

초판 1쇄 발행 2023년 1월 30일

지은이 정기진

발행인 송진아
편 집 아이핑크
디자인 권빛나
제 작 제이오
펴낸곳 푸른칠판
등 록 2018년 10월 10일(제2018-000038호)
팩 스 02-6455-5927
이메일 greenboard1@daum.net

ISBN 979-11-91638-12-7 13370